41 INÍCIOS FALSOS

Coleção Jornalismo Literário — Coordenação de Matinas Suzuki Jr.

41 inícios falsos, Janet Malcolm
A sangue frio, Truman Capote
Anatomia de um julgamento, Janet Malcolm
Berlim, Joseph Roth
Chico Mendes: Crime e castigo, Zuenir Ventura
Dentro da floresta, David Remnick
Elogiemos os homens ilustres, James Rufus Agee e Walker Evans
Esqueleto na lagoa verde, Antonio Callado
Fama e anonimato, Gay Talese
A feijoada que derrubou o governo, Joel Silveira
Filme, Lillian Ross
Hiroshima, John Hersey
Honra teu pai, Gay Talese
O imperador, Ryszard Kapuściński
O livro das vidas, org. Matinas Suzuki Jr.
O livro dos insultos de H. L. Mencken, seleção, tradução e posfácio de Ruy Castro
A milésima segunda noite da avenida Paulista, Joel Silveira
Na pior em Paris e Londres, George Orwell
Operação Massacre, Rodolfo Walsh
Paralelo 10, Eliza Griswold
Radical Chique e o Novo Jornalismo, Tom Wolfe
O reino e o poder, Gay Talese
O segredo de Joe Gould, Joseph Mitchell
Stasilândia, Anna Funder
O super-homem vai ao supermercado, Norman Mailer
A vida como performance, Kenneth Tynan
Vida de escritor, Gay Talese
A vida secreta da guerra, Peter Beaumont
Vultos da República, org. Humberto Wernek
O xá dos xás, Ryszard Kapuściński

JANET MALCOLM

41 inícios falsos
Ensaios sobre artistas e escritores

Tradução
Pedro Maia Soares

Jornalismo Literário
Companhia Das Letras

Copyright © 2013 by Janet Malcolm
Copyright da introdução © 2013 by Ian Frazier
Publicado mediante acordo com Farrar, Straus and Giroux, LLC, Nova York.

*Grafia atualizada segundo o Acordo Ortográfico da Língua Portuguesa de 1990,
que entrou em vigor no Brasil em 2009.*

Título original
Forty-One False Starts: Essays on Artists and Writers

Capa
João Baptista da Costa Aguiar

Imagens de miolo e quarta capa
J.D. Salinger – Keystone Pictures/ ZumaPress/ Fotoarena
David Salle – Corbis Corporation/ Fotoarena
Joseph Mitchell – Anne Hall Elser

Preparação
Mariana Delfini

Revisão
Jane Pessoa
Adriana Bairrada

Dados Internacionais de Catalogação na Publicação (CIP)
(Câmara Brasileira do Livro, SP, Brasil)

Malcolm, Janet
41 inícios falsos : ensaios sobre artistas e escritores / Janet
Malcolm ; tradução Pedro Maia Soares. — 1ª ed. — São Paulo :
Companhia das Letras, 2016.

Título original: Forty-One False Starts: Essays on Artists and
Writers.
ISBN 978-85-359-2679-8

1. Artistas 2. Autores 3. Autoria 4. Ensaios 5. Escritores I. Título.

15-11130   CDD-808.02

Índice para catálogo sistemático:
1. Artistas e escritores : Ensaios   808.02

[2016]
Todos os direitos desta edição reservados à
EDITORA SCHWARCZ S.A.
Rua Bandeira Paulista, 702, cj. 32
04532-002 — São Paulo — SP
Telefone: (11) 3707-3500
Fax: (11) 3707-3501
www.companhiadasletras.com.br
www.blogdacompanhia.com.br

Os ensaios deste livro foram publicados originalmente nos seguintes veículos: *The New York Review of Books*: "Os cigarros de Salinger", "Pastoral capitalista", "O gênio da estufa", "Boas fotos", "As mulheres de Edward Weston", "Nus sem desejo", "A parte de não ter volta", "Reflexões sobre autobiografia de uma autobiografia abandonada"; *The New York Times Book Review*: "A mulher que odiava as mulheres"; *The New Yorker*: "41 inícios falsos", "Profundidade de campo", "Uma casa toda sua", "A garota do *Zeitgeist*", "Nível avançado", "William Shawn", "Joseph Mitchell".

À memória de Gardner

J. D. Salinger.

David Salle.

Joseph Mitchell.

Sumário

Introdução — *Ian Frazier* 13

41 inícios falsos 23
Profundidade de campo 69
Uma casa toda sua 93
A mulher que odiava as mulheres 145
Os cigarros de Salinger 156
Pastoral capitalista 178
O gênio da estufa 199
Boas fotos 218
As mulheres de Edward Weston 236
Nus sem desejo 250
A garota do *Zeitgeist* 263
Nível avançado 357
A parte de não ter volta 367
William Shawn 378
Joseph Mitchell 380
Reflexões sobre autobiografia de uma autobiografia
abandonada 382

Introdução

Ian Frazier

Janet Malcolm é uma escritora feroz. O leitor de primeira viagem talvez não espere por isso, tendo em vista as cenas domésticas cuidadosamente descritas que abrem muitos de seus dramas jornalísticos. No início de sua carreira, ela escrevia uma coluna para a *New Yorker* chamada "About the House" [Sobre a casa], que falava sobre a beleza da simplicidade, entre outros assuntos afins, e lançava seu olhar afiado aos interiores. Se as relermos hoje à luz de seus escritos posteriores, essas colunas também parecem, de alguma forma, tremeluzir com um rico e talvez sinistro presságio. Boa parte do jornalismo é uma história de ninar que se ouve sonolento pela centésima vez, mas com um artigo de Janet Malcolm nunca se sabe onde as coisas vão dar. Li artigos em que a vi dar uma guinada, e me endireitei na cadeira, ofegante, e tentei corrigir seu curso errante e assustador com a minha expressão corporal, como se estivesse sentado em uma janela de hotel observando um carro pegar calmamente o acesso de saída de uma rodovia. A chance de sermos tomados de surpresa nos mantém alerta ao longo de tudo o que ela escreve. Que ela é mais inteligente do que quase todo mundo, não é preciso dizer; além disso, não conheço nenhum outro escritor de não ficção tão divertido assim. Certa vez, entrevistei Janet Malcolm no palco do New Yorker Festival. A plateia imensa estava cheia de pessoas que conheciam bem sua obra, como pude deduzir do silêncio com que a escutavam. Quando a palavra foi passada ao público, alguém perguntou sobre a primeira frase de *O jornalista e o assassino*, livro que analisa a relação entre Jeffrey MacDonald, um homem condenado por um crime terrível, e Joe McGinniss, o escritor que fez amizade com o criminoso e escreveu um livro sobre ele. A frase é: "Qualquer jornalista que não seja demasiado obtuso ou cheio de si para perceber o que está acontecendo sabe que o que ele faz é moralmente indefensável". (A propósito, esse é um raro exemplo de texto de Malcolm em que o lado feroz aflora desde a primeira palavra.) Eu tinha imaginado que poderia surgir uma pergunta sobre isso, porque se trata provavelmente da frase mais conhecida que ela já escreveu, e uma das mais discutidas de toda a não ficção moderna. A pessoa disse que discordava da afirmação e pediu que ela a explicasse.

Para ser honesto, a frase também me assustou quando a li pela primeira vez. Naquela época, reagi com indignação. Mais tarde, percebi como era sutil, e que fazia sentido. Para a pessoa que perguntou no evento, Malcolm respondeu que a frase poderia ser tomada como uma premissa, uma proposta para debate. O que me espantou na declaração original foi que ela simplesmente pudesse ser feita. Imagino que, sendo escritor, eu achasse que estava isento de escrutínio moral. Mas escrever é julgar, mesmo que apenas implicitamente, e um juiz também está tirando alguma coisa da transação, e pode ele mesmo ser julgado, e talvez possa estar fazendo algo indefensável. A questão interessante que *O jornalista e o assassino* propunha era se o escritor tem alguma obrigação em relação a um sujeito cujo crime o exclui do mundo das pessoas decentes. Está correto que um escritor traia a pessoa sobre a qual está escrevendo, quando essa pessoa é um assassino depravado? A conclusão interessante é que, no fim das contas, não está.

Questões morais dessa magnitude põem em movimento muitas das tramas de Malcolm e levam as pessoas a vacilar, dar de frente umas com as outras e envolvem o leitor e, às vezes, a escritora também. Ao longo de sua obra, ela segue silenciosa e modestamente o que chamou de "o espectro da transgressão". Essa busca a conduz a arranjos domésticos, sociais e culturais de todos os tipos, quer queira quer não, como se ela fosse um daqueles entusiastas de atividades ao ar livre que seguem linhas de latitude ou longitude guiados por GPS portáteis, independente do que esteja em seu caminho.

Esta coletânea, a primeira de Janet Malcolm desde *The Purloined Clinic: Selected Writings* (1992), reúne uma grande variedade de artigos que exibem suas habilidades excepcionais. Para citar apenas uma: ela é quem melhor descreve a bagunça e o caos nos dias de hoje. Na verdade, não consigo pensar em alguém que já tenha feito isso melhor. Sua paciência para a confusão e sua meticulosidade ao organizá-la são — que sei eu — agostinianas? (Penso em um trecho das *Confissões* de Santo Agostinho em que ele analisa os erros doutrinários dos maniqueístas.) Malcolm é capaz de entrar no caos atordoante e retratar seus elementos coletiva e individualmente, pondo-os em ordem como se estivesse num daqueles movimentos de aproximação e afastamento de câmera dos velhos tempos do cinema. Uma bagunça das boas ativa seus poderes ao máximo. Neste livro, um belo exemplo disso é a elucidação da controvérsia em torno da instalação da escultura de Richard Serra, *Arco inclinado*, na Federal Plaza de Nova York, há alguns anos. Quando ela trata de algo complicado e confuso como aquilo, sempre quero sentar na primeira fileira.

O esboço rápido e preciso que Malcolm faz de interiores e detalhes domésticos — observem-se os takes duplos e triplos quando ela tenta registrar a neutralidade imaculada do estúdio de David Salle — é outro prazer garantido desta coletânea, assim como é o foco que ela traz para o texto sobre pessoas que são por acaso um pouco loucas. Talvez porque seu pai fosse psiquiatra, ela tem um carinho pelos malucos, e eles aparecem por toda a sua obra; exemplos aqui são seu retrato de Julia Margaret Cameron, a fotógrafa da era vitoriana, e de Gene (Geneva) Stratton-Porter, autora de *A Girl of the Limberlost* e de outros romances populares açucarados que no início do século passado exaltavam o conforto material e que também, como um interesse secundário, inventou teorias complexas e terríveis sobre pureza racial.

Um dos temas recorrentes de Malcolm diz respeito aos perigos do retrato verbal. Sendo tão cautelosa, reservada e circunspecta com as pessoas que são objeto de seus textos, ela fica irada com o grande número de escritores que não o são. Quem pretende escrever uma biografia deveria antes ler Janet Malcolm para ter uma ideia de como o processo geralmente dá errado. Quando observa que "a pesquisa biográfica leva a uma espécie de familiaridade insuportável", ela define a relação de mão única entre o biografado mudo, impotente e morto e o biógrafo, vivo demais. De forma sensata, ela prefere simplesmente ater-se às próprias palavras do biografado e aos documentos existentes; como ela explica, a biografia "(como sua progenitora, a história) funciona como uma espécie de fábrica de processamento, onde a experiência é convertida em informações da mesma maneira como os produtos agrícolas frescos são convertidos em legumes enlatados. Mas, tal como os legumes enlatados, as narrativas biográficas estão tão distantes de sua fonte — tão distantes da planta com terra grudada em suas raízes, que é uma carta ou uma anotação de diário — que denotam pouca convicção".

Quando entrevistei Janet Malcolm no festival, ela acabara de publicar seu artigo sobre Thomas Struth, um dos fotógrafos de arte mais bem-sucedidos do mundo ("Profundidade de campo"). Boa parte do texto trata da fotografia que Struth tirou da rainha Elizabeth e do príncipe Philip para uma exposição que celebrava os sessenta anos de seu reinado. Todo mundo adora Struth, e o retrato que ela faz de um retratista esbarrou no problema um tanto estranho (para ela) de um sujeito que é brilhante, amplamente apreciado e completamente simpático.

No festival, alguém lhe perguntou sobre um pequeno trecho do artigo em que Struth menciona alguns professores influentes que enfatizavam conexões entre formas distintas de arte, dando como exemplo "as fotografias de Atget em Paris como a visualização de Marcel Proust". No artigo, Malcolm não deixou isso passar em branco e perguntou a Struth como as fotografias de Atget se relacionam com Proust. Acontece que, para o fotógrafo, elas não estavam relacionadas, porque ele nunca havia lido Proust. Nenhum problema, todo mundo diz coisas engraçadinhas como essa de tempos em tempos — é uma espécie de ruído de fundo para pessoas cultas. A pessoa da plateia perguntou a Malcolm por que ela resolveu incluir essa conversa menor, que tornava Struth um pouco ridículo e parecia injusta. Ela defendeu sua opção dizendo que era uma parte importante de seu retrato. E é: no nível do fabuloso em que esse fotógrafo atua, há um risco de tudo se tornar tão lindo e maravilhoso que a insignificância reina. Ao não deixar de fora a conversa sobre Atget-Proust, ela deu um ajuste óptico final à imagem de si mesma, bem como à dele, e acrescentou sua marca registrada ao artigo.

Embora Janet Malcolm escreva não ficção, a maioria destes textos está voltada para outras formas de arte — pintura, fotografia, ficção — bem como para a edição, um aspecto da escrita que ela considera uma arte em si mesma. Essa amplitude mostra o tamanho de sua ambição. Para uma obra de não ficção ser realmente boa, ela deve competir na categoria "aberta", isto é, não pode se justificar apenas por cumprir a sua importante tarefa jornalística de informar o leitor; ela tem de aspirar a ser arte, o que quer que seja isso e como quer que se aspire a isso. No ensaio que dá título ao livro, Malcolm segue o exemplo do estilo acumulativo das pinturas de David Salle, um trabalho que a impressiona por ser "sem precedentes, como uma nova droga ou um novo crime". A arte de Salle "se recusa a narrar"; ele diz que "se aborrece com a trama". Sua pintura é informada por ausências, por aquilo que é deixado de fora ou riscado; ela escolhe uma abordagem igualmente nervosa e impaciente para descrever a ele e ao seu trabalho, avançando por repetições, revisões, apagamentos, e ela sente com intensidade que está entrando em uma área que pode estar meio morta. O estilo cria uma forma estimulante e nova de comunicação, onde parte da trama gira em torno de saber se essa forma de descrever alguém será bem-sucedida, e a conclusão é que sim.

O conselho famoso de Will Rogers — "nunca perca uma boa oportunidade de calar a boca" — passa despercebido nos dias de hoje, quando a maioria se expressa copiosamente. Contra essa tendência, Janet Malcolm é uma escritora de eloquente omissão. Tolerante com o enorme tédio enquanto prossegue com sua pesquisa, ela tem pavor de infligir qualquer partícula dele ao leitor. Apatia, embotamento, o aspecto "autista" e monótono da memória, tudo está do lado de fora, à espreita, para arrancar da arte a sua vida. Tomados em conjunto, os artigos aqui reunidos compõem um manual para evitar qualquer coisa que seja, como diria a família Glass, de Salinger, "mortiça". Malcolm está atenta a esse amortecimento e o encontra em lugares inesperados, até mesmo um pouco no próprio Salinger, cujas histórias da família Glass ela acusa (e com razão, acho eu) de condescendência em sua loa sentimental "à Senhora Gorda". Ela sugere que teria sido melhor se ele tivesse abandonado aquele parágrafo algumas linhas antes. Seus artigos detalham uma estética mobilizada resolutamente contra o que ela chama de "a pretensão, a superficialidade intelectual, a escuridão moral e a fraqueza estética que vêm naturalmente à pena".

Eu gosto, pessoalmente, de cair em pretensão e superficialidade intelectual de vez em quando. Acho que às vezes são relaxantes, como as histórias jornalísticas de ninar que mencionei acima. Ou melhor, permito-me essas falhas quando elas são minhas, mas nas outras pessoas elas me deixam louco. Lendo estes artigos em busca de um antídoto conciso para a arte espúria — talvez uma busca espúria em si mesma, mas eu sou do tipo de pessoa que conserta tudo, não pude resistir —, deparei com um possível candidato em "Boas fotos", o ensaio sobre Diane Arbus e suas fotografias. Enquanto lutava com a difícil tarefa de fotografar uma família rica de Manhattan, Arbus conseguiu uma boa imagem de apenas um membro da família, a filha de onze anos de idade que, diz Malcolm, concordou com o "projeto de estranhamento de Arbus". A palavra não consta do meu dicionário, mas deveria. (Na verdade, é um conceito da teoria literária formalista russa que data de 1925.) O estranhamento, como eu imagino, é o que todo artista se esforça para conseguir. Toma-se o que as pessoas pensam que veem ou conhecem e faz-se com que elas o vejam ou conheçam como se fosse a primeira vez. Estranhamento é o que Julia Margaret Cameron faz quando descabela as crianças que está prestes a fotografar para que não tenham a aparência costumeira das crianças vitorianas. O estranhamento proporciona o encanto mágico quando Edith Wharton priva sua melhor ficção do pano de fundo contemporâneo previsível, e é o objetivo de Irving Penn quando submete suas fotografias de nus às provações da câmara escura que as deixam sem contraste, abstratas e quase irreconhecíveis, e está na autoconsciência escrupulosa da própria Janet Malcolm quando ela às vezes recua e descreve um receio seu sobre o trabalho em andamento, de modo que o leitor pode rever a cena e compreender sua artificialidade. Quando um bom choque de estranhamento tira a ferrugem de nossas percepções, não conseguimos esquecer. Normalmente, o resultado é o deleite. Entre os muitos trechos desta coletânea em que vi algo de novo e adorei, chamo a atenção do leitor para a descrição que ela faz de Ingrid Sischy, a editora da revista *Artforum*, cortando tomates. Cumprindo a tarefa da "maneira mais ineficiente que se possa imaginar", Ms. Sischy começa a encher meticulosamente uma tigela com pedaços minúsculos; é óbvio que nunca lhe ensinaram um método melhor, mas ela não se sente desencorajada por qualquer inexperiência. Malcolm conclui: "Não conheço ninguém que tenha menos medo de gastar energia desnecessariamente". Eu já cortei tomates dessa maneira e vi outras pessoas inábeis fazerem o mesmo, mas até ler essa descrição eu havia observado isso apenas com o canto do olho. Não é o tipo de atividade que um repórter costuma registrar; eu ri quando esse texto me fez perceber isso pela primeira vez.

O jornalismo que consegue ser arte não costuma parecer arte em sua apresentação. A aparência de uma obra de jornalismo é mais humilde, mais rotineira, mais cotidiana, de acordo com a etimologia da palavra "jornalismo". Essas obras não se anunciam como pertencentes a qualquer categoria de arte com maiúscula, como Escultura, Pintura, Romance ou Dança. Quando uma obra de jornalismo é também arte, sua superfície é quase como uma pista falsa. Um termo improvisado como "falso normal" poderia descrevê-lo. Ao longo de quarenta anos de escrita de não ficção, Janet Malcolm manteve em mente um propósito mais elevado de rigor artístico e moral, e produziu uma arte eletrizante. Em "Uma casa toda sua", ensaio sobre a vida e a estética de Bloomsbury, ela diz que seus membros exibiam "os valores pelos quais os personagens bons de Tchékhov são governados: trabalho habitual e paciente e comportamento calmo e sensato". É assim que ela mesma vive e escreve. Sua obra a colocou entre os mestres da não ficção moderna, como Joseph Mitchell, A. J. Liebling, Truman Capote e John McPhee. Muitas e muitas vezes ela demonstrou que a não ficção — um livro de reportagem, um artigo numa revista, algo que vemos todos os dias — pode se elevar ao mais alto nível da literatura.

41 inícios falsos
1994

1

Há lugares em Nova York onde o espírito anárquico e inquieto da cidade, seu desnorteamento e sua negligência fundamentais e irreprimíveis, encontraram pontos de apoio especialmente firmes. Certas transferências entre linhas de metrô, corredores de sordidez quase transcendente; certos locais de edifícios demolidos, onde estacionamentos brotaram silenciosamente como fungos; certos cruzamentos criados por confluências ilógicas de ruas: tudo isso expressa com particular força a propensão da cidade para o provisório e sua resistência à permanência, à ordem, ao fechamento. Para chegar ao estúdio do pintor David Salle, caminhando para oeste na White Street, é preciso atravessar um desses inquietantes cruzamentos — o das ruas White e Church e a intrometida Sexta Avenida, que criou uma vasta extensão desagradável de rua para atravessar, interrompida por uma ilha em forma de cunha na qual um viveiro de plantas comercial se instalou, desamparado e anguloso, envolto por uma alta cerca de arame, que funciona em horas irritantemente irregulares. Outros negócios que surgiram em torno do cruzamento — o sórdido Baby Doll Lounge, com sua placa que oferece GO-GO GIRLS, o elegante Ristorante Arquà, a mercearia sem nome e a lotérica, o austero estacionamento Kinney — têm uma atmosfera similar de insularidade e transitoriedade. Nada se conecta com coisa alguma, e parece que tudo pode desaparecer de um dia para o outro. A esquina lembra uma terra de ninguém e — se por acaso alguém estiver pensando em David Salle — se parece com uma de suas pinturas.

O estúdio de Salle, no segundo de cinco andares de um prédio de lofts, é uma sala comprida com lâmpadas frias no teto. Não é um estúdio bonito. Como as ruas que o rodeiam, é implacável com o visitante em busca do pitoresco. Não tem sequer uma cadeira para o visitante sentar, a menos que se conte uma cadeira giratória de metal sem encosto, meio quebrada, que Salle oferece com um murmúrio de desculpas desatento. No andar de cima, em seus aposentos, é outra história. Mas aqui embaixo, tudo tem a ver com trabalho e com estar sozinho.

Uma profusão desordenada de materiais pictóricos impressos cobre as mesas no meio da sala: livros de arte, revistas de arte, catálogos, folhetos misturam-se com ilustrações soltas, fotografias, imagens estranhas arrancadas de revistas. Ao passar os olhos por essas superfícies complexas, o visitante experimenta um pouco da repulsa que sente quando observa as pinturas de Salle, uma sensação de que tudo isso, de alguma forma, não é da sua conta. Aqui se encontram as fontes da arte pós-moderna de Salle, feita de imagens "emprestadas" ou "citadas" — as reproduções de pinturas famosas antigas ou modernas, os anúncios, os quadrinhos, as fotografias de mulheres nuas ou semidespidas, o design de tecidos e móveis que ele copia e põe em suas pinturas —, mas o impulso, como quando se entra em uma sala com pinturas de Salle, é educadamente desviar o olhar. O hermetismo de Salle, a nature-

24

3

Em meus encontros com o artista David Salle — ele e eu nos encontramos para entrevistas em seu estúdio, na White Street, durante um período de dois anos —, eu tinha plena consciência de seu dinheiro. Mesmo quando passei a conhecê-lo e a gostar dele, não conseguia dissipar o sentimento puritano e esquerdista de desaprovação que era acionado de alguma forma cada vez que nos encontrávamos, fosse pela visão do assistente em uma espécie de recepção de cabeleireiro do lado de fora da porta do estúdio, ou pelos móveis caros de estilo corporativo dos anos 1950 no loft do andar superior onde ele mora, ou pela água mineral que ele trazia para nossas conversas e despejava em copos de papel branco, que rapidamente perdiam sua humildade de balcão de lanchonete e assumiam a altivez dos objetos da coleção de design do Museu de Arte Moderna.

Salle foi uma das afortunadas estrelas da arte da década de 1980, homens e mulheres jovens arrancados da semipobreza e transformados em milionários por gênios disfarçados de marchands. A ideia de uma vanguarda rica nunca foi aceita pelos membros da minha geração. Artistas sérios, como os conhecemos ou como queremos pensar que são, são pessoas que conseguem sobreviver, mas não têm muito dinheiro. Vivem com segundas ou terceiras esposas (ou maridos) e com filhos de vários casamentos, e vão para Cape Cod no verão. Seus apartamentos estão cheios de tapetes persas desbotados, sofás marcados por unhas de gatos e objetos bonitos e estranhos comprados antes que alguém mais visse beleza neles. O loft de Salle foi projetado por um arquiteto. Tudo nele é elegante, frio, caro, sem uso. Uma sensação sutil de citação paira no ar, mas é muito sutil — talvez nem esteja lá — e não dissipa a atmosfera de absoluta seriedade artística que domina o espaço.

4

Em uma de minhas visitas ao estúdio do artista David Salle, ele me disse que nunca faz alterações. Cada pincelada é irrevogável. Ele não corrige nem repinta, nunca. Ele trabalha sob as condições terríveis da performance. Tudo conta, nada pode ser retirado, tudo deve sempre ir em frente sem parar, e um erro talvez seja fatal. Um dia, ele me mostrou uma espécie de pintura assassinada. Havia trabalhado nela um pouco demais, dera um passo em falso, matou-a.

5

O artista David Salle e eu estamos sentados em torno de uma mesa redonda no meu apartamento. Ele é um homem bonito e baixo de 39 anos, com cabelos escuros na altura dos ombros, puxados firmemente para trás e presos com um elástico, acentuando sua aparência de rapidez e leveza, de ser meio aerodinâmico. Ele usa sapatos elegantes e bem lustrados e fala em voz baixa, cultivada. Seu sotaque não tem nenhum traço do Centro-Oeste, onde cresceu, filho de judeus russos de segunda geração. Não tem nenhuma afetação, também. Ele é agradável, irônico, um pouco distante. "Não consigo me lembrar do que falamos na última vez", diz ele. "Não tenho nenhuma recordação. Lembro-me de fazer as habituais reclamações do artista em relação aos críticos e depois dizer 'Bem, isso é terrivelmente chato, não queremos continuar falando disso', e depois falarmos disso. Tive uma espécie de mal-estar depois. Senti-me inadequado."

6

O artista David Salle e eu nos encontramos pela primeira vez no segundo semestre de 1991. Poucos meses antes, tínhamos falado ao telefone sobre uma proposta desconcertante dele: que eu escrevesse o texto de um livro de reproduções de suas pinturas, a ser publicado pela Rizzoli. Quando eu lhe disse que devia haver algum engano, que eu não era historiadora nem crítica de arte e só tinha um conhecimento mínimo de seu trabalho, ele disse que não, não era engano. Ele estava deliberadamente procurando alguém de fora do mundo da arte, uma "escritora interessante", que escrevesse um texto não convencional. Enquanto ele falava, relutei em dizer não para ele de cara, embora soubesse que teria de recusar em algum momento. Alguma coisa naquele homem me fez dizer que eu pensaria sobre a proposta. Ele disse então que, para me familiarizar com o seu trabalho e com ele mesmo, me enviaria alguns textos relevantes. Poucos dias depois, um pacote elegante chegou, precedido pelo telefonema de um assistente do estúdio de Salle para combinar os detalhes da entrega. O pacote continha três ou quatro catálogos de exposições, vários artigos críticos e várias entrevistas publicadas, junto com uma longa entrevista que ainda estava em texto datilografado, mas encadernada com uma capa dura preta. Fora feita pela roteirista Becky Johnston, que, fiquei sabendo depois, era uma "escritora interessante" a quem Salle pedira anteriormente para fazer o livro da Rizzoli. Ela fizera a entrevista, em preparação para o texto, mas nunca o escrevera.

7

A arte de David Salle tem uma aparência de originalidade misteriosa, quase sobrenatural, e, contudo, não contém nada de novo; tudo teve uma vida anterior em outro lugar, em pinturas de mestres, na publicidade, nos quadrinhos, em fotografias. Outros artistas jogaram o jogo da apropriação ou citação que Salle joga — Duchamp, Schwitters, Ernst, Picabia, Rauschenberg, Warhol, Johns —, mas nenhum com tanta criatividade temerária. As telas de Salle são como paródias ruins do inconsciente freudiano. Estão cheias de imagens que não combinam: uma mulher que tira a roupa, a Armada Espanhola, uma padronagem kitsch, um olho.

8

David Salle é reconhecido como o principal pintor pós-moderno americano. Ele é o exemplar mais autêntico do movimento, que fez uma espécie de paródia da história da arte, tratando o cânone da arte mundial como se fosse um gigantesco catálogo ensebado, repleto de compras tentadoras e devidamente equipado com um 0800 que atende 24 horas por dia. Suas escolhas do catálogo têm uma perversidade brilhante. Nada tem uma conexão óbvia com coisa alguma, e tudo cintila com ironia e uma espécie de melancolia hostil. Suas justaposições desarmônicas de imagens e estilos incongruentes destacam com nitidez especial o paradoxo sobre o qual repousa sua arte de materiais apropriados: sua aparência misteriosa, quase sobrenatural de *originalidade*. Depois de olhar para uma pintura de Salle, obras assinadas normais — pinturas feitas em um único estilo, com uma temática inteligível — começam a parecer pálidas e insuficientes, meio que repetitivas. Pinturas como as de Salle — produtos descarados, se não de vandalismo, de uma espécie de consumismo desapaixonado — estão inteiramente livres de qualquer "angústia da influência". Apesar de todos os seus empréstimos, elas parecem sem precedentes, como uma nova droga ou um novo crime. Não têm raízes, nem pai, nem mãe.

9

O artista David Salle deu tantas entrevistas, tem sido tema de tantos artigos, tornou-se tão amplamente reconhecido como uma figura emblemática do mundo da arte dos anos 1980 que já não é possível fazer um retrato dele com olhar virgem. A sombra pesada de encontros anteriores com jornalistas e críticos cai sobre cada novo encontro. Todos os escritores chegaram tarde demais; nenhum deles escapa ao sentimento de atraso bloomiano que a figura de Salle evoca. Não podemos nos comportar como se tivéssemos acabado de conhecê-lo, e o próprio Salle se comporta como o curador de uma espécie de museu de si mesmo, guiando os visitantes através das salas de exposição e orientando-os para a literatura relevante. Na galeria Gagosian, na Madison Avenue, onde expõe, há uma gaveta de quase um metro de comprimento dedicada exclusivamente às publicações sobre a arte e a pessoa de Salle.

Meu próprio encontro com Salle foi fortemente marcado pelas entrevistas que ele deu a dois escritores, Peter Schjeldahl e Becky Johnston. Ler seus diálogos com eles foi como ouvir conversas entre personagens brilhantes em uma peça de teatro escrita às pressas, mas inspirada, com ideias avançadas e relacionamentos intensos, levemente misteriosos.

10

O espectro do delito paira mais sinistro sobre as artes visuais do que sobre a literatura ou a música. O falsificador, o pornógrafo e o impostor são figuras de repertório na alegoria que constitui a concepção popular do mundo da arte como um lugar excitante cheio de maldade e astúcia. O artista David Salle se destaca por ser associado a todos os três crimes. Suas pinturas estão cheias de imagens "emprestadas" (duas vezes ele fez acordos extrajudiciais com proprietários irritados); com frequência, contêm desenhos de mulheres nuas ou semidespidas de pé ou deitadas em posições indecentes, se não especialmente excitantes; e têm uma aparência de disjunção desordenada que pode ser considerada (e o foi por Hilton Kramer, Robert Hughes e Arthur Danto) inépcia se fazendo passar por arte de vanguarda. A maioria dos críticos, no entanto, aceitou sem hesitação a obra de Salle como arte avançada, e alguns deles — Peter Schjeldahl, Sanford Schwartz, Michael Brenson, Robert Rosenblum, Lisa Liebmann, por exemplo — elogiaram sua qualidade transgressora e situaram suas pinturas entre as obras que melhor expressam nosso tempo e podem se tornar seus monumentos permanentes.

11

Ao contrário da arte difícil e enigmática de David Salle, sua vida é a história banal de um menino que cresceu em Wichita, no Kansas, numa família judia remediada, teve aulas de arte durante toda a infância, foi para a escola de arte na Califórnia, veio para Nova York e tornou-se rico e famoso da noite para o dia.

12

Durante uma entrevista com o artista David Salle, publicada em 1987, o crítico e poeta Peter Schjeldahl disse a ele:

Olhando para o seu trabalho com atenção durante mais ou menos seis anos, notei um fenômeno que se repete, o de ir embora, depois de ver suas coisas, extremamente estimulado e com memórias vívidas e processos de pensamento que parecem continuar sozinhos, mas que acabam por se atenuar e se desfazer, deixando um resíduo um tanto amargo. Se passo algum tempo sem ver algo feito por você, posso começar a pensar que estou gostando mais do que deveria. [...] Então, quando vejo algo novo, algo bom feito por você, há um revigoramento imediato, um abandono imediato daquele estado de depressão.

Reconheço, nos sentimentos de Schjeldahl a respeito do trabalho de Salle, um eco de meus próprios sentimentos sobre o homem Salle. Quando deixo de vê-lo por várias semanas ou meses, começo a azedar em relação a ele, pensar que estou gostando dele mais do que deveria. Então, encontro-o novamente e experimento o "revigoramento imediato" de Schjeldahl. Enquanto escrevo sobre ele agora — não o vejo há um mês — sinto o retorno do antagonismo, a sensação de azedume. Como as marcas grosseiras que Salle faz sobre as imagens mais suaves que aplica inicialmente em suas telas, eles ameaçam apagar os sentimentos benignos, de admiração, das entrevistas.

13

É raro ler alguma coisa sobre o artista David Salle em que não se faça alguma alusão à questão de saber se o seu trabalho é pornográfico e se suas representações de mulheres são humilhantes e degradantes. Imagens de mulheres com calcinhas caídas que tiram blusas pela cabeça, ou mulheres inclinadas com protuberantes nádegas nuas, ou mulheres deitadas nuas sobre mesas com as pernas abertas se repetem nas pinturas de Salle e se tornaram uma espécie de assinatura de sua obra. As imagens são monocromáticas — são copiadas de fotografias em preto e branco — e as partes pudendas são geralmente tão sombreadas que impedem a lascívia. Para quem tenha visto qualquer uma das imagens inequivocamente indecentes da história da arte — *A origem do mundo*, de Courbet, por exemplo, ou *A lição de guitarra,* de Balthus —, pensar em Salle como pornógrafo é risível. No entanto, as poses das mulheres de Salle são inquietantes. Alguém as dirigiu como se estivessem no palco, alguém com um olhar muito frio e com ideias definidas e talvez desagradáveis, alguém que poderia muito bem estar tirando fotografias para uma revista de mulheres peladas, talvez uma revista alemã desse tipo. Na verdade, algumas imagens de Salle advêm, de fato, dos arquivos de uma revista erótica americana chamada *Stag,* onde ele trabalhou brevemente no departamento de arte (a revista estava à beira da falência quando ele saiu, e Salle serviu-se de caixas de fotografias, principalmente de mulheres, mas também de carros e acidentes de avião); outras são copiadas de fotografias que ele mesmo tirou de modelos contratadas.

14

Em uma crítica da exposição de pinturas, desenhos e aquarelas de David Salle em 1988 na Menil Collection, em Houston, Elizabeth McBride escreveu:

> Ele se entrega a imagens degradantes, desfigurantes e fetichistas de mulheres que constituem [...] uma forma de obscenidade. [...] Pinturas como essas são uma maneira de autorizar ações degradantes. Este trabalho tem toda a beleza fria e o poder imoralmente funcional de uma insígnia nazista.

Sobre a mesma exposição, Susan Chadwick escreveu:

> A obra de Salle [...] é ainda mais mesquinha, mais desdenhosa e mais profundamente misógina do que eu tinha me dado conta. [...] Isso nos leva à difícil questão da arte que é socialmente ruim. Arte que apresenta uma mensagem que é, de alguma forma, errada, ruim, má, corruptora, imoral, desumana, destrutiva ou doente. O que se pode fazer a respeito de artistas negativos? Eu tremo quando vejo pais levando seus filhos para ver essa exposição na Menil aos fins de semana.

15

No inverno de 1992, iniciei uma série de entrevistas com o artista David Salle. Eram como sessões em que quem posava para o retrato era um modelo muito experiente. Salle deu muitas — às dezenas — entrevistas. Ele é uma espécie de viciado em entrevista. Mas está livre do mal-estar que aflige tantas celebridades que ficam excessivamente interessadas na persona atribuída a elas pelo jornalismo. Salle cultiva a persona pública, mas com o distanciamento de alguém que trabalha no jardim de outra pessoa. A entrevista rende bom material — os jornalistas ficam satisfeitos —, mas ele não se rende. Ele nunca esquece — e jamais permite que o entrevistador esqueça — que o seu verdadeiro eu e sua verdadeira vida não estão disponíveis. O que está disponível é um constructo, um personagem que evoluiu e continua evoluindo de encontros contínuos com escritores. Para Salle (que experimentou escultura, vídeo e cinema), a entrevista é outro meio para trabalhar (ludicamente). Há uma dimensão carreirista nisso, mas ele também o faz por prazer. Uma vez, ele me contou que nunca faz desenhos preparatórios ou altera alguma coisa em suas pinturas. Cada pincelada é irrevogável, nada pode ser alterado ou retirado. Alguns movimentos em falso e a pintura está arruinada, irrecuperável. O mesmo senso de improvisação tensa permeia as respostas de Salle às perguntas dos entrevistadores. Ele imagina como suas palavras vão ficar quando impressas e as escolhe com uma espécie de cautela temerosa. Ele também me contou certa vez que muitas vezes fica perdido enquanto pinta: "Preciso me perder para poder inventar alguma saída". Do mesmo modo, em suas entrevistas os momentos em que fica perdido tornam-se o fulcro para voos de invenção verbal. Às vezes, parece quase como se estivesse provocando o entrevistador para pô-lo em xeque, para que possa mostrar seu talento em sair dele.

16

Em conversas recentes que tive com o pintor David Salle, que foi uma das estrelas mais brilhantes da arte da década de 1980, ele me disse, às vezes com todas as palavras, às vezes de forma implícita, que o assunto do declínio de sua reputação no mundo da arte não tinha nenhum interesse real para ele. Que não era nisso que estava sua verdadeira vida, tratava-se somente de uma coisa para falar com um entrevistador.

17

Os escritores costumam ir a ateliês de pintores em busca de socorro estético. Para o escritor, o pintor é um alter ego afortunado, uma encarnação da sensualidade e da exterioridade cujo chamado invisível e inodoro ele se negou a seguir. O escritor vai a lugares em que os vestígios do ato de fazer podem ser vistos, cheirados e tocados, na expectativa de serem inspirados, habilitados e, quem sabe, até mesmo curados. Enquanto entrevistava o artista David Salle, eu estava escrevendo um livro que vinha me dando problema, e embora eu não possa determinar exatamente o que (e não gostaria de fazê-lo), alguma coisa esclarecedora e revigorante em seu estúdio se infiltrou no meu projeto. Ele foi uma boa influência. Mas ele também era um artista assustadoramente produtivo, e um dia, quando entrei no estúdio e entrevi seu novo trabalho, deixei escapar meu sentimento de inveja. No mês decorrido desde nosso último encontro, ele produzira quatro quadros novos, grandes e complexos, que pendiam das paredes com aprumo irritante, enquanto eu escrevera talvez dez páginas que não tinha certeza se iria utilizar. Para minha surpresa, em vez de fazer uma declaração de modéstia ou proferir palavras tranquilizadoras sobre a diferença entre escrever e pintar, Salle corou e ficou na defensiva. Ele falou como se eu o estivesse acusando, ao invés de a mim, de insuficiência artística; parece que sua produtividade é um assunto delicado. Seus detratores apontam para sua grande produção como mais um sinal de sua insignificância. "Eles veem nisso mais uma prova de que o trabalho é simplista e superficial", disse Salle.

"Se o trabalho vem fácil, é suspeito."

"Mas ele *não vem* com facilidade. É extremamente difícil fazê-lo. Sinto como se estivesse batendo com a cabeça contra uma parede de tijolos, para usar uma imagem que meu pai usaria. Quando trabalho, sinto que estou fazendo tudo errado. Acho que não deve ser tão difícil assim para outras pessoas. Acho que todo mundo descobriu uma maneira de trabalhar que lhes permite um passeio fácil e encantado pela vida, enquanto eu tenho de ficar nessa cova horrível sofrendo. É assim que eu sinto. Mas sei que não é assim que a coisa parece aos outros. Certa vez, em um vernissage, uma crítica inglesa me perguntou quanto tempo eu tinha trabalhado nas cinco ou seis pinturas que eu estava mostrando. Eu contei, e ela disse: 'Oh, tão rápido! Você trabalha tão rápido!'. Ela era uma representante da nova escola de arte politicamente correta, antiprazer. Eu podia facilmente imaginá-la como uma mulher sexualmente dominadora. Havia uma energia sexual estranha ali, não expressa. Fiquei imediatamente na defensiva."

"Acabei de me dar conta de uma coisa", eu disse. "Todo mundo que escreve, pinta ou representa fica na defensiva em relação a tudo. Estou na defensiva por não trabalhar *suficientemente* rápido."

Com espírito de camaradagem, Salle me mostrou uma pintura que tinha dado errado. Era um quadro em que ele se demorara um pouco demais, dera um passo em falso fatal e tinha estragado. Fiquei chocada quando o vi. Eu o avistara em sua juventude e florescimento poucos meses antes: mostrava um casal de bailarinos numa pose estilizada, sorrindo radiantes um para o outro, numa paródia mordaz de um determinado tipo de fotografia de dança popular da década de 1950. (Sua fonte era uma fotografia de uma revista de dança francesa daquela época.) Agora, o rosto do homem estava apagado. Era como se alguém tivesse jogado com raiva uma lata de tinta cinza em cima dele. "É um refugo, uma pintura fracassada. Vai ser cortada", disse Salle, como se falasse de um cavalo aleijado que seria levado para o sacrifício.

"Estava tão bom quando o vi pela primeira vez."

"Não estava bom. Ele nunca funcionou. É ruim demais. É muito pior do que eu me lembrava. É uma das piores coisas que fiz nos últimos anos. A imagem do casal é tão desagradável, tão agressiva. Tentei enfraquecê-la pintando o rosto do homem. Era mais repulsivo que o dela. Mas quando fiz isso, estava a caminho da destruição."

18

O pintor David Salle, tal como sua arte, que se recusa a narrar embora seja cheia de imagens, recusa-se a contar uma história sobre si mesmo, embora se ponha infinitamente disponível para entrevistas e fale de modo tão articulado quanto qualquer outro entrevistado. Salle falou com uma espécie de simpatia pesarosa das pessoas que olham para a sua arte de imagens fragmentárias, incongruentes, e dizem que é complicada demais, que dá trabalho demais para entender, e se afastam. Ele, mais do que ninguém, deveria saber o que elas estão sentindo, pois sua obra e, talvez, sua vida dizem respeito ao afastamento. Nada é resolvido por Salle, nada se soma, nada vai a lugar algum, tudo para e se extingue.

19

Em uma tarde de abril de 1992, o pintor David Salle e eu sentamos em um sofá amarelo imaculado, estilo corporativo dos anos 1950, em seu loft, na White Street, de frente para uma grande pintura horizontal ali pendurada, obra que guardara para si de um grupo que ele chama de "pinturas de tapeçaria", feitas entre 1988 e 1991. O quadro me fez sorrir. Mostrava um grupo de figuras da arte antiga — os homens de gibão e as mulheres de vestidos longos e usando penas nos cabelos — dispostas em torno de uma mesa de jogo, uma cena obviamente derivada de um dos tensos dramas de trapaça de George de La Tour, mas não exatamente dele, e sim um pastiche irônico dos estilos de gênero holandês e italiano dos séculos XVI e XVII. Num gesto pelo qual Salle é conhecido, ele havia sobreposto à cena fragmentos aparentemente incongruentes: duas imagens monocromáticas escuras de mulheres

39

de seios nus segurando bonecas de anatomia de madeira, um desenho esquemático de uma escultura de Giacometti, um desenho de um rosto fazendo careta e uma espécie de retângulo expressionista abstrato de tinta cinza com gotas e respingos recobrindo a perna de um homem. Como se participassem da brincadeira de seu transplante do barroco para a arte pós-moderna, os homens e as mulheres fantasiados tinham no rosto expressões comicamente rígidas, exageradas. Quando perguntei a Salle que pinturas ele tinha em mente quando fez seu pastiche, ele me deu uma resposta que me surpreendeu — e, em seguida, não me surpreendeu. Uma das condições da arte de Salle é que nada deve ser original, tudo deve vir de obras previamente feitas e, por isso mesmo, um pastiche teria de ser um pastiche feito por outra pessoa. Nesse caso, era um tapeceiro russo anônimo cujo trabalho Salle encontrara reproduzido em uma revista e havia copiado em sua tela. As pinturas de tapeçaria, talvez mais ricas e vívidas do que quaisquer dos outros grupos de obras de Salle, ilustram o paradoxo sobre o qual repousa sua arte: que se pode conseguir uma aparência de originalidade através da simples cópia do trabalho dos outros. Salle foi acusado de todos os tipos de coisas ruins por seus detratores (Hilton Kramer, Robert Hughes e Arthur Danto, os mais proeminentes dos críticos que odeiam seu trabalho, disseram todos que ele é incapaz de desenhar), mas ninguém jamais o acusou — ninguém pode acusá-lo — de ser pouco original. Sua obra sempre teve aparência de arte nova e, à medida que o tempo passou e sua técnica e algumas de suas imagens recorrentes se tornaram familiares, de arte de David Salle. As pinturas de tapeçaria — há mais de dez delas — foram um ponto culminante. Elas têm uma energia, uma invenção, uma espécie de deslumbramento e uma atmosfera de sucesso, de ter conseguido algo contra todas as probabilidades, que as distinguem de outras obras de Salle. Não é à toa que ele quis ficar com uma lembrança de sua façanha.

Mas, agora, a façanha só parecia alimentar a amargura de Salle, a imagem que faz de si como "alguém que não é mais atual", que é "irrelevante depois de ter sido relevante". Ele desviou o olhar da pintura e disse: "Os artistas mais jovens querem aniquilar você. Eles querem se livrar de você. Você está no caminho deles. Faz muito tempo que não sou o artista que está na cabeça dos jovens artistas. Há seis ou sete anos, eu era o artista que estava na mente dos jovens artistas. É com essa rapidez que as coisas se movem. Os artistas que os jovens artistas têm em mente são pessoas de quem eu mal ouvi falar. Tenho certeza de que existem jovens artistas que pensam que estou morto". Eu ri, e ele riu comigo. Depois sua amargura retornou e ele disse: "Eu me sinto como se tivesse acabado de começar, reunido minhas forças, feito a pesquisa e aprendido o suficiente sobre pintura para fazer algo interessante. O que eu faço costumava ter importância para os outros — por razões que talvez não tivessem nada a ver com o seu mérito. Mas agora, quando acho que tenho alguma coisa a dizer, ninguém quer me ouvir. Sempre houve oposição ao meu trabalho, mas a sensação de irritação e aborrecimento se intensificou. 'O quê?, você *ainda* está por aqui?'".

20

Em 1991, em uma entrevista para a roteirista Becky Johnston, o artista David Salle, ao falar de sua infância em Wichita, Kansas, deu esta resposta a uma pergunta sobre sua mãe:

Sabe, eu realmente não me lembro dela muito bem. Só lembro que tinha uma adorável saia cinza e uma blusa rosa com punhos franceses, e tinha seu monograma bordado na saia em linha cor-de-rosa. Ela trabalhava na loja de moda [onde o pai de Salle era comprador, vitrinista e designer de propaganda] — era vendedora no salão — e se vestia de um jeito muito chique. Lembro-me dela então — quando eu tinha uns seis anos — e então, me lembro dela dez ou quinze anos depois, quando ela trabalhava à noite como caixa no departamento de contabilidade da loja J. C. Penney, e estava totalmente mudada: usava ternos com calças de malha marrom ou bege. E honestamente não me lembro do que aconteceu com ela entre esses dois momentos. Não tenho imagens dela desse período. Na minha cabeça, ela simplesmente deixou de ser aquela pessoa meio elevada, muito chique, muito adorável, para ser essa escrava horrível.

Em 1992, em entrevista que me deu, Salle voltou a essa lembrança e me contou como sua mãe ficou abalada quando leu uma versão disso em um ensaio de Henry Geldzahler, publicado no catálogo de fotografias de Salle de mulheres nuas ou parcialmente nuas, em posições estranhas. "Eu havia hesitado em enviar o catálogo para minha mãe por causa das imagens", Salle me contou. "Nunca me ocorreu que alguma coisa no *texto*, que é inócuo, iria perturbá-la. Mas quando me telefonou, ela estava chorando."

21

Na introdução à longa entrevista com o artista David Salle, publicada em livro em 1987 pela Random House, o crítico e poeta Peter Schjeldahl escreve:

Minha primeira reação ao conhecer este fenômeno de 27 anos de idade foi, receio dizer, um pouquinho presunçosa. Acontece que ele era tão transparente em sua ambição desenfreada — mesmo pelos padrões de sua geração, cujo estilo comum de autoconfiança impaciente eu começara a reconhecer — que quase ri dele.

22

Quando eu estava entrevistando o artista David Salle, homem profundamente inteligente, reservado e deprimido, ele me falava sobre outras entrevistas que estava dando, e, uma vez, me mostrou a transcrição de uma conversa com Barbaralee Diamonstein (que sairia em um livro de entrevistas com artistas e personalidades do mundo da arte publicado pela Rizzoli), marcada por um tom especial de confronto e um extraordinário ar de vivacidade. Era como se a entrevista tivesse provocado o artista a sair de seu estado normal de melancolia cética e o impelido para uma versão mais jovem, menos complexa, mais maníaca de si mesmo.

Há um trecho, por exemplo, em que Diamonstein confronta Salle com uma parte pesada de sua história pessoal. "Pelo que li, você foi designer do que era chamado de revista pornográfica. Isso é verdade?" Salle diz que sim. "Quanto isso afetou sua sensibilidade? Acho que você deve lidar com a questão e se livrar dela de uma maneira ou de outra", Diamonstein diz em tom duro. Salle, desconcertado e pouco convincente, diz que, na verdade, ele não fazia layout, mas paste up na revista pornô. Ainda atrapalhado, acrescenta a informação irrelevante de que ele e os outros jovens do departamento de arte estavam "muito chapados na maior parte do tempo". Diamonstein insiste na questão do que significou para ele a experiência de trabalhar em uma revista masculina chamada *Stag*. "Então, isso influenciou sua sensibilidade, por informá-lo ou dar-lhe uma habilidade? Repelindo-o, divertindo-o? Achando absurdo, interessante — como você reagia? Como é que você chegou lá?"

Salle começa a ver uma saída para o impasse. "Um amigo meu trabalhava lá", diz ele. "Em certa medida, era apenas um trabalho, mas 'absurdo/ interessante' descreve-o muito bem. Ninguém lá levava aquilo muito a sério. Não era *vergonhoso* — as pessoas que trabalhavam lá não contavam para suas famílias que faziam outra coisa. Pelo menos, acho que não. Acabei de me lembrar que havia um sujeito que trabalhava lá porque seu pai trabalhava lá — os dois ficavam sentados o dia inteiro retocando peitos e bundas com aerógrafo. Tal pai, tal filho, imagino."

Diamonstein recebe a resposta com uma inspiração própria. "Você poderia ter tido um emprego na *Good House Keeping* também", diz ela.

"Bem, só trabalhei lá por cerca de seis meses", replica Salle, momentaneamente subjugado. Em seguida, reencontra seu tom: "Falaram muito disso. Embora não tivesse dinheiro, larguei logo que pude. Sabe, essa suposição de *causalidade* atribuída à vida do artista como pontos da trama de uma peça é realmente maluca. As pessoas pensam que aprendi sobre peitos e bundas trabalhando na revista *Stag*? Eu pareço tão patético assim?".

23

Em 1982, num ensaio publicado no *Village Voice*, o crítico Peter Schjeldahl escreveu sobre sua reação inicial à obra de David Salle, que viria a se tornar "o meu preferido entre os atuais artistas jovens":

> Quando dei pela primeira vez com a obra de Salle, há dois ou três anos, sua mistura vertiginosa de obviedade (imagens que "contavam histórias") e intangibilidade (era impossível decifrar a "história") me deixou um pouco enjoado. Também fiquei aturdido com

o uso frequente de nus femininos apresentados de forma pornográfica. Agora, parece-me difícil conceber que, em sua escavação decidida em busca do material pictórico mais carregado da cultura, Salle não se aproveitaria desses veículos ritualizados de fantasia masculina. Mas isso me deixou tão nervoso que senti uma onda engraçada de alívio quando, na exposição do ano passado, Salle apresentou um nu masculino. O que pode ter sido ainda mais chocante foi a exploração improvisada e desdenhosa de Salle de dispositivos pictóricos classicamente modernistas, aqueles sinais sagrados. Ele os estava usando como ferramentas baratas, sem nem mesmo o respeito invertido que a ironia satírica concede (como em Lichtenstein). Eu tinha vontade de não gostar dessas coisas.

Então, aquilo começou a me pegar. Era como um choro transbordante, congestionado, sentimental, sem um objeto, como emoções desencadeadas por imagens de, digamos, uma garota de aparência deprimida fumando na cama e alguma tragédia inespecífica em uma rua cheia de gente procurando uma resolução catártica em vão. Era uma sensação abstrata de deslocamento, anseio ardente e perda, que começou a ressoar com a minha percepção do que arte e vida são no final do século xx. De repente, o artifício estridente de Salle parecia heroico, uma garantia de autenticidade — sem deixar de parecer perverso, a contrapelo.

24

Um dia, o artista David Salle e eu conversamos sobre o romance *O perdedor*, de Thomas Bernhard.

"Já li um terço dele", eu disse, "e, no começo, estava animada, mas agora estou um pouco entediada. Talvez não consiga terminá-lo." "É tão lindo e pessimista", disse Salle.

"Sim, mas não segura seu interesse do jeito que um romance do século xix faz. Eu nunca fico entediada quando leio George Eliot ou Tolstói."

"Eu fico", disse Salle.

Olhei para ele com surpresa. "E você não se entedia quando lê Bernhard?"

"Eu me aborreço com a trama", disse Salle. "Fico entediado quando está tudo escrito, quando não há nada a ser decifrado."

25

No outono de 1991, fui a uma festa de lançamento de livro oferecida ao escritor Harold Brodkey pelo pintor David Salle, em seu loft em Tribeca. A primeira coisa que vi ao entrar na sala foi Brodkey e Norman Mailer conversando. Ao me aproximar, ouvi-os falando jovialmente sobre as resenhas horríveis que ambos tinham acabado de receber, como *bad boys* comparando suas notas baixas. A festa aconteceu quando eu começava a conhecer Salle, e esse fragmento de conversa foi uma espécie de abertura para conversas que tive com ele sobre sua própria percepção de si mesmo como um *bad boy* da arte e sobre sua incapacidade de parar de mexer na ferida que eram suas resenhas ruins. Ele é um artista que acredita na autonomia da arte, que vê o universo da arte como uma alternativa para o universo da vida e que despreza a arte que tem uma intenção social. Mas ele também é uma pessoa atraída pelo mundo da crítica popular, pela feira onde pinturas, livros e desempenhos são tratados com grosseria e descuido, como cavalos ou escravos, e que quer ser um dos Escolhidos, ainda que desdenhe dos que escolhem; em outras palavras, ele é como todo mundo. Somente os escritores, artistas e atores que têm o coração mais patologicamente puro são indiferentes ao modo como seu trabalho é recebido e julgado. Mas alguns dão mais atenção do que outros às palavras dos juízes. Nas minhas conversas com Salle, ele sempre voltava ao assunto da sua recepção, como uma mariposa infeliz e impotente chamuscando-se numa lâmpada. "Não sei por que insisto em falar disso", dizia ele. "Não é o que está na minha cabeça. Não me importo tanto assim. Eu desperdiço uma quantidade desproporcional de tempo me queixando para você sobre como sou visto. Toda vez que terminamos uma dessas conversas, sinto uma pontada de arrependimento. Parece que tudo o que faço é reclamar de como sou maltratado, e isso não é de forma alguma sobre o que quero falar. Mas, por alguma razão, continuo falando sobre isso."

26

David Salle é um dos artistas mais bem recebidos e mais bem recompensados entre os que ganharam destaque na década de 1980, mas não é um dos mais felizes. É um homem tenso, descontente, com um senso de ironia altamente desenvolvido.

27

Em várias das pinturas de David Salle, aparece uma mulher misteriosa de cabelos escuros, levando aos lábios um copo cheio pela metade. Seus olhos estão fechados e ela segura o copo com as duas mãos, com tamanha gravidade e absorção que só se pode pensar que está tomando veneno ou bebendo uma poção do amor. Ela é representada em branco e preto austero e usa um traje de época — um vestido com uma espécie de aspecto renascentista. A mulher nos perturba e nos emociona, do modo como o fazem nos sonhos pessoas que sabemos que conhecemos, mas não conseguimos identificar. O próprio David Salle tem um pouco da vivacidade enigmática da mulher que bebe. Depois de muitas entrevistas com ele, acho que não passo de *quase* conhecê-lo, e o que escrevo sobre ele terá a vaga e vaporosa qualidade que os nossos sonhos mais indeléveis assumem quando os pomos em palavras.

28

Um dos leitmotiven de uma série de conversas que tive em 1992 e 1993 com o pintor David Salle foi a sua insatisfação com a atual recepção da sua obra. "Não acho que alguém tenha escrito um ensaio inteiro dizendo que o meu trabalho é coisa do passado", disse ele. "É mais uma linha aqui, outra ali. Faz parte do fenômeno geral da malhação dos anos 1980. Os críticos que foram negativos o tempo todo, como Robert Hughes e Hilton Kramer, simplesmente intensificaram sua negatividade. A virulência da negatividade aumentou muitíssimo nos últimos anos. As resenhas de Hughes e Kramer sobre a minha exposição de 1991 foram estranhamente, pessoalmente insultantes. Os dois foram sempre negativos, mas agora era como se sentissem cheiro de sangue e avançassem para matar."

Eu disse a Salle que gostaria de ler essas críticas e, alguns dias mais tarde, seu assistente as mandou para mim. Salle não tinha exagerado. Hughes e Kramer pareciam fora de si com aversão e desprezo; suas resenhas tinham uma rispidez quase histérica. "A exposição de novas pinturas de David Salle na galeria Gagosian […] tem um pequenino mérito", escreveu Hughes na revista *Time*, em 29 de abril de 1991. "Ela nos lembra como era ruim e foi excessivamente promovida boa parte da arte americana 'quente' e 'inovadora' da década de 1980. Se Julian Schnabel é a Prova A em nosso museu nacional de cera de fiascos recentes, David Salle é certamente a Prova B." E continuava:

Não obstante, existe nos Estados Unidos um artista mais maçante ou mais cheio de fórmulas do que Salle, em 1991, no momento em que ele se aproxima dos quarenta? [...] Desenhar, como sabe qualquer um que tenha visto algumas obras de Salle, não é o que o artista faz. Ele nunca aprendeu a fazê-lo, e provavelmente nunca aprenderá. Ele é incapaz de fazer um traço interessante. [...] Assim, seus quadros permitem que os críticos resmunguem calorosamente sobre a dissociação de signos e significado e elogiem o que todos os bons adeptos da desconstrução chamariam de sua "recusa de fechamento autoritário", o que significa, grosso modo, que não significam nada em particular. É como se aqueles que apostam nele não conseguissem encarar a possibilidade de que, para começar, seu trabalho é vazio. [...] A galeria Gagosian [...] chegou mesmo a contratar um guarda para ficar na entrada da sala em que as seis novas pinturas de Salle estão em exibição, caso algum colecionador do fim da lista de espera seja tomado pelo impulso de pegar um desses objetos sebosos da parede e sair correndo com ele. Depois de dez minutos na exposição, seu coração se compadece do guarda. Oito horas por dia, cinco dias por semana, disso!

Kramer se contorcia no *New York Observer* de 15 de abril:

Quanto a algumas exposições de arte de hoje em dia, não sabemos se devemos rir ou chorar. Sua pretensão, para não mencionar a atmosfera religiosa em torno delas, é inegavelmente risível. No entanto, sua realização artística é ao mesmo tempo tão árida e tão presunçosa — e oferece tão pouco das satisfações que buscamos na arte — que o sentimento de comédia que provocam se transforma, quase antes de percebermos, em tristeza e depressão [...]

Considere-se a exposição de David Salle que ocupa atualmente os recintos exuberantes da galeria Gagosian [...]

Na década de 1980, um gosto pelo atrevido e escandaloso funcionava no mundo da arte de forma muito parecida como os títulos podres funcionavam nos mercados financeiros, e não por acaso os artistas que produziam arte desse tipo encontravam com frequência seus clientes mais entusiasmados entre os colecionadores que eram os principais beneficiários dessas empresas de títulos podres. Muitas vezes, esses colecionadores sabiam muito pouco sobre a arte que fora criada no passado, ou seja, antes que eles tivessem feito suas primeiras fortunas. Para esses colecionadores, a história da arte começava no primeiro dia em que entraram na galeria de Leo Castelli ou de Mary Boone. Nesse mundo, os mestres antigos eram Jasper Johns e Andy Warhol, e artistas como David Salle, que fora indicado para sucedê-los, obtiveram um sucesso sensacional.

A hostilidade e o esnobismo de Hughes e Kramer em relação aos colecionadores da obra de Salle são dignos de nota. Esse tipo de insulto ao consumidor não tem equivalente em resenhas de livros, de teatro ou cinema. Isso acontece provavelmente porque o resenhista do livro, da peça ou do filme tem algum sentimento de solidariedade com os compradores de livros e ingressos de teatro e cinema, enquanto o crítico de arte geralmente não tem ideia de como é comprar uma pintura ou escultura cara. Ele é, por força financeira, um mero espectador da febre holandesa do mercado de arte contemporânea e tende a considerar o pequeno grupo de pessoas suficientemente ricas para participar do jogo como uma espécie alienígena, completamente impermeável aos seus ataques. Quanto aos colecionadores, eles retribuem os insultos dos críticos ignorando seus juízos: eles vão direto comprar — ou, pelo menos, não param imediatamente de comprar — as obras de artistas que recebem críticas negativas. Com o tempo, o consenso crítico (o julgamento de curadores de museus faz parte dele) se reflete no mercado, e os colecionadores acabam se curvando à sua vontade, mas naquele momento eles não estavam se curvando às opiniões de Hughes e Kramer e continuavam a comprar quadros de Salle. E o artista sofria sob os ataques, mas continuava a ganhar dinheiro.

29

Uma vez, perguntei ao artista David Salle se ele havia lido um artigo de Jed Perl no *New Republic* (ele também escreve frequentemente para *The New Criterion*, de Hilton Kramer) sobre como os artistas errados são celebrados e como os artistas realmente bons são obscuros. O título do artigo era "A arte que ninguém conhece", com o subtítulo de "Onde se encontra a melhor arte americana? Não no assim chamado mundo da arte". Falava do antagonismo de uma geração mais velha em relação às estrelas da arte da década de 1980 e reclamava do esquecimento de que sofria um grupo de artistas sérios que trabalhavam discretamente ao longo dos anos, "fazendo os desenvolvimentos graduais que são o que importa na arte". O mundo desses artistas, dizia Perl, era "o mundo da arte real", em oposição ao mundo de Salle, Schnabel e Cindy Sherman. Perl apresentava dois artistas — a escultora Barbara Goodstein e o pintor Stanley Lewis, cujo trabalho "é raramente visto por alguém fora um pequeno círculo de admiradores" — como exemplos do "artista verdadeiro" esquecido. E perguntava: "O que acontece com um artista cujo desenvolvimento recebe tão pouco reconhecimento público? Os artistas podem continuar fazendo o seu melhor quando o resto do mundo não dá a mínima?".

Salle disse que não havia lido o artigo e que parecia interessante. "Eu sempre quis saber do que Jed Perl gosta", disse ele. "Talvez ele esteja certo. Talvez *estes* sejam os bons artistas." Ele me pediu para lhe enviar o artigo, e assim o fiz. Quando depois nos encontramos, ele me recebeu com o artigo na mão e uma expressão divertida no rosto. "Que pena que o artigo é ilustrado", disse ele. "Sem as ilustrações, poderíamos pensar que Perl tinha algum ponto. Mas quando você vê a obra, só pode rir. É tão *pequeno*."

30

Eu costumava visitar o artista David Salle em seu estúdio e tentar aprender o segredo da arte com ele. O que ele estava fazendo em sua arte enigmática, alusiva, agressiva? O que faz um artista quando produz uma obra de arte? Quais são as propriedades e qualidades da arte autêntica, em oposição ao arremedo de arte? Salle é um homem contemplativo e eloquente, e discorreu com facilidade e fluência sobre sua obra e sobre a arte em geral, mas tudo o que ele disse só parecia reafirmar a minha pergunta. Um dia, ele fez um comentário sobre a diferença entre colagens feitas por amadores e colagens feitas por artistas, o que me fez prestar atenção. Ocorreu-me que um exemplo negativo — um exemplo de algo que não fosse arte — talvez pudesse ser instrutivo. Assim, na visita seguinte a Salle, levei comigo três colagens que eu havia feito por puro prazer pessoal. Na época, o próprio Salle estava fazendo colagens, em preparação para uma série de pinturas que usava imagens de produtos de consumo da década de 1950. Ele ia copiar suas colagens em tinta a óleo em telas grandes, mas elas já pareciam obras de arte. "Por que suas colagens são arte e as minhas não?", perguntei a ele.

Salle ergueu minhas colagens e as examinou de perto. Por fim, disse: "Não há nada que diga que suas colagens não são arte. Elas são arte se você declarar que são".

"Sim, isso é o que disse Duchamp. Mas eu não as defino assim. Você não se lembra da distinção que traçou entre colagens feitas por amadores e colagens feitas por artistas?"

"Eu estava falando em geral", disse Salle.

Percebi que ele estava sendo delicado, que não queria expressar sua verdadeira opinião sobre minhas colagens. Assegurei-lhe que não trouxera as colagens para ouvir elogios, que eu não estava apegada a elas, que as trouxera apenas para provocar uma discussão. "Por favor, diga qualquer coisa que passar pela sua cabeça."

"Passam algumas coisas pela minha cabeça, mas não quero dizê-las. Posso parecer mesquinho."

Por fim, Salle venceu um pouco sua relutância, o suficiente para fazer algumas críticas leves a respeito da composição de minhas colagens e dizer que as colagens dele eram compostas segundo princípios simples que qualquer calouro de escola de arte reconheceria. Pensando agora nesse incidente, percebo que Salle também tinha visto o que qualquer estudante de primeiro ano de psicologia teria visto: que apesar de todos os meus protestos em contrário, eu havia *sim* levado as colagens para ser elogiada. Todo amador abriga a fantasia de que seu trabalho está apenas esperando para ser descoberto; uma segunda fantasia — que os artistas contemporâneos consolidados devem (também) ser fraudes — é um corolário necessário.

31

Certa vez, visitei o artista David Salle em seu estúdio, na White Street, quando ele estava fazendo colagens preparatórias para uma série de pinturas baseadas em produtos de consumo, e ele me disse que percebera que estava obcecado por duas imagens: relógios e sapatos. Pareciam objetos significativos para ele — ele vinha recortando imagens de relógios e sapatos de jornais e revistas —, mas não sabia o porquê disso. Disse que o significado dos relógios continuava obscuro, mas, poucos dias antes, resolvera o enigma dos sapatos. "O sapato, tal como apresentado na posição de venda, não é o ponto. O ponto está embaixo do sapato. É a *ideia de ser pisado*." O sentimento de ser pisado por pessoas que estão com inveja dele, por pessoas que se sentem superiores a ele, por pessoas que não gostam de sua política sexual, por pessoas que acham que sua obra dá trabalho demais para ser decifrada, tornou-se uma assinatura de sua persona pública.

32

Há um tipo de homem que está sempre carinhosa e irritantemente mencionando sua esposa — carinhosamente, porque ficamos comovidos com a profundidade de seu afeto, e irritantemente porque nos sentimos rebaixados diante do paradigma que o inspira. Durante os dois anos em que entrevistei o artista David Salle, ele sempre mencionava a bailarina e coreógrafa Karole Armitage, com quem havia vivido por sete anos. Embora Salle e Armitage tivessem se separado alguns meses antes do início de nossas conversas, ele falava sobre ela como se ainda estivesse sob seu feitiço. Eles se conheceram em 1983 e se tornaram um casal famoso. Ela fora primeira bailarina da companhia de Merce Cunningham e depois formara sua própria companhia de vanguarda. Sua coreografia era uma espécie de versão em dança do que Salle fazia na pintura: uma junção perturbadora de elementos incompatíveis. (A fusão de balé clássico com punk rock foi o gesto inicial pós-modernista de Armitage.) Parecia quase inevitável que Salle se tornasse seu colaborador, pintando cenários e desenhando figurinos para seus balés. O primeiro produto da colaboração Armitage-Salle foi um balé chamado *A sala de Mollino*, apresentado na Metropolitan Opera House em maio de 1986, que fora encomendado pelo American Ballet Theater e no qual o próprio Baryshnikov dançava. Em um artigo intitulado "A princesa punk e o príncipe pós-moderno", publicado em *Art in America*, Jill Johnston descreveu maravilhosamente a estreia: "Ela atraiu uma plateia lotada de luminares da arte mundial e banqueiros, ou quem quer que fossem, com seus smokings, joias e aparência de entusiasmo e satisfação por sentirem que estavam exatamente no lugar certo naquela noite de estreia em Manhattan". Porém, como os eventos mostraram, os banqueiros estavam no lugar errado. O balé recebeu resenhas terríveis, assim como os balés posteriores de Armitage, *The Tarnished Angels* [Os anjos manchados] e *The Elizabethan Phrasing of the Late Albert Ayler* [O fraseado elisabetano do falecido Albert Ayler], ambos encenados na Brooklyn Academy em 1987. "Pouco talento, muita pretensão. Qualquer outro comentário pode parecer supérfluo", escreveu a crítica de dança do *Times* Anna Kisselgoff sobre Armitage na última ocasião.

"O mundo da dança é controlado por uma pessoa, Anna Kisselgoff", disse-me Salle com amargor. "Ela controla tanto em nível internacional como local. Uma crítica boa de Anna te permite conseguir uma temporada na França, uma crítica ruim a cancelará. Karole foi literalmente expulsa da cidade por Anna. Ela não pode mais trabalhar em Nova York." Agora, Armitage vive e trabalha em Los Angeles e no exterior.

Salle e Armitage permaneceram amigos próximos; eles conversam frequentemente por telefone e se encontram sempre que ela vem a Nova York. Salle fala dela com uma espécie de reverência para com o rigor e a radicalidade de seu vanguardismo. Ela e seus dançarinos representam para ele a forma mais pura de atrevimento e intransigência artística. "Durante os sete anos em que estive com Karole, levei uma vida diferente da de todos os artistas que conheço", contou-me ele. "Eu vivi a vida dela. Ela provavelmente lhe diria que viveu a minha. De qualquer forma, durante aqueles anos, estive mais envolvido com o trabalho dela do que com o meu. Seu trabalho era de ponta, feito por pessoas que gostavam de estar no limite, para um público que queria estar no limite. Sua vida era muito mais urgente, viva e voltada para a crise. As artes cênicas são assim. Quando eu estava com Karole, os artistas me pareciam chatos — formais e satisfeitos com eles mesmos. Sólidos, como rochas em um córrego. Muito poucas pessoas tinham a curiosidade e a inquietação dela, sua necessidade de estímulo no sentido mais profundo. Quando eu estava com Karole, os artistas pareciam quase estúpidos para mim, domésticos, caseiros e seguros."

Salle e eu estávamos conversando em seu loft elegante, frio e obsessivamente organizado da White Street, mobiliado com sofás e cadeiras de estilo comercial da década de 1950, e eu lhe perguntei se Armitage tinha ajudado a mobiliar o lugar. "Não", disse ele. "Eu não estava com ela quando comprei o loft. Ela se mudou para cá alguns anos depois. Eu passei a ver este lugar com os olhos dela. Para os olhos dela, ele era intimidante e alienante. Não havia lugar para ela nele."

"Houve alguma área da qual ela tenha tomado posse, que se tornou território dela?"

"Não, não mesmo. Porque não havia maneira de dividi-lo. Ela tinha uma mesa, mais ou menos onde está aquela pintura. Havia uma casa de campo no norte do estado de Nova York. Comprei porque ela gostou dela. Era uma casa antiga, e Karole tinha um sentimento romântico em relação a ela. Mas nunca tínhamos tempo de ir lá."

33

Em uma longa entrevista com o artista David Salle realizada pela roteirista Becky Johnston, há um trecho sobre a tradição do nu feminino na pintura na arte ocidental e sobre a sensação de Salle de não pertencer a essa tradição. "Seria interessante", diz Johnston, "tentar apontar o que é diferente em suas mulheres nuas do desfile de mulheres nuas do passado."

"Bem, nós dois concordamos que há uma diferença", diz Salle. "Parece que há uma ruptura completa".

"Certamente. Mas quero saber qual você acha que é essa ruptura." Salle se esforça para responder e desiste. "Não estou chegando a lugar nenhum. Eu sei que é diferente, mas não sei por quê. Não sei como expressar isso em palavras. O que você acha?"

Johnston responde com perspicácia: "Acho que a diferença entre a mulher nua em suas pinturas e nas outras é que *ela não é uma mulher*. Ela é uma representante de outra coisa. Ela é um substituto para sua opinião. Não creio que isso seja verdade para a maioria das mulheres na arte. E não acho que é uma obsessão sexual pelas mulheres que motiva o uso do nu, como faz, por exemplo, Picasso. É muito mais profundo, mais pessoal e subjetivo. Essa é a minha opinião."

Salle não protesta, e Johnston continua a perguntar: "Se você tivesse de descrevê-lo — e eu sei que isso é lhe pedir para generalizar, mas fique à vontade para fazê-lo — o que é 'feminino' para você?"

Salle para e pensa. "Eu tenho a sensação de que, se começasse a falar sobre o que penso que é o feminino, faria uma lista de todas as qualidades em que eu pudesse pensar."

34

David Salle é um homem baixo, bonito, de 41 anos, que puxa para trás seus cabelos escuros e longos até os ombros e os prende com um elástico, embora às vezes, distraído, tire o elástico e deixe os cabelos caírem ao redor de seu rosto fino e nem sempre barbeado. Em 1992 e 1993, eu o visitava em seu estúdio e falávamos sobre sua obra e sua vida. Eu não achava interessante o que ele dizia sobre seu trabalho (nunca achei interessante o que qualquer artista diz sobre seu trabalho), mas quando ele falava sobre sua vida, especialmente sobre sua vida como uma presença perturbadora no mundo da arte e seu sentimento crônico de ser mal interpretado, isso era outra coisa. Então suas palavras assumiam uma especificidade, uma vivacidade e uma força que desapareciam quando falávamos sobre arte. Mas, mesmo assim, eu me sentia insatisfeita com o retrato do artista que estava surgindo para mim — parecia demasiado estático — e um dia eu lhe disse: "Fico pensando que deveria haver alguma ação".

"Ação?"

"Sim. Alguma coisa deveria acontecer. Houve alguma ação — estive em seu estúdio, em seu loft, em sua exposição de desenhos e no jantar depois dela, mas quero mais."

"Pensaremos em alguma coisa", disse Salle.

"E se eu o observasse pintar?"

"Poderíamos tentar, embora eu ache que isso seria muito chato, como estar num set de filmagem. Muito tempo de espera." Então Salle se lembrou de artistas que vira na TV quando criança, que pintavam e conversavam com a plateia. "Meu amigo Eric Fischl me disse que há toda uma série deles na TV agora — incrivelmente divertidos, sujeitos assustadores que pintam e falam pelos cotovelos. Fischl é um especialista em pintores de TV. Ele diz que tem um cara na TV que é o pintor mais rápido do mundo. É uma coisa engraçada de pensar. A pintura, como o teatro, tem a ver com a ilusão, e acho que pode ser chocante para você ver como é pouco dramático o processo por meio do qual as ilusões são criadas."

"Poderíamos ir juntos a um museu".

Salle disse que já tinha feito isso com um jornalista — Gerald Marzorati, para um artigo na *ARTnews*. "Nós fomos ao Met. Eu estava com uma tremenda ressaca e isso só amplificou as limitações patéticas do que eu tinha a dizer sobre a arte dos outros. Nós estávamos olhando para aqueles Rembrandt e eu não tinha nada a dizer sobre eles. Limitei-me a dizer 'com certeza são bons.'"

Nunca observei Salle pintar (o que ele disse sobre os artistas de TV bastou quanto a isso), mas fui a um museu com ele uma vez — ao Met, para ver a exposição de Lucian Freud. Eu tivera uma ideia jornalística um tanto embaraçosa. Robert Hughes, que escrevera sarcasticamente sobre Salle, chamara Freud de "o melhor pintor realista vivo", e imaginei montar uma cena na qual Salle faria comentários ácidos sobre um favorito de Hughes, como uma espécie de vingança indireta. Telefonei para Salle e lhe expus a ideia. Salle disse que ficaria contente de ir à exposição de Freud, mas não poderia fazer o papel que eu lhe reservara, já que não odiava o trabalho de Freud — ele o admirava e o havia até "citado" em seu próprio trabalho. Na exposição, Salle atravessou as salas com muita rapidez. Bastava uma olhada rápida para saber o que queria ver e o que não queria; na maioria dos casos, não queria. Passou a passos largos por pinturas, parando apenas de vez em quando diante de uma delas. Demorou-se apreciando um pequeno nu de propriedade de um ator de cinema — "ah, o Steve Martin", disse ele quando o divisamos — e um grande quadro de familiares e amigos de Freud em seu estúdio, ladeado por uma pia de estúdio e um enorme gerânio perfumado, com muitas folhas mortas. Salle disse que o que captou seu interesse nas pinturas era de carácter técnico; falou das estratégias de composição e da colocação de tinta sobre a tela. Do bem conhecido quadro da mãe de Freud deitada, Salle disse: "Tem a mesma paleta de *A mãe de Whistler* — uma paleta arrebatadora". Nas últimas salas da mostra, onde estavam as grandes pinturas provocativas retratando o performer obeso Leigh Bowery, Salle permitiu-se um comentário negativo. "Isso é completamente banal", disse de *Homem nu, vista traseira,* uma enorme pintura de Bowery sentado e nu. E acrescentou: "Freud é adorado por ser 'mau' pelas mesmas pessoas que odeiam o meu trabalho porque sou 'mau'".

Lembrei-me de uma conversa que eu tivera uma vez com Salle sobre Francis Bacon. Salle estava falando sobre seu próprio trabalho, sobre suas imagens de mulheres — "elas são todas meio horríveis, elas têm um ar horrível", disse ele — e eu perguntara, por falar em horrível, se Bacon tinha sido uma influência. "Você não é a primeira pessoa a me perguntar isso", disse Salle. "Várias pessoas me fizeram essa observação. Na verdade, Bacon não é um artista pelo qual me interesso, mas ultimamente tenho pensado muito nele, na tentativa de me defender de certas críticas. Se você virasse as críticas para outro lado, as apontasse contra Bacon, seria um absurdo. E isso simplesmente porque o trabalho dele é homossexual e o meu é heterossexual. As mesmas atitudes transpostas são incorretas."

"Por que as imagens horríveis feitas por um homossexual são mais corretas do que aquelas feitas por um heterossexual?"

"Porque na política da arte, ser homossexual é, a priori, mais correto do que ser heterossexual. Porque ser um artista é ser um outsider, e ser um artista gay é ser um duplo outsider. Essa é a condição correta. Se você é um artista heterossexual, não está claro se sua condição de outsider é legítima. Eu sei que isso é totalmente absurdo. Mas o fato é que, em nossa cultura, espera-se que principalmente gays e negros façam algo interessante. Quase tudo da cultura branca heterossexual é menos interessante, e tem sido assim há muito tempo."

35

Depois da inauguração de uma exposição dos desenhos de David Salle na galeria Gagosian da Madison Avenue, em março de 1992, houve um jantar comemorativo em um restaurante agradavelmente elegante no Upper East Side e, no decorrer da noite, fiquei impressionada com o charme e a alegria da ocasião. As celebrações rituais de realizações artísticas — lançamento de livros, festas de estreia, jantares de artistas — dão forma externa e tornam brevemente real a fantasia do escritor, do artista ou do pintor de que ele vive em um mundo que lhe deseja boa sorte e quer recompensá-lo por seu trabalho. Por algumas horas, a pessoa que surgiu recentemente da "cova horrível", como Salle uma vez a chamou, de suas lutas criativas é levado a esquecer que o mundo lhe é indiferente e cuida somente de seus próprios prazeres. Às vezes, o mundo tem o prazer de aplaudir e premiar um artista, mas com mais frequência passa desatentamente por ele. E o que o mundo dá, ele se deleita em tirar: o artista aplaudido e premiado não continua assim; o mundo gosta de inverter-se. O que dá ao lançamento do livro, à festa da estreia ou ao jantar do artista seu peculiar brilho febril é a consciência levemente subterrânea da provável má sorte que espera o trabalho do artista.

Uma vez que exposições de desenhos de pintores são consideradas eventos relativamente menores, o jantar foi pequeno (para cerca de vinte pessoas) e teve uma atmosfera mais relaxada e menos complicada do que teria exigido uma exposição em grande escala. O restaurante era muito caro e muito bom, pedimos com atenção e comemos com seriedade. Salle, que usava uma espécie de blusa de marinheiro, estava sentado em silêncio, calmo e vigilante, como um menino numa festa de aniversário. Eu guardo uma imagem de Sabine Rewald, uma curadora do Metropolitan, que parece um Vermeer, levando uma colherada de sorbet cor-de-

-rosa à boca e sorrindo alegremente. Meus companheiros de mesa — Robert Pincus-Witten, um crítico de arte e professor emérito de história da arte que agora é diretor da Gagosian, e Raymond Foye, outro diretor, que também publica livros minúsculos de curiosidades exóticas, como os poemas de Francis Picabia — eram mestres da arte de conversação íntima e cúmplice à mesa. Nosso anfitrião, Larry Gagosian, não compareceu. Estava fora da cidade, e a abertura não tinha evidentemente importância suficiente para fazê-lo voltar.

Dois anos mais tarde, a abertura na galeria Gagosian do centro de uma exposição de oito grandes *Pinturas de produtos antigos* de Salle, baseadas em imagens da publicidade dos anos 1950, foi outra coisa. Tratava-se de uma exposição com apostas altas — cada quadro tinha o preço fixado em cerca de 100 mil dólares — e reservara-se um restaurante inteiro para o jantar do artista. As coisas já não eram simples. As coisas estavam muito complicadas. O restaurante, cheio de artistas, escritores, artistas, cineastas, colecionadores, críticos, galeristas, puxa-sacos, zumbia com uma sensação de intriga e com a ameaça de que algo não daria certo. Gagosian, um homem alto, moreno, de cabelos grisalhos, com seus quarenta e tantos anos, uma atitude impassível, atravessou a sala lançando olhares aqui e ali, como Rick em *Casablanca* verificando como andam as coisas no bar. Pincus-Witten e Foye, novamente de plantão, circulavam em missões ansiosas, obscuras. Salle (desempenhando o papel de Paul Henreid?) usava um casaco escuro sobre uma camisa branca sem gravata e calça jeans, e estava apenas um pouco mais reservado, isolado e vigilante do que o habitual. Fui embora antes que a polícia de Vichy chegasse. A imagem que guardei da ocasião, como o sorbet cor-de-rosa de Sabine Rewald do jantar anterior (embora ela venha da abertura propriamente dita), é a visão de um homem alto e magro, de terno cinza, que estava no centro da galeria e se destacava de todos os outros devido à aura de distinção que o cercava. Tinha um rosto de traços inteligentes, europeus, mas era seu porte que chamava a atenção. Comportava-se como um nobre; ao olhar para baixo, esperava-se ver um par de galgos a seus pés. Durante todo o vernissage, ele manteve o braço ao redor de um jovem negro com um complicado penteado tribal. Tratava-se do pintor Francesco Clemente, outro dos artistas de Gagosian de 100 mil dólares por quadro e outro dos pintores que ganharam destaque durante a década de 1980. Ao contrário de Salle, no entanto, ele não vira a sua estrela cair.

Na série de conversas que tive com Salle durante um período de dois anos, ele sempre teve o cuidado de não dizer nada de ruim sobre colegas pintores — até seus comentários sobre Julian Schnabel, com quem teve um desentendimento público, foram contidos. Mas deduzi de algumas coisas que ele deixou passar sobre a vida encantada de Clemente na arte que ela era um lembrete amargo de tudo o que a sua não era. "Uma coisa que fiquei rodeando, tentando achar uma maneira de perguntar", Salle me disse uma vez, "é uma pergunta simples: por que algumas pessoas são basicamente levadas a sério e outras basicamente não são levadas a sério?" Apesar do dinheiro que ganha com sua arte, apesar dos elogios, às vezes beirando a reverência, que ele recebeu de críticos renomados (Peter Schjeldahl, Sanford Schwartz, Lisa Liebmann, Robert Rosenblum, Michael Brenson, por exemplo), Salle sente que a admissão ao mais alto posto da pintura contemporânea lhe foi negada, que ele será sempre colocado no banco de reservas, que jamais será considerado um dos grandes jogadores.

36

O artista David Salle, num catálogo de 1990 de suas gravuras chamadas série Canfield Hatfield (A. J. Liebling escreveu sobre Hatfield em *The Honest Rainmaker*), escreveu:

O professor Canfield Hatfield foi um personagem supostamente real que figurava com destaque nas operações de hipódromo e esquemas de apostas de todos os tipos neste país na primeira metade do século xx. Entre as muitas atividades do professor para promover a crença em um sistema de controle maior sobre eventos aparentemente aleatórios, estavam suas proezas para chamar chuva, pagas por comunidades atingidas pela seca no Oeste — um tipo de trabalho de aposta alta e, por extensão, uma metáfora útil para a relação entre risco, esperança e fraude que envolve qualquer situação de produção de arte ou de chuva.

37

O gênero pouco exigente do jornalismo de personalidades não pareceria o meio mais adequado para um homem do espírito afiado e peculiar, do temperamento frio e irritável de David Salle. No entanto, esse pintor de 41 anos de idade talvez tenha dado mais entrevistas do que qualquer outro artista contemporâneo. Embora os resultados publicados o tenham geralmente desapontado, isso não o impediu de continuar se confraternizando com a imprensa; nas entrevistas que fiz, em 1992 e 1993, ele costumava mencionar outras entrevistas que estava dando. Uma delas, para Eileen Daspin, da revista *W*, acabou mal. Salle perdeu a aposta consigo mesmo de que a postura simpática da entrevistadora não era uma farsa completa e teve de suportar o vexame de ler um artigo sobre si mesmo que tremeluzia de hostilidade e virava suas palavras contra ele mesmo. "Não deve ser fácil ser David Salle na década de 1990", Daspin escreveu na edição de outubro de 1993. "Ele está definitivamente fora de moda. Como *fern bars** e quiches.

Fern bars: tipo de bar frequentado por yuppies solteiros, moda na década de 1980, geralmente decorado com samambaias e luminárias art nouveau. (N. T.)

Uma situação que é um pouco difícil de aceitar, depois de ter sido um dos artistas geniais e garoto prodígio dos anos 1980." Esse era o estilo e o tom do artigo. O próprio Salle aparecia como petulante e egotista. ("Fui completamente ignorado no início da minha carreira pelas mesmas pessoas que depois me exaltaram e que agora estão felizes em me ignorar.")

Cerca de um mês depois, Salle me falou sobre seus sentimentos em relação ao artigo. "Eu li muito, muito rapidamente, com nojo, e joguei a revista no lixo. Fui vítima de uma emboscada. Eu deveria ter previsto isso. Só culpo a mim mesmo. Ela deu muitos sinais que deveriam ter disparado alarmes. Levou-me a dizer coisas interessantes, só que para a pessoa errada."

"Acho interessante que você sempre assume a responsabilidade pela entrevista, que, se não gosta dela, põe a culpa em você mesmo e não no entrevistador."

"Ah, eu posso culpá-la", disse Salle. "Não fiz a coisa sozinho. Ela fez. Ela não parava de dizer 'qual é a sensação de ser um artista acabado? Você não se sente mal sendo colocado na posição de um artista acabado?'. E eu não parava de dizer — com um sentimento equivocado de missão pedagógica — 'Bem, você tem de entender que isso tem um contexto, uma história e uma trajetória'. Eu estava falando sobre a tirania da esquerda. Mas ela publicou dizendo apenas como eu estava irritado e infeliz por estar acabado. Todo o esforço que fiz para explicar o contexto não serviu para nada."

"Ela fez você parecer uma pessoa muito agressiva e desagradável."

"Talvez eu seja. Eu estava pondo à prova a tese de que o mundo da arte adora valentões. De qualquer modo, estou chegando num ponto em que me resigno a ser mal interpretado. Em vez de ver nisso uma má sorte que me aconteceu sem culpa minha, agora o vejo como um estado natural das coisas para um artista. Quase não consigo ver como poderia ser de outra forma."

"Então por que você dá todas essas entrevistas?"

Salle pensou por um momento. "É a forma de escrita de uma pessoa preguiçosa. É como escrever sem ter de escrever. É uma forma na qual se pode fazer alguma coisa, e eu gosto de fazer coisas."

Lembrei-me de uma coisa que Salle fizera e que tinha fracassado, como a entrevista na *W*, e que ele havia destruído com nojo, como havia destruído seu exemplar da revista. Era uma pintura de dois bailarinos.

38

O artista David Salle, como se falasse de outra pessoa, falou-me uma vez de sua impaciência. "Eu tenho um jeito de fazer as pessoas acharem que não têm a minha atenção, que perdi o interesse e dei as costas. Pessoas de que sou próximo se queixaram disso."

"E depois?"

"Eu fico ainda mais impaciente."

"Será que seus pensamentos vagueiam?"

"Começo a pensar que minha vida vai acabar em breve. É simples assim. Eu não tenho muito tempo. Eu me sentia assim quando tinha vinte anos."

Salle havia completado recentemente quarenta anos. Ele notara — sem fazer a inferência quase óbvia demais — que andava recortando imagens de relógios de jornais e revistas. Um dia, depois de chegar um pouco atrasado para um compromisso comigo, ele me pediu desculpas e disse que costumava ser obsessivamente pontual. "Tive de me treinar para não chegar exatamente na hora. Era absurdo e impróprio ser tão pontual. Era particularmente inadequado para um artista ser tão pontual."

Perguntei a Salle qual a razão de sua pontualidade.

"Acho que tinha a ver com centrar-me tanto na expectativa das pessoas em relação a mim. Mas também era porque eu mesmo odeio esperar. Apesar de toda a minha desconsideração — tenho certeza que sem fim — por outras pessoas, sempre sinto empatia pela outra pessoa. Sinto empatia pelo torturador. Acho que é muito fácil simpatizar com Robert Hughes quando ele escreve sobre sua aversão ao meu trabalho. Acho que sei exatamente o que ele está pensando e por quê. É uma espécie de arrogância, eu sei, mas sinto pena dele. Ele não sabe de nada. Eu tive de aprender a me atrasar e precisei aprender a ser cruel, a exalar hostilidade. Mas não é realmente a minha natureza. Eu faço isso mal porque não é quem eu sou."

39

Perto do final de uma longa série de entrevistas com o artista David Salle, recebi esta carta dele:

Depois de muitas horas tentando sair de mim mesmo, para falar sobre quem ou o que sou, acho que a única coisa que realmente importa na arte e na vida é ir contra a onda de literalismo e falta de imaginação — insistir na vida da imaginação e *viver* nela. Uma pintura tem de ser a experiência, em vez de apontar para ela. Quero ter e dar *acesso ao sentimento*. Essa é a maneira mais arriscada e a única importante de conectar a arte ao mundo — para torná-la viva. Todo o resto é apenas rotina.

A maioria das nossas conversas, penso eu, foi sobre como essa ideia tem uma frequência especial que é facilmente abafada pelo barulho do momento. Ou seja, nós falamos, ou eu falei, principalmente sobre ser "abafado". Mas o importante não é realmente a situação de inferioridade disso, mas apenas o sentimento em si.

40

Escrever sobre o pintor David Salle é ser forçado a fazer uma espécie de paródia de sua arte melancólica de fragmentos, citações, ausências — uma arte que se recusa a ser uma única coisa ou achar alguma coisa mais interessante, mais bela ou mais estimulante do pensamento do que outra.

41

Um dia, perto do final de uma conversa que eu estava tendo com o pintor David Salle em seu estúdio na White Street, ele olhou para mim e disse: "Isso já aconteceu com você? Você já pensou que a sua verdadeira vida ainda não começou?".

"Acho que sei o que você quer dizer."

"Você sabe — em breve. Em breve, vai começar a sua verdadeira vida."

Profundidade de campo
2011

Em abril passado, o fotógrafo alemão Thomas Struth foi ao castelo de Windsor e tirou uma foto da rainha da Inglaterra e do duque de Edimburgo para a National Portrait Gallery de Londres. Não é o tipo de fotografia que Struth normalmente faz. Ele é um dos fotógrafos de arte mais respeitados e aclamados da atualidade, cujas fotografias coloridas monumentais estão em museus de todo o mundo e cujos interesses não incluem tirar fotos inofensivas de pessoas famosas. Mas quando recebeu o telefonema da National Portrait Gallery, em janeiro, aceitou o convite. A ocasião era uma exposição de pinturas e fotografias de Elizabeth ii realizadas nos sessenta anos de seu reinado, comemorados no Jubileu de Diamante de 2012. A fotografia de Struth seria o retrato final da exposição.

"Quando a National Portrait Gallery me telefonou e disse que, aos seus olhos, eu era a melhor pessoa para fazer o retrato, fiquei bastante chocado", me contou Struth. "Minha reação imediata foi 'O que posso fazer que não seja apenas afirmativo, mas que inclua uma mensagem minha? Eu seria capaz de dizer algo novo sobre pessoas assim?'"

Struth e eu almoçávamos em um restaurante de hotel em Berlim; havia um mês que ele fizera a foto da rainha, e eu estava na Alemanha para entrevistá-lo e vê-lo em ação. Trata-se de um homem de 56 anos, alto, de barba, com grandes olhos claros e excepcionalmente simpático. Ele irradia decência e retidão. É gentil, calmo e modesto. É o garoto da sala de aula de quem todo mundo quer sentar perto.

Struth me contou sobre seus preparativos minuciosos para o retrato de Elizabeth e Philip. Ele estudou fotografias antigas do casal e achou que a maioria delas tinha defeitos. Viu os erros técnicos, "o que não deveria ter acontecido", em especial os fundos que provocavam distração. Visitou o Palácio de Buckingham e decidiu que era atulhado demais. Quando lhe ofereceram os salões do castelo de Windsor, em verde, vermelho e branco, além de dourados selecionou a sala verde (a sala branca era "muito cansada" e o quarto vermelho, "demais") e passou um dia fazendo fotos de teste. "Enquanto estava lá, eu disse: 'Quero ver a camareira' — a mulher encarregada do guarda-roupa da rainha. Porque a segunda coisa que notei quando olhei para as fotografias anteriores da rainha foi que muitos dos vestidos que ela usa são infelizes. Ela é peituda e quase sempre usa alguma coisa que vai até o pescoço, e então há esse trecho de tecido sob o rosto que faz com que ele pareça pequeno." (Eu sorri sozinha com a referência grosseira de Struth ao seio real — um lapso raro em seu excelente inglês.) No dia anterior à sessão, Struth continuou, "a camareira veio com vinte vestidos. Era uma mulher muito agradável e tivemos uma empatia imediata. Senti que ela me via. Mais tarde, ela disse à rainha que estava tudo bem comigo, que eu era um cara legal. Selecionei o vestido, um brocado azul-claro com guirlandas, um pouco brilhante, e que combinava muito bem com o fundo verde-escuro".

Perguntei se a rainha aceitou sua escolha e ele disse que sim. Ele não interferiu no traje do duque, exceto para pedir uma camisa branca. Na sessão de fotos, o duque usou um terno escuro e uma gravata azul. "Ele estava perfeito", disse Struth.

Numa preparação adicional, Struth leu uma biografia de Elizabeth, e "senti afinidade. Eles eram da geração de meus pais. Ela tem exatamente a idade da minha mãe, e Philip nasceu em 1921, dois anos depois do meu pai". E acrescentou: "Aceitei a encomenda por razões que não posso mencionar, mas pensei, vou simpatizar com essas pessoas".

O aspecto paradoxal da associação que Struth fez de Elizabeth e Philip com seus pais — sua mãe fez parte da Juventude Hitlerista e seu pai serviu na Wehrmacht de 1937 a 1945 — não poderia ter passado despercebido por ele e estava certamente implícito nas "razões que não posso mencionar". Como muitos, se não a maioria dos alemães de sua geração, Struth foi assombrado pelo passado nazista e fala do Holocausto como uma grande influência em sua vida e obra. "Se você quer saber o que me formou", disse ele em nossa primeira entrevista, "eis o importante: a cultura da culpa em que nasci e que me cercou na infância." Contou-me que soube do Holocausto no início de sua vida, embora não saiba exatamente quando — "sinto como se sempre soubesse disso" — e foi atormentado pela questão da cumplicidade de seus pais. Seu pai gostava de contar histórias sobre sua guerra ruim. Ele lutou na França e depois na Rússia, onde foi gravemente ferido duas vezes e sobreviveu "quase por um milagre". Essas histórias "irritavam" o jovem Thomas. "Sempre que meu pai falava sobre a guerra, contava apenas sua história pessoal. Nunca disse algo como 'Ó, meu Deus, quando saí dela e percebi o que tinha feito, me senti tão arrependido!'. Teria sido a coisa mais natural a dizer. Mas ele nunca disse isso. Não sei em que ele acreditava." Struth passa a falar, de uma maneira um tanto amorfa, de seu trabalho como uma forma de *Vergangenheitsbewältigung* ("reconciliação com o passado"), pelo qual os melhores espíritos da

Alemanha permanecem dominados. Será que seu retrato da monarca que estava do lado certo da história ("a última conexão viva com um episódio — a resistência da ilha a Hitler — que se tornou a história fundadora, quase o mito de criação da Grã-Bretanha moderna", como Jonathan Freedland caracterizou recentemente Elizabeth ii na *New York Review of Books*) traz seu projeto de expiação para uma espécie notável de culminância?

Se assim for, isso não estará visível no retrato em si. A obra de Struth não reflete a cultura da culpa de que ele fala. Ao contrário, por exemplo, das pinturas cruas apavorantes de Anselm Kiefer, cujos pensamentos nunca parecem estar longe de Auschwitz, as fotografias de Struth não evocam nada de ruim. Elas têm uma leveza de espírito, quase se poderia dizer uma face ensolarada, que não está presente na obra de outros grandes praticantes da nova fotografia colorida gigante — Andreas Gursky, Candida Höfer, Jeff Wall, Thomas Ruff, entre outros. Struth é a criança feliz da turma. Suas enormes fotografias de ruas de cidades, de pessoas que olham pinturas em museus, paisagens industriais, fábricas, laboratórios, florestas tropicais e grupos familiares são tão agradáveis quanto sua personalidade — parecem uma extensão dele. Michael Fried, em seu bem tramado *Why Photography Matters as Art as Never Before* [Por que a fotografia é importante como arte como nunca foi antes] (2008), faz uma pausa para observar, com aparente (e pouco característica) irrelevância, mas com uma evidente compreensão intuitiva da força da radiância de Struth, que "um fato marcante da carreira pública de Struth é a reação quase universalmente entusiasmada com que seu trabalho foi recebido". Um entusiasta de primeira hora, Peter Schjeldahl, escreveu na revista de arte suíça *Parkett* em 1997: "Preciso dizer que as fotos de Struth costumam tirar meu fôlego. Acho difícil olhar para elas ininterruptamente por qualquer período de tempo, tão intenso é o seu efeito sobre minhas emoções". No catálogo de uma retrospectiva de Struth realizada em 2003 no Metropolitan Museum, em Nova York, Maria Morris Hambourg e Douglas Eklund escreveram sobre a "sensação notável" que experimentaram, enquanto observavam a fotografia de Struth de duas mulheres diante do quadro *Rua de Paris; dia chuvoso*, de Gustave Caillebotte, "de entrar na própria pele novamente, enquanto a alienação dos outros e da história — a maldição do moderno — se dissolve na imagem". Hoje não há nenhuma diminuição do entusiasmo; ao contrário, ele cresce, e os críticos sãos continuam a enlouquecer sob o feitiço hipnotizante de Struth.

Na manhã após o almoço em Berlim, Struth e eu fomos a uma fábrica nos arredores de Dresden, operada por uma empresa chamada SolarWorld, onde ele passaria o dia fotografando. Ele estivera lá algumas semanas antes para se certificar de que encontraria um assunto, e encontrou. Fomos recebidos por uma jovem agradável chamada Susanne Herrmann, gerente de relações públicas da fábrica, que nos levou a um vestiário, onde colocamos macacões brancos, redes de plástico branco nos cabelos e botas brancas sobre os sapatos para que não levássemos partículas de poeira contaminadas para a fábrica. Dan Hirsch, o novo assistente de Struth, que viera de Düsseldorf com o equipamento do fotógrafo — numerosas câmeras, tripés e filmes — já havia chegado. ("Eu desejava alguém assim havia muito tempo", disse Struth de Hirsch, um israelense de 28 anos de idade que escrevera a Struth e a Candida Höfer alguns meses antes, oferecendo seus serviços; ele obteve resposta somente de Struth, que o entrevistou e o contratou na hora. "Tudo o que ele disse parecia muito honesto e fazia sentido.")

Entramos numa grande sala cheia de máquinas que faziam muito barulho e de nenhum modo revelavam a função de suas belas formas. Eu imediatamente vi por que Struth queria fotografar ali. Para onde quer que se olhasse, via-se um conjunto fascinante de peças industriais — como um *objet trouvé* — que tentava o olho ao mesmo tempo que confundia a mente. Enquanto Struth e Hirsch montavam uma grande câmera diante de um desses ready-mades e tiravam fotos preparatórias com uma câmera digital, fiz um passeio pela fábrica acompanhada por Ulrike Just, outra funcionária agradável, com o título de gerente de qualidade, e fiquei sabendo qual era o objetivo de toda aquela atividade e complexidade: pequenos ladrilhos inertes, de cerca de quarenta centímetros quadrados, chamados wafers, estavam sendo convertidos em painéis solares vitais. Os wafers iam de um lugar a outro na fábrica para sofrerem inúmeras alterações químicas, lavagens e inspeções, tudo feito por máquinas. A única pessoa que encontramos na fábrica estava cuidando de uma máquina, como uma enfermeira. Era incrível observar o trabalho das máquinas: era como se a mais simples das funções exigisse delas o exercício mais violento. Uma determinada inspeção dos wafers, por exemplo, era feita por uma máquina que pulava bastante de excitação. A única intervenção humana — uma inspeção final por olhos e mãos especialmente treinados — cessaria um dia; inevitavelmente, máquinas capazes de fazer esse trabalho seriam inventadas.

Struth se empenhava tanto quanto as máquinas para tirar suas fotos. Ele cobrira a cabeça e os ombros com um pano de fotógrafo cinza e cada foto parecia custar-lhe um grande esforço. Ele saía de debaixo do pano com aparência de abatido e esgotado. Seu assistente fazia coisas para ajudar, mas Struth continuava a dar a impressão de estar passando por uma provação devastadora. Ele mudou para outro lugar da fábrica, e os esforços continuaram. Por volta das duas, parou, relutante, e ele, Hirsch, eu e Susanne Herrmann fomos até um restaurante no qual o fundador da SolarWorld, Frank Asbeck, nos oferecia o almoço. Uma longa mesa num pátio sombreado fora montada com nove lugares. Do grupo também faziam parte quatro executivos da indústria, vestidos com ternos escuros, que entraram juntos e conversaram somente entre eles. O almoço foi delicioso, com aspargos brancos, então na estação e servidos em todos os lugares da Alemanha. Asbeck, que era gordo e exuberante, mais para Baco do que para Apolo, contou uma história divertida sobre seu trabalho anterior, algo sobre ser demitido antes de ter sido contratado para dirigir uma fazenda de trutas, porque havia escrito um artigo sobre os antibióticos que eram secretamente dados aos peixes. A conversa voltou-se para temas verdes, e citei o mantra de Michael Pollan: "Coma comida. Não muito. Principalmente plantas". Asbeck riu e disse "acho que não faço parte do 'não muito'". Enquanto falava, afagou a barriga com carinho, como os homens ricos e gordos do passado que gostavam de sua gordura.

Depois do almoço, retornamos à fábrica e Struth voltou para sua labuta sob o pano do fotógrafo, com Hirsch pairando nas proximidades e exercendo suas funções de assistente quando Struth lhe fazia um sinal. Ele trabalhou durante toda a tarde e nas primeiras horas da noite. O horário marcado para voltarmos a Dresden passou, mas ele não dava sinais de desistir. Ulrike Just também permaneceu depois do expediente — disseram-lhe para ficar enquanto Struth quisesse trabalhar. Tentei me ocupar tirando fotos com minha câmera Instamatic. Por fim, um pouco irritada, fui para Dresden de táxi.

Meu mau humor, evidentemente, era injustificado. Eu queria ver um grande fotógrafo trabalhando e tinha acabado de ter a chance de fazê-lo. O pano invisível de alheamento de Struth era tão necessário ao seu fazer artístico quanto o pano real sob o qual trabalhava. Entrar no estado de absorção em que é feita a arte requer reservas de grosseria que nem toda pessoa delicadamente cortês pode invocar, mas que o verdadeiro artista utiliza sem hesitar.

No dia seguinte, Struth, com a cortesia recuperada, e eu caminhamos por Dresden e conversamos sobre seu projeto de tirar fotografias em locais de trabalho industrial e científico. Perguntei se ele achava que estava fazendo uma espécie de "declaração" sobre a sociedade com essas fotografias. "Acho que sim", respondeu ele, mas acrescentou: "Algumas das fotos não mostram o que eu estava pensando. Por exemplo, quando fui a Cabo Canaveral como turista, fiquei impressionado com o significado do programa espacial como instrumento de poder. Quando um país demonstra que é capaz de fazer aquilo, isso contribui para seu domínio cultural. Eu não tinha me dado conta disso antes. Mas quando fui lá para fotografar, vi que se trata de uma coisa que não se pode pôr numa fotografia".

"Você acha que precisa pôr grandes significados em seu trabalho?", perguntei.

"Bem, isso faz parte do meu pensamento. É algo que me estimula. Ter uma narrativa é um incentivo. Se se tratasse apenas de composição, luz e belas imagens, eu poderia simplesmente fotografar flores."

"Esqueça as flores", eu disse. "Fiquemos na fábrica. Porque havia formas muito bonitas lá. Isso não seria o suficiente para você? Se você simplesmente encontrasse belas composições e fizesse belas abstrações fotográficas. Você quer fazer mais do que isso?"

"Sim."

"Estou tentando tirar de você o que é esse mais."

"O mais é um desejo de fundir — como posso dizer? —, ser uma antena para uma parte de nossa vida contemporânea e dar essa energia, pôr isso em partes dessa narrativa de expressão visual, uma espécie de expressão visual simbólica…" Struth batalhou e desistiu.

Perguntei se o fato de a atividade da SolarWorld ter a ver com energia solar fazia parte de seu interesse em fotografar lá.

Ele disse que sim, e acrescentou: "Minha própria cota de energia pessoal é muito ruim, porque eu ando de avião e de carro com muita frequência e não posso alegar que sou uma boa pessoa sustentável em termos de energia. Mas eu quase sempre votei no Partido Verde, e, desde que ele foi fundado, sempre pensei que esses assuntos são importantes e constituem um desafio fascinante para o mundo".

"Como suas fotos mostrarão que o que está sendo produzido na SolarWorld é bom para a humanidade?"

"Só pelo título."

"Então fotografias não falam."

"A imagem em si não tem poder para mostrar."

Naquela tarde, voamos para Düsseldorf, onde Struth morou e trabalhou durante a maior parte de sua vida. Ele se mudou recentemente para Berlim e estava prestes a mudar também seu estúdio. Mas Düsseldorf foi o centro de sua vida artística desde que entrou na Kunstakademie, em 1973, e estudou primeiro com o pintor Gerhard Richter e, depois, com os fotógrafos Hilla e Bernd Becher. Ele entrou na academia para estudar pintura. As pinturas que guardou desse período revelam propensão a um surrealismo assustador — representam paisagens ameaçadoras e pessoas sinistras pintadas no estilo preciso de Magritte. Após dois anos e meio, Richter propôs que Struth fosse estudar com os Becher. Ele começara a fotografar para ajudar em sua pintura. Fotografava pessoas na rua que se transformavam nas figuras assombradas em suas pinturas, bem como as próprias ruas, no vazio do início da manhã ao estilo de De Chirico. Suas pinturas se tornaram mais realistas e lhe custavam mais esforço, e, diante disso, teve uma epifania. "Percebi que aquilo levava tempo demais", disse ele durante o almoço em um café de Düsseldorf. "E que não estou interessado no processo de pintar. Estou interessado em fazer imagens. E se não estou interessado em gastar tempo reproduzindo com precisão as sombras no casaco e obter a cor certa do chapéu e coisas assim, me dei conta..."

"Você se deu conta de que outra pessoa, ou melhor, outra coisa — uma câmera — podia fazer isso por você?", interrompi, imaginando o momento eureca.

"Sim. Depois que comecei a tirar fotografias para fazer minhas pinturas a partir delas, percebi que a fotografia já faz isso. A fotografia já mostra o que eu quero mostrar. Então, por que fazer uma pintura que demoro cinco meses para terminar e que depois se parece com uma fotografia?"

"Isso é o que o realismo fotográfico fazia", eu disse.

"Sim, mas é ingênuo. Eu lembro que quando vi pela primeira vez essas pinturas, pensei, isso não é muito interessante. Eles estão apenas tentando mostrar que são capazes de pintar. Isso não é arte."

É claro que Struth estava descaracterizando o projeto do realismo fotográfico — cujo objetivo não era mostrar habilidades pictóricas, mas lançar um olhar frio sobre a psicopatologia da vida americana de meados do século xx. As enormes pinturas de trailers Airstream e tortas pegajosas em balcões de lanchonetes levaram os detalhes das fotografias coloridas em que se baseavam a um grau de visibilidade impressionante e, às vezes, quase cômico. Essas pinturas tinham a ver com escala — de uma forma muito parecida com as fotografias enormes de Struth, Gursky, Wall, Höfer e outros — e, nesse sentido, anteciparam a nova fotografia, embora não fossem evidentemente uma influência consciente sobre os novos fotógrafos.

Relembrando seus tempos de estudante, Struth falou da atmosfera de seriedade que permeava a academia: "Quando cheguei lá, foi um choque perceber que eu tinha de encarar a arte como uma atividade séria e desenvolver uma prática artística séria. Pintura e desenho não eram mais o meu hobby, uma atividade privada que me dava prazer. Eram uma coisa que tinha categorias. Os artistas eram pessoas que tomavam posições e representavam certas atitudes sociais e políticas. Foi uma experiência forte perceber isso. Havia um julgamento muito forte dos alunos — quem está fazendo algo interessante e quem é um idiota pintando limões como se estivesse vivendo na época de Manet e Cézanne".

Em 1976, numa exposição de alunos da academia, Struth mostrou 49 das fotografias em preto e branco que havia tirado de ruas vazias de Düsseldorf de uma perspectiva frontal que levava a um ponto de fuga, e o sucesso da série lhe valeu uma bolsa de estudos em Nova York, onde fez o primeiro trabalho pelo qual ficou conhecido — fotografias em preto e branco de ruas vazias de Nova York, mais uma vez tiradas de frente. A suposição de que essas obras obstinadas foram inspiradas pelas fotografias über obstinadas dos Becher de estruturas industriais revela-se incorreta. Na verdade, quando tirou suas fotos de Düsseldorf, Struth ainda não conhecia as fotografias dos Becher — mais um exemplo dos estranhos caminhos do *Zeitgeist.*

Os Becher são figuras cult, conhecidos no mundo da fotografia por suas "tipologias" de torres de água, tanques de gasolina, casas de trabalhadores, torres sinuosas e altos-fornos, entre outras formas de linguagem industrial. No final dos anos 1950, começaram a viajar pela Alemanha e, depois, pelo mundo todo, tirando sempre o mesmo retrato frontal de cada exemplo do tipo de estrutura em estudo e organizando os retratos em grades de nove, doze ou quinze, para ressaltar as variações individuais. Eles fizeram isso durante cinquenta anos, sem nunca se desviar de sua fórmula austera: todas as fotografias eram tiradas da mesma altura acima do solo e sob céu nublado (para eliminar sombras), como se fossem espécimes para uma monografia científica.

Struth é reservado a respeito das fotografias dos Becher, embora respeite o que considera a espinha dorsal ideológica do trabalho deles. "Quando Bernd e Hilla assinaram esse contrato com eles mesmos na década de 1950 para catalogar esse tipo de objetos, a fotografia alemã era dominada pelo subjetivismo abstrato", disse ele. "As pessoas não queriam olhar para a realidade, porque o que se via na Alemanha naquela época era destruição e o Holocausto. Era uma realidade terrível, então o olhar preciso não era um impulso generalizado." O olhar preciso dos Becher era um modelo de rigor ético. Mas Struth acredita que "no fim, o significado deles na história da arte estará mais ligado ao seu ensino e à influência que tiveram do que ao trabalho deles".

Perguntei-lhe a respeito da influência da pedagogia dos Becher sobre ele.

"A grande influência pedagógica foi que eles apresentaram a mim e a outros a história da fotografia e suas grandes figuras. Eram professores fantásticos, e eram professores fantásticos porque demonstravam a complexidade das conexões. Era uma coisa notável que, quando você se encontrava com Bernd e Hilla, eles não falavam somente sobre fotografia. Eles falavam de cinema, jornalismo, literatura — coisas que eram muito abrangentes e complexas. Por exemplo, uma coisa típica que Bernd dizia era 'você tem de entender as fotografias de Atget em Paris como a visualização de Marcel Proust.'"

Eu disse: "Não entendo. O que Atget tem a ver com Proust?".

"É um período de tempo similar. O que Bernd queria dizer era que, quando se lê Proust, aquele é o pano de fundo. Aquele é o teatro."

"Você leu Proust quando estava estudando com os Becher?"

"Não, não. Eu não li."

"Você leu Proust depois?"

"Não."

80

"Então, qual o sentido para você de conectar Atget com Proust?"

Struth riu. "Talvez seja um mau exemplo", disse ele.

"É um exemplo terrível", eu disse. Nós dois rimos.

Struth contrastou então os queridos e acolhedores Becher, cujas aulas eram frequentemente dadas na casa deles ou em um restaurante chinês, com o "muito mais difícil de lidar" Gerhard Richter: "Gerhard era muito irônico. Nunca tive a sensação de que ele fosse alguém que fala com naturalidade ou abertamente. Ele era amistoso, mas nunca se sabia o que ele realmente queria dizer. Era uma linguagem muito codificada e um comportamento codificado".

A caracterização de Richter que Struth fez não me surpreendeu. Eu havia visto o retrato dele, de sua esposa e dois filhos que Struth fez para a *New York Times Magazine*, em 2002, por ocasião de uma retrospectiva de Richter no Museu de Arte Moderna de Nova York. É uma foto lindamente composta de quatro pessoas cujos corpos estão rígidos de tensão e cujos rostos arregalados ilustram diferentes formas de olhar hostil. Lírios brancos em um vaso de vidro e uma imagem de um crânio na parede reforçam a inquietação primordial da fotografia.

Fiquei surpresa ao saber que Richter e a esposa gostaram da foto.

"É uma foto muito triste e preocupante."

"Certo", disse Struth.

"Não parecem uma família feliz."

"Bem, essa não é a questão."

"*Essa* é quase a questão da foto."

Struth admitiu que "eles não parecem relaxados e felizes", e acrescentou: "Ele não é uma pessoa fácil, isso é certo. É uma pessoa muito especial".

Quando estávamos saindo do café, Struth disse: "Eu me sinto mal em relação a Proust e Atget". Struth é um entrevistado sofisticado e experiente. Ele reconheceu no momento Proust-Atget um equivalente jornalístico de um dos "momentos decisivos", quando o que o fotógrafo vê no visor salta para fora e diz "isto vai ser uma fotografia". Eu emiti ruídos reconfortantes, mas sabia, e ele sabia, que a minha foto já estava a caminho da câmara escura do oportunismo jornalístico.

Durante nossa conversa no café, Struth recebeu um telefonema do laboratório de impressão Grieger avisando que os primeiros testes do retrato da rainha e do duque estavam prontos para seu exame. O Grieger é considerado o melhor laboratório de impressão para fotografias em grande escala e o lugar onde muitos de seus praticantes mandam fazer suas cópias. No Grieger, fomos recebidos por Dagmar Miethke, a "pessoa especial" de Struth lá, de cujo olho e gosto ele depende para o acabamento de suas fotos. Miethke, uma mulher afável e amistosa de cerca de cinquenta anos, prendeu a prova na parede branca, e nós três a observamos silenciosamente.

Minha primeira impressão foi de um casal de idosos vagamente familiar posando para um retrato formal em um canto do salão de baile do hotel palaciano de Minneapolis, onde seu quinquagésimo aniversário de casamento está sendo comemorado. O par estava sentado em um sofá ornamentado, e minha atenção foi atraída para as pernas robustas da mulher de meias bege, com o joelho direito descoberto, onde seu vestido de seda azul-claro tinha subido um pouco quando ela sentou sua figura roliça no sofá; e para seus pés, em sapatos de verniz firmemente plantados no tapete decorativo do hotel. Seus cabelos brancos estavam cuidadosamente penteados, numa espécie de topete na frente e cachos macios nas laterais, e sua boca pintada de batom tinha uma expressão de determinação tranquila. O homem — um piloto de avião aposentado? — era menor, mais magro, não dominante. Estavam sentados um pouco separados, sem se tocar, olhando direto para a frente. Aos poucos, o casal real entrou em foco como tal, e a fotografia assumiu sua identidade de obra de Struth, a multiplicidade de detalhes domesticada de alguma forma para servir a uma composição de serenidade satisfeita e legibilidade.

Struth rompeu o silêncio e disse que a imagem estava amarela demais, e na meia hora seguinte foram feitos ajustes de cor em tiras de teste até ele se convencer de que a impressão tinha alcançado o grau de frieza que queria. Então, surgiu a questão do tamanho. A impressão que estávamos vendo era grande, em torno de 1,60 metro por dois metros, e ele pediu que fizessem uma impressão maior. Feito isso, ele olhou as duas impressões lado a lado por um longo tempo. Pareceu-me que a impressão menor era mais lisonjeira para a rainha — a maior fazia com que ela parecesse maior, quase grosseira. Struth pediu então que a impressão menor fosse retirada para que ele pudesse estudar a impressão maior sem distração e, por fim, decidiu-se por ela. Outros ajustes de cor foram feitos na impressão grande — as mãos da rainha ficaram menos vermelhas e o fundo foi escurecido, com melhoria óbvia — e Struth ficou satisfeito.

Ele havia posicionado o sofá, estofado com brocado de seda verde, com braços e pés curvos dourados, num ângulo oblíquo, para que a rainha ficasse mais proeminente e iluminada com uma espécie de brilho branco, enquanto o duque ficava mais atrás, nas sombras. O duque ainda é bonito aos noventa anos, com seu porte militar intacto, mas no duplo retrato, ao lado da amplitude da rainha, ele parecia um pouco encolhido.

Struth contou sobre a sessão: "Quando entramos" — ele estava acompanhado de Hirsch e outra assistente, chamada Carolina Müller —, "eles não foram particularmente amistosos. Nada de sorrisos. Eu estava muito nervoso. Tirei algumas fotos e percebi que não tinha ajustado a abertura do obturador. Depois vi que a almofada atrás da rainha não estava numa boa posição — exatamente o tipo de erro que eu não queria cometer —, então eu disse a ela: 'Desculpe-me, a senhora pode se inclinar para a frente?', e ajustei a almofada atrás de suas costas. Então bati mais três ou quatro fotos. E uma dessas foi a foto certa. Tive certeza na hora".

Em seu estúdio, Struth me mostrou as folhas de contato da sessão. Lá estavam as fotos com a almofada mal posicionada atrás da rainha. Em outra foto rejeitada, o duque estava com as duas mãos nas coxas, em vez de uma mão estrategicamente colocada, como Struth o instruiu, no assento do sofá. Outra mostrava a rainha com aparência majestosa, como a imagem que se vê no dinheiro. Em outras, sua boca estava leve e desajeitadamente aberta, ou suas mãos estavam dobradas no colo, naquilo que Struth chamou de posição "defensiva". A imagem selecionada era de fato a certa.

Struth disse acreditar que seus preparativos impressionaram o casal real e contribuíram para o sucesso do retrato: "Eles viram que levamos a tarefa a sério". Ele voltou a falar das fotografias ruins do casal que havia estudado, dessa vez em termos de "erros que os fazem parecer imitadores quase cômicos de suas funções, em vez de pessoas reais. Você ficaria chocada com a quantidade de fotografias terríveis que existem deles. Claro que as melhores fotos de Elizabeth e Philip são de lorde Snowdon, porque ele era um membro da família. Elizabeth parece mais feliz nas fotografias dele". E acrescentou: "Acho que o que importa é que, quando as circunstâncias são bem preparadas e as pessoas se sentam e olham para a câmera, há sempre uma oportunidade de verdade".

Com efeito, há mais do que uma oportunidade. A fotografia é um meio de veracidade inevitável. A câmera não sabe mentir. O instantâneo mais descuidado diz a verdade do que o olho da câmera viu no momento em que o obturador foi pressionado. Somente a pessoa que está sendo fotografada pode assumir a aparência mentirosa de "naturalidade" que o retratista procura e tenta extrair com seu repertório de agrados. Mas isso não é o suficiente para dar ao retrato a aparência de arte. Para isso, os preparativos que Struth mencionou — a questão das almofadas, o posicionamento do sofá e, o mais importante, a escolha do local — são necessários. Os retratos de August Sander, que talvez seja o maior retratista da história da fotografia, constituem uma grande lição sobre o significado do cenário na arte do retrato fotográfico. Seus cenários não são fundos incidentais para as figuras cujas almas ele parece ter captado com sua câmera; eles são intrínsecos à percepção do espectador de que essa captação ocorreu. E assim foi com o retrato que Struth tirou de Elizabeth e Philip.

Em uma de nossas conversas, Struth me contou que, quando estava na escola, pertencia a um pequeno grupo de colegas — quatro meninos e quatro meninas — que passavam todo o tempo juntos e estavam decididos a não ser como seus pais, cuja recomposição da catástrofe da guerra assumira a forma de um comportamento ultraconvencional e uma devoção ao que era "seguro e limpo". Mais tarde, quando eu estava folheando um livro de fotografias de Struth, essa frase me veio à mente, pois, em certo sentido, ela descreve o mundo das fotos imensas e bonitas de Struth, das quais o perigoso e o sujo estão visivelmente ausentes. *Estacionamento em Dallas* (2001), por exemplo, uma magnífica composição de cinza frios, azuis gelados e marrons quentes que Struth extraiu da bagunça horrível do boom da construção em Dallas, mostra um estacionamento de cobertura no quase vazio do início da manhã e no frescor pós-chuva, sobre o qual arranha-céus de vidro imaculado pairam como guardiões benignos da segurança da cidade que dorme. Essa imagem não foi incluída numa retrospectiva da obra de Struth em Düsseldorf (atualmente, parece haver a todo momento, em algum lugar, uma abertura de exposição de Struth), à qual ele me acompanhou em meu último dia na Alemanha, mas nela muitas outras representações do mundo seguro e limpo de Struth foram exibidas. Seu retrato monumental (1,45 metro por 1,90 metro) dos oito membros da família Ayvar em Lima é um raro encontro com a pobreza. Que a família é pobre pode ser inferido a partir da sala em que estão — um painel de gesso com rachaduras aparece atrás do grupo; o primeiro plano mostra parte de um sofá de veludo estampado sobre o qual um lençol foi jogado para esconder algum rasgo ou mancha; um linóleo escuro e turvo cobre o chão; uma pequena gravura religiosa barata pende no alto da parede. É evidente que a simplicidade da sala não é consequência de um gosto sofisticado, mas de carência, de não ter as coisas que o gosto sofisticado mantém à distância. Os membros da família — uma pequenina mãe de cabelos escuros, um pai de cabelos grisalhos e seis filhos, com idade que variam de um menino de sete ou oito anos a um filho e uma filha adultos — estão sentados ao redor de uma pequena mesa, de frente para o fotógrafo. Há uma corrente de simpatia entre os fotografados e o fotógrafo que lembra a simpatia que fluía entre Walker Evans e a família de meeiros que ele fotografou no Alabama em 1930. Mas com uma diferença: as fotografias em preto e branco de Evans são imagens tristonhas. Elas mostram o desespero da luta de pessoas que elas dignificam e embelezam. Um cheiro de pobreza emana delas. Se há algum cheiro que exala da fotografia da família Ayvar é o de sabão em pó. A camisa de manga curta do pai bem passada, as camisetas dos filhos brancas e em tons pastel, decoradas com desenhos e, sobretudo, a toalha branca engomada estendida sobre a mesa, em que cada ponto cruz do bordado verde e vermelho da borda está visível e, quase se pode dizer, celebrado pela enorme ampliação

— tudo isso cria uma gestalt que está muito longe daquela da triste homenagem de Evans aos pobres e sujos. Tal como acontece com todas as fotografias de Struth, é difícil dizer qual a "declaração" que ela faz, mas seu tom é caracteristicamente alegre, até mesmo jubiloso. A deslumbrante toalha branca bordada em ponto cruz (para a qual o olho é atraído como se fosse uma figura central) é emblemática do otimismo da obra, como o de uma missa de domingo de Páscoa — ou do encontro com um fotógrafo amistoso.

Quando Struth e eu estávamos olhando para outra foto imensa e ele apontava para alguma coisa no primeiro plano, apareceu de repente uma segurança do museu e disse que ele estava perto demais e deveria voltar para trás de uma linha traçada no chão. Struth não disse "eu tirei essa foto", mas obedientemente recuou para trás da linha. Um pouco mais adiante em nossa visita à exposição, a segurança — uma pequena mulher de origem japonesa, agora informada sobre a identidade de Struth — reapareceu e pediu profusas desculpas por seu erro. Struth tranquilizou-a com bom humor, mas ela não conseguia parar de se desculpar e, por fim, retirou-se, andando de costas com as mãos em súplica e a cabeça balançando para cima e para baixo, em pequenas mesuras japonesas.

A foto diante da qual estávamos era de uma plataforma de petróleo semissubmersível em um estaleiro da ilha de Geoje, na Coreia do Sul — uma coisa vermelha enorme, um colosso de quatro patas sobre uma plataforma flutuante junto da costa, com cabos tesos que a ancoram no pavimento de concreto, sobre o qual se espalham pilhas de diversos materiais de construção. A fotografia (2,80 metros por 3,50 metros) representa magistralmente o que pode ser chamado de a nova ótica da nova fotografia, que vê o mundo como nenhum olho humano consegue. Quando olhamos para essas fotos, é como se estivéssemos olhando através de novos e estranhos óculos bifocais que focam coisas à distância ao mesmo tempo que focam coisas de perto. Tudo é igualmente nítido. A fotografia que Struth fez de Notre-Dame é outro exemplo marcante desse fenômeno. Cada detalhe da fachada é apresentado com nitidez absoluta, assim como as roupas e mochilas dos turistas que parecem minúsculos na praça diante da catedral. As reproduções dessas fotografias em livros dão somente uma vaga ideia de sua estranheza de tirar o fôlego. É preciso vê-las no tamanho original para se maravilhar.

Depois do museu, Struth levou-me ao seu estúdio, que estava em processo de desmontagem. Era uma sala muito comprida no segundo andar de uma antiga gráfica, cheia de mesas e computadores, sofás e estantes de livros, uma bateria e um colchão estreito no chão cuidadosamente coberto com cobertores, onde, depois de desistir de seu apartamento em Düsseldorf, Struth dormia quando estava na cidade. As janelas de uma das paredes compridas davam para a rua e havia uma fila de caixas de arquivo pretas no chão ao longo da parede oposta. Esses arquivos, relacionados com o objetivo do negócio da empresa de Struth, estavam sendo reorganizados antes de serem enviados para Berlim; Struth queria que estivessem em ordem antes da mudança. No momento, grande parte do trabalho dele está em dirigir seu negócio. Ele ficou rico com sua arte, e suas negociações com as pessoas que o tornaram rico (e a elas também) ocupam uma boa parte do seu tempo (e das atividades do estúdio). Ele fala muito ao telefone: há sempre alguém que liga para ele para falar de algum detalhe dos negócios; ele parece estar sob pressão.

Nem sempre foi assim, ele me contou, e citou dois acontecimentos que mudaram sua vida, daquela de artista rico despreocupado para a de alguém que sente que tem de correr para continuar sendo rico. O primeiro foi a reforma, em 2005, do estúdio de Düsseldorf que custou 150 mil euros. O segundo foi seu casamento, em 2007, com Tara Bray Smith, uma jovem escritora americana que aceitou morar em Düsseldorf por dois anos e meio e depois propôs a mudança para Berlim — que Struth estava feliz de fazer. "O tempo tinha passado. Eu estava tão acostumado a Düsseldorf — pareceu bom mudar para outro lugar." Bom, mas não barato.

"Antes de reformar o estúdio e antes do casamento, eu tinha um assistente, e não três, precisava de muito pouco dinheiro, meu apartamento era muito barato", disse Struth. "Eu ganhava muito mais dinheiro do que precisava — e eu pago um imposto de 50% para o Estado alemão. Então fiz a reforma, conheci Tara, mudamos para Berlim, aluguei um estúdio lá que custava 6 mil euros por mês, contratei mais dois assistentes, Tara disse que adoraria ter um pequeno apartamento em Nova York, e eu pensei, certo, isso faz sentido, e encontramos um, embora maior do que eu pensava. De repente, minhas despesas explodiram e senti muito mais pressão para vender." Perguntei qual é o preço de suas fotografias e ele respondeu que na Marian Goodman, em Nova York, elas custam cerca de 150 mil dólares. A galeria fica com a metade e o Estado, com 50% da cota de Struth. A Goodman vendeu 35 fotos em sua última exposição, em 2010, mas em Berlim apenas dez fotos foram vendidas naquele ano. "Não há nada garantido", disse ele. Ao mesmo tempo, afirma que "não estou preocupado, há sempre alguma coisa". Por exemplo: uma encomenda de um bilionário (que deseja permanecer anônimo) para fotografar sua família, algo que Struth talvez não aceitasse quando estava com as finanças equilibradas e fotografando apenas pessoas que conhecia e de quem gostava.

No estúdio, Struth folheou o catálogo da exposição no Metropolitan Museum para ilustrar mais um evento seminal. Trata-se de uma fotografia intitulada *Os restauradores em San Lorenzo Maggiore*, que tirou no último dia de uma estadia de três meses em Nápoles, em 1988. Nessa cidade, Struth experimentou o efeito famoso que o sul provoca sobre nortistas industriosos. "Descobri que estava muito feliz por lá. Apaixonei-me duas vezes. Pensei comigo, eu não sou apenas o alemão rigoroso; tenho alguma capacidade alegre em mim que não foi descoberta até agora." A foto — uma linda composição, em tons ocre suaves e escuros, de quatro pessoas diante de uma longa fila das grandes pinturas religiosas antigas em que estavam trabalhando, numa ampla sala de teto alto de uma antiga abadia — foi a primeira em que Struth viu um motivo para imprimir grande. Foi também o trabalho que abriu as portas para o projeto pelo qual ele talvez seja mais conhecido: as fotografias de museus. Elas mostram o que vemos quando entramos em uma galeria de museu: pessoas olhando pinturas. Só num segundo momento vemos os próprios quadros.

Por cerca de uma década, Struth brincou engenhosamente com esse conceito. Em algumas das fotografias de museu, a relação entre um tema perturbador — como o de *A balsa da Medusa* — e espectadores não perturbados era o foco, ou parte dele. Em outras, ele explorava as relações espaciais, como na fotografia intitulada *Galleria dell'Accademia I*, um trabalho que mostra o quadro *Banquete na casa de Levi*, de Veronese, cuja profundidade de campo proporciona a ilusão momentânea de que os visitantes, de shorts e calças jeans, estão prestes a entrar em sua movimentada cena. No entanto, outro conceito era o de se concentrar somente nos visitantes de museus, fotografá-los do ponto de vista da obra que estavam olhando. Em uma série, Struth mostra turistas na Galleria dell'Accademia de Florença olhando para o *Davi* de Michelangelo e em outra, no Hermitage, olhando para *Madona e filho* de Da Vinci. Essas imagens da "plateia" são vez ou outra divertidas, mas, a meu ver, um pouco banais. Já vimos fotos de turistas boquiabertos antes. Também não consigo apreciar a série chamada Paraíso, composta por grandes fotos diretas de matas e florestas. ("Suas selvas se parecem com vasos de plantas no consultório de um dentista", escreveu o crítico Lee Siegel em 2003, pondo o dedo na ferida.) Por outro lado, as fotografias de Struth tiradas em fábricas, laboratórios e usinas de energia nuclear não se parecem com nada que se tenha visto antes. Esses vislumbres do que o crítico Benjamin Buchloh chama de "sublime tecnológico" estavam em exibição na Marian Goodman no ano passado e constituem algumas das imagens mais fortes de Struth. Quando estava na SolarWorld com Struth, eu tinha essas imagens em mente. A sensação de não entender o que está se vendo, de não saber as funções de fios, tubos e cabos loucamente emaranhados e de flanges, polias e alavancas misteriosas é brilhantemente transmitida por essas enormes fotos de lugares em que poucos de nós se aventuraram e de cujos produtos muitos de nós dependemos. Como era de prever, os lugares não são usinas satânicas, mas pertencem ao mundo da visão fotográfica benigna de Struth. Tranquilizam até mesmo quando confundem. Elas nos dizem que as pessoas que estão ausentes das imagens estão lá em algum lugar e que sabem o que tudo aquilo significa e o que estão fazendo.

Quando estávamos saindo do estúdio de Düsseldorf, Struth parou para tocar um riff de vinte segundos na bateria, relíquia dos dias em que fazia parte de uma banda de rock. Fomos jantar no meu hotel, onde Struth — depois de se certificar de que não estaria agindo como um convidado rude — me fez companhia nos comentários sarcásticos sobre a comida pretensiosa servida em porções misericordiosamente mesquinhas. (Em todos os outros lugares que comi na Alemanha, a comida era elegante e deliciosa.) De volta a Nova York, me correspondi por e-mail com Struth. Em agosto, ele me enviou imagens digitais de quatro das fotos que havia tirado na SolarWorld. Eram ao mesmo tempo surpreendentes — eu não havia "visto" nenhuma daquelas imagens na fábrica — e similares às incomparáveis fotografias da galeria Marian Goodman. Escrevi para perguntar se ele ou Hirsch também poderiam me mandar os instantâneos que, após a pose formal, Hirsch fizera da rainha e do duque olhando para uma foto de Gabby, a cadela de Struth, que ele pensara em levar consigo ao fazer seus meticulosos preparativos. Hirsch prontamente enviou três deles. São maravilhosos. O meu preferido mostra Elizabeth olhando com um lindo sorriso para a foto da cadela que Struth e Philip seguram diante dela enquanto sorriem um para o outro por cima da cabeça da rainha. Em outro e-mail, Struth escreveu que o curador da exposição na National Portrait Gallery lhe dissera que Philip "estava claramente emocionado pelo retrato e perguntou: 'Como ele fez isso?'". Eu respondi e perguntei sobre a reação da rainha, e a resposta foi que era desconhecida. Em e-mail recente, Struth escreveu: "Ainda não desisti de descobrir o que a rainha pensa. Tentei entrar em contato com a camareira, mas soube que eles estão todos na Escócia agora". E acrescentou: "Não que isso esteja no topo das minhas prioridades".

Uma casa toda sua
1995

Se quisermos tentar registrar uma vida com fidelidade, devemos procurar incluir nesse registro algo da descontinuidade desordenada que a torna tão absurda, imprevisível, suportável.
Leonard Woolf, *The Journey Not the Arrival Matters*

A lenda de Bloomsbury — a história de como Virginia e Vanessa Stephen emergiram de um mundo vitoriano patriarcal sombrio para se tornarem as figuras centrais de um luminoso grupo de escritores e artistas proeminentes e de espírito livre — toma seu enredo do mito do modernismo. Lenda e mito traçam igualmente um movimento das trevas à luz, da feiura pomposa para a beleza simples, do realismo cansado para a abstração vital, do atraso para o progresso social. Virginia Woolf narra a sua chegada à maioridade e a de sua irmã nos primeiros anos do século xx, um pouco como Nikolaus Pevsner celebrou as simplificações libertadoras do design moderno em sua obra clássica, outrora influente mas agora talvez um pouco superada, *Pioneers of the Mod-*

ern Movement: From William Morris to Walter Gropius [Pioneiros do movimento moderno: De William Morris a Walter Gropius] (1936). Assim como Pevsner arrepiou-se diante da "grosseria e do excesso vulgar" de um tapete mostrado na Grande Exposição de 1851 em Londres ("Somos forçados a passar por cima de rolos salientes e grandes flores desagradavelmente realistas. [...] E esta barbárie não estava de forma alguma limitada à Inglaterra. As outras nações expositoras eram igualmente ricas em atrocidades"), Virginia, em suas memórias "O velho grupo de Bloomsbury" (1922), recuou diante da atmosfera fechada e sufocante de sua casa de infância, no número 22 de Hyde Park Gate, em Kensington, uma casa alta, estreita e sombria, de cômodos pequenos e irregulares atulhados de mobiliário vitoriano pesado, onde "onze pessoas, com idades variando de oito e sessenta anos, viviam ali e eram servidas por sete criadas, havendo também várias mulheres idosas e homens aleijados que trabalhavam como diaristas, fazendo pequenos serviços com ancinhos e baldes". E, do mesmo modo que Pevsner se voltou com alívio para o design *sachlich* [prático] e frugal dos pioneiros do século xx, Virginia exultou com a casa arejada e espaçosa da Gordon Square, em Bloomsbury, onde ela, Vanessa e seus irmãos Adrian e Thoby foram morar em 1904, após a morte do pai. (Vanessa tinha 25 anos, Thoby 24, Virginia 22 e Adrian 21.) "Decoramos nossas paredes com pintura a têmpera", escreveu Virginia. "Fizemos muitas experiências e reformas. [...] Íamos pintar; escrever; tomar café depois do jantar, em vez de chá às nove horas. Tudo ia ser novo, tudo ia ser diferente. Tudo estava sendo testado."

Nove anos antes, quando Virginia tinha treze, sua mãe, Julia Stephen, morrera súbita e inesperadamente de febre reumática, aos 49 anos de idade, e dois anos depois, Stella Duckworth, uma das filhas de Julia de um casamento anterior, que se tornara o anjo da casa no lugar da mãe, morreu de peritonite, aos 28 anos.

94

Essas mortes só fizeram escurecer a escuridão, embruteceram os desenhos atrozes do tapete. Leslie Stephen, o eminente escritor e editor vitoriano, tiranizou a casa com o desamparo histérico de viúvo vitoriano, e George Duckworth, o irmão desmiolado de Stella, não conseguia tirar as mãos de Vanessa e Virginia, enquanto fingia confortá-las. As forças de Virginia não estavam à altura da pressão de "todas essas emoções e complicações". Algumas semanas depois da morte de Leslie, ela ficou gravemente doente. "Fiquei de cama na casa dos Dickinson em Welwyn" — Violet Dickinson era então sua melhor amiga — "pensando que os pássaros cantavam coros gregos e que o rei Eduardo usava a linguagem mais suja possível entre as azaleias de Ozzie Dickinson", escreveu Virginia dessa descida à loucura, a segunda da série (a primeira tinha sido logo após a morte de sua mãe), pela qual sua vida foi atormentada e, por fim, interrompida. Quando ela se recuperou — os antipsicóticos da época eram repouso, superalimentação e tédio —, sua casa antiga fora substituída por uma nova. Foi sobre os ombros robustos de Vanessa que o peso da vida em Hyde Park Gate caiu depois da morte de Stella (seus irmãos a chamavam de santa quando queriam irritá-la), e foi ela que arquitetou a mudança para a Gordon Square, escolheu o bairro (então fora de moda), encontrou a casa, pôs a antiga para alugar, e distribuiu, vendeu e queimou o que sobrou.

Há uma fotografia de Stella, Virginia e Vanessa, tirada em 1896, um ano depois da morte de Julia, em que Stella, de perfil clássico, olha discretamente para baixo; Virginia, etérea, de meio perfil, olha pensativa, talvez de um jeito um pouco estranho, para a meia distância; e Vanessa olha diretamente para a câmera, com seus traços definidos numa expressão de firmeza quase severa. Sem a determinação de Vanessa — e, na época da morte de Leslie Stephen, ela já estava fazendo valer sua ambição de ser artista, tendo estudado desenho e pintura desde o início da adolescência —, não é certo que a fuga dos órfãos para a Gordon Square tivesse acontecido. Tampouco teriam existido as festas das noites de quinta-feira que foram, como Virginia escreveu de brincadeira, "na minha opinião, o germe de tudo aquilo que veio a ser chamado — nos jornais, nos romances, na Alemanha, na França — ouso dizer até na Turquia e em Timbuktu — pelo nome de Grupo de Bloomsbury". Iniciou-se um período de felicidade que, como Virginia descreveu, parecia os primeiros meses vertiginosos da vida de um calouro na faculdade. Ela e Vanessa não haviam, é claro, frequentado a universidade — até mesmo meninas de famílias literárias como a Stephen não iam para a faculdade naquela época —, mas Thoby fora para Cambridge e voltou para casa nas férias para contar às irmãs de olhos arregalados sobre seus amigos notáveis: sobre o frágil, ultraculto Lytton Strachey, que certa vez, conforme Virginia descreveu, "entrou no quarto de Thoby, gritou 'Você está ouvindo a música das esferas?' e caiu desmaiado"; sobre um "sujeito extraordinário chamado Bell. Ele é uma espécie de mistura de Shelley com um fidalgo rural folgazão"; sobre um homem "muito calado, magro e estranho" chamado Saxon Sydney-Turner, que era "uma prodigiosa capacidade de aprender" e "sabia toda a literatura grega de cor". Estes e outros colegas de Cambridge tornaram-se os arautos das noites de quinta em Bloomsbury e iniciadores das irmãs nos prazeres da conversa de fim de noite sobre temas abstratos (beleza, realidade, o bem) com homens que não queriam casar com elas e por quem elas não se sentiam atraídas. Evidentemente, eles compunham um grupo pouco atraente. "Disse comigo que nunca tinha visto rapazes tão encardidos, tão sem esplendor físico, quanto os amigos de Thoby", escreveu Virginia em "O velho grupo de Bloomsbury" (exagerando, sem dúvida, o aspecto nerd deles para efeito cômico; ela escreveu o texto para ser lido em voz alta numa reunião de amigos de Bloomsbury a que estavam presentes vários dos citados). Mas era precisamente essa falta de esplendor físico, esse esmolambamento!, que, aos meus olhos, era a prova da superioridade deles.

Era mais do que isso, era, de alguma forma obscura, tranquilizadora; pois significava que as coisas podiam continuar assim, em discussões abstratas, sem termos de nos arrumar para jantar e nem nunca voltar aos costumes, que eu achava tão desagradáveis, de Hyde Park Gate.

Porém, as coisas não podiam continuar assim; o período de felicidade terminou abruptamente. Mais uma vez, como ela viria a escrever em "Um esboço do passado" (1939), "os dois grandes erros desnecessários; aqueles dois açoites do descuido", que haviam "de modo brutal e absurdo" destruído Julia e Stella, caíram sobre a família Stephen. No outono de 1906, em uma viagem à Grécia com seus irmãos, Thoby Stephen contraiu febre tifoide e, devido a um aparente erro médico (foi inicialmente diagnosticado com malária), morreu um mês depois de seu retorno à Inglaterra, aos 26 anos.

Nos anais de Bloomsbury, à morte de Thoby, embora tão brutal e sem sentido quanto as de Julia e Stella, não foi atribuído o mesmo estatuto trágico. Ao contrário, os analistas a trataram quase como um tipo de morte de conveniência, como a morte de um parente que deixa um legado de dimensão tão impressionante que seu desaparecimento da cena passa quase despercebido. O que aconteceu foi o seguinte: no ano anterior, um dos jovens sujos, Clive Bell — que, na verdade, não era tão sujo nem tão intelectual como os outros —, rompera fileiras e havia proposto casamento a Vanessa, e ela o recusou. Quatro meses antes da morte de Thoby, ele repetiu a proposta, e de novo foi recusado. Mas dois dias após a morte de Thoby, Vanessa o aceitou, e dois meses depois se casou com ele. Assim como a morte de Leslie Stephen permitira que as crianças fugissem do castelo do ogro, a morte de

Thoby derreteu o coração de gelo da princesa. Após o primeiro pedido de Clive, Vanessa escrevera a uma amiga:

> Parece realmente importar muito pouco para alguém o que ele faz. Eu deveria estar muito feliz vivendo com alguém de quem não desgostasse [...] se eu pudesse pintar e levar o tipo de vida de que gosto. No entanto, por alguma razão misteriosa, precisamos nos recusar a fazer o que outra pessoa quer muito que façamos. Parece absurdo. Mas, absurdo ou não, eu não podia me casar com ele mais do que podia voar.

No entanto, agora, no tipo de tour de force emocional geralmente obtido por poções do amor, os sentimentos de Vanessa por Clive se inflamaram de repente e assim, três semanas após a morte de seu irmão, ela pôde escrever para outra amiga: "Ainda mal posso entender, mas o fato é que estou mais feliz do que jamais pensei que as pessoas poderiam estar, e continua ficando melhor a cada dia".

Quentin Bell, o filho de Vanessa, ao escrever sobre a morte de Thoby em sua extraordinária biografia de sua tia, *Virginia Woolf — Uma biografia* (1972), faz uma pausa para "ficar pensando no papel que aquele jovem poderoso e persuasivo, junto com sua esposa — pois certamente teria se casado —, desempenharia na vida de suas irmãs". Quentin enumera então friamente as vantagens que suas irmãs tiraram com a morte do irmão:

> Suspeito que, se tivesse vivido, tenderia a fortalecer e não a abrandar as barreiras da linguagem e hábitos que em breve seus amigos jogariam por terra. Foi a morte dele que começou a influenciar a destruição dessas coisas: o sr. Sydney-Turner e o sr. Strachey tornaram-se Saxon e Lytton, e estavam o tempo todo em Gordon Square e, na sua dor, Virginia não queria ver senão a eles e a Clive.

[...] Foi então que Virginia descobriu que esses jovens não tinham apenas cérebro mas coração, e que sua comiseração era diferente das horrendas condolências dos parentes dela. Como resultado da morte de Thoby, Bloomsbury foi refundada sobre a sólida base de uma profunda compreensão mútua; essa morte foi também a causa imediata do casamento de Vanessa.

Uma vez que a própria existência de Quentin estava precariamente equilibrada sobre essa concatenação de acontecimentos, ele pode ser perdoado por suas palavras um tanto insensíveis a respeito de seu infeliz tio. Evidentemente, não podemos saber se a influência de Thoby em Bloomsbury teria sido, de fato, tão funesta quanto Quentin postula. Mas uma coisa está clara: a casa da Terra do Nunca dos quatro órfãos felizes tinha de ser desfeita (assim como era preciso fugir do mundo das trevas de Hyde Park Gate) se Bloomsbury quisesse atingir a forma pela qual o conhecemos — uma confraria de amigos reunidos em torno do núcleo de dois casamentos muito peculiares.

Depois do casamento e da lua de mel, no inverno de 1907, Clive e Vanessa ficaram com a casa da Gordon Square, 46, e Virginia e Adrian se mudaram para uma casa na vizinha Fitzroy Square. Quatro anos depois, em 3 de julho de 1911, outro dos admiráveis amigos de Thoby em Cambridge — um "judeu misantropo trêmulo e violento" que "era tão excêntrico e notável à sua maneira quanto Bell e Strachey na deles" — foi jantar com os Bell na Gordon Square; Virginia apareceu depois do jantar. Tratava-se de Leonard Woolf, funcionário público que acabara de voltar de sete anos no Ceilão; ele ficou espantado com as grandes mudanças, a "revolução profunda", que ocorrera em Gordon Square desde que ali jantara pela última vez, em 1904. Em *Sowing*

[Semeando], o primeiro volume de sua autobiografia em cinco volumes — uma obra contemplativa e equilibrada ao estilo de Montaigne, publicada na década de 1960 e que marca o início do renascimento de Bloomsbury —, Leonard relembrou seu primeiro encontro com as irmãs Stephen, nos aposentos de Thoby em Cambridge. Tinham em torno de 21 e dezoito anos, e

> de vestidos brancos e grandes chapéus, com guarda-sóis em suas mãos, a beleza delas literalmente tirava o fôlego, pois ao vê-las de repente parava-se atônito, e tudo, inclusive a respiração por um segundo, também parava como acontece quando numa galeria de pintura se fica de repente cara a cara com um grande Rembrandt ou Velázquez.

Em 1911, a beleza de Vanessa e de Virginia estava intacta (embora Leonard faça uma pausa para observar — ele escreve aos 81 anos, tendo sobrevivido à esposa por 21 anos e à cunhada por um ano — que "Vanessa era, creio eu, geralmente mais bonita do que Virginia. A forma de suas feições era mais perfeita, os olhos, maiores e melhores, sua tez, mais brilhante"). Mas o que "era tão novo e tão emocionante para mim na Gordon Square de julho de 1911 era a sensação de intimidade e a completa liberdade de pensamento e expressão, muito mais ampla do que na Cambridge de sete anos antes, e que, acima de tudo, incluía as mulheres". Para entender a excitação de Leonard, para ver a sua revolução em ação, devemos retornar às memórias de Virginia em "O velho grupo de Bloomsbury" e a um famoso trecho delas:

> Era uma noite de primavera [em 1908], Vanessa e eu estávamos sentadas na sala de visitas. A sala de visitas havia mudado bastante desde 1904. A era Sargent e Furse tinha acabado. A era Augustus John estava despontando. Seu *Píramo* ocupava uma parede intei-

ra. Os retratos de meu pai e minha mãe, pintados por Watts, estavam pendurados no andar de baixo, se é que o estavam realmente. Clive havia escondido todas as caixas de fósforos, porque o azul e o amarelo delas brigavam com a cor predominante da decoração. A qualquer momento Clive entraria, e eu e ele começaríamos a discutir — de maneira amigável e impessoal a princípio; logo estaríamos lançando injúrias um sobre o outro e andando de um lado para o outro na sala. Vanessa estava calada, fazendo algo misterioso com a agulha ou a tesoura. Eu falava, muito animada e convencida, sobre mim mesma, sem dúvida alguma. De repente a porta se abriu e a figura comprida e sinistra de Lytton Strachey apareceu, parada na soleira. Ele apontou com o dedo para uma mancha no vestido branco de Vanessa e perguntou:

"Esperma?"

Isso é coisa que se diga? — pensei comigo, e nós desatamos a rir. Com essa palavra, todas as barreiras de reserva e reticência caíram. Uma torrente do fluido sagrado pareceu nos submergir. O sexo passou a permear a nossa conversa. A palavra "sodomita" nunca parava de sair de nossa boca. Discutíamos sobre a copulação com a mesma animação e abertura com que havíamos discutido a natureza do bem. É estranho pensar em como tínhamos sido reticentes e reservados por tanto tempo.

"Este foi um momento importante na história dos *mores* de Bloomsbury", escreve Quentin em *Virginia Woolf*, e — deixando-se levar um pouco demais — "talvez na das classes médias britânicas." Quando Leonard voltou do Ceilão, a transformação das inocentes meninas de vestido branco em mulheres de cujos lábios a palavra "sodomita" (termo preferido de Bloomsbury para homossexual) nunca estava muito longe era completa. Na verdade, no caso de Virginia, esse tipo de conversa não tinha mais muita importância ou interesse. Ela estava fazendo resenhas, trabalhava em seu primeiro romance, achava Adrian irritante como companheiro de casa, e estava à procura de um marido. A sociedade de sodomitas tornara-se, de fato, "intoleravelmente chata" para ela. "A companhia dos sodomitas tem muitas vantagens, quando se é mulher", ela concedeu.

É tranquila, é honesta, faz com que nos sintamos, sob alguns aspectos, à vontade, como eu já disse. Mas tem uma desvantagem: com sodomitas, não podemos, como dizem as amas-secas, nos exibir. Algo é sempre contido, sufocado. No entanto, essa exibição, que não significa, necessariamente, copular nem apaixonar-se, é um dos maiores prazeres, uma das maiores necessidades da vida. Só então todo esforço cessa; deixa-se de ser honesto, deixa-se de ser inteligente. Chiamos numa efervescência maravilhosa e absurda de água gasosa ou champanhe, através da qual vemos o mundo tingido com todas as cores do arco-íris.

Por outro lado, a casada Vanessa continuava a sentir atração pela sociedade *queer*. "Você teve uma tarde agradável sodomizando um ou mais dos jovens que deixamos para você?", escreveu ela a John Maynard Keynes, em abril de 1914. (Keynes era outro sodomita de Cambridge, que entrara para o círculo de Bloomsbury por volta de 1907.) "Deve ter sido delicioso", continuou ela. "Eu imagino vocês [...] com seus membros nus entrelaçados e todas as preliminares extáticas de Sucking Sodomy — parece nome de uma estação." A conexão de Vanessa com Duncan Grant, que teve início durante a Primeira Guerra Mundial — ele se tornou seu companheiro para toda a vida, enquanto continuava a ter relações com uma série de namorados —, foi chamada de trágica; a incapacidade de Duncan de retribuir o amor de Vanessa porque ele simplesmente não estava interessado em mulheres foi considerada um dos tristes infortúnios da vida dela. Mas a carta que ela escreveu a Maynard e outras do mesmo tipo — que estão na excelente edição anotada que Regina Marler fez das *Selected Letters of Vanessa Bell* (1993) — dão uma dica de algo em Vanessa que pode tê-la impelido a escolher deliberadamente um homossexual como o amor de sua vida; elas sugerem que a homossexualidade de Duncan pode ter sido justamente o fator central de seu interesse por ele. Em carta a Duncan de janeiro de 1914, Vanessa, deplorando a resistência do público britânico à pintura pós-impressionista, escreveu: "Acredito que a distorção é como a sodomia. As pessoas simplesmente têm um preconceito cego contra ela porque acham que é anormal". A própria Vanessa parecia ter um preconceito quase cego *a favor* do anormal.

Mas estamos adiantando nossa história. Voltemos à cena das irmãs sentadas na sala de estar da Gordon Square, 46, na primavera de 1908. Nunca saberemos quanto do relato de Virginia é verdade e quanto é invenção cômica. ("Não sei se inventei isso ou não", ela observa previamente, a título de introdução da cena.) Mas um detalhe se destaca em sua provável autenticidade: *Clive havia escondido todas as caixas de fósforos, porque o azul e o amarelo delas brigavam com a cor predominante da decoração.* Aqui, sentimos que Virginia está relatando com precisão. E aqui, temos de reconhecer que Clive está fazendo uma coisa que, de certo modo, era tão notável para um homem de sua formação quanto falar palavrão era para meninas da formação de Virginia e Vanessa. Em seu esteticismo radical, Clive estava se comportando como poucos homens vitorianos se comportavam. Ele vinha de uma família rica que fizera fortuna com as minas do País de Gales e construíra uma mansão horrível e pretensiosa em Wiltshire, decorada com ornamentos falso-góticos e troféus de caça. Numerosas descrições sardônicas do lugar chegaram até nós feitas por Vanessa, que ia visitá-la como uma nora obediente e depois escrevia a Virginia falando da "combinação de arte nova e cascos de veado". Em

Cambridge, Clive escrevera poesias e tinha uma reprodução de Degas em seus aposentos, mas não entrara na Apóstolos, a sociedade secreta de debates que, no evangelho de Bloomsbury segundo Leonard, foi decisiva para o vanguardismo intelectual e moral de Bloomsbury. Thoby também não entrara na Apóstolos (nem, aliás, Leslie Stephen), mas Lytton, Maynard, Saxon, Leonard, Morgan (Forster) e Roger (Fry) foram seus membros.

Clive era o peso leve de Bloomsbury; hoje, ninguém lê seus livros sobre arte, e seus próprios amigos o tratavam com condescendência. Quando ele noivou com Vanessa, Virginia o considerou indigno. "Quando penso no pai e em Thoby e depois vejo aquela pequena criatura engraçada contraindo sua pele rosa e soltando seu pequeno espasmo de riso, me pergunto que monstro estranho existe na vista de Nessa", escreveu ela para Violet Dickinson, em dezembro de 1906. Em *Virginia Woolf*, Quentin escreve que as impressões de Henry James "sobre o noivo eram ainda mais desfavoráveis que as de Virginia em seus momentos mais hostis". (James era um velho amigo da família de Leslie Stephen.) Quentin então cita este trecho de uma carta de 17 de fevereiro de 1907, que James escreveu a sra. W. K. Clifford:

Contudo, suponho que ela sabe o que faz, e parecia muito feliz e ansiosa e quase impetuosamente apaixonada (naquela casa de todas as Mortes, ai de mim!) e eu lhe levei uma antiga caixa de prata ("para grampos de cabelo"), e ela disse que recebera de você um "lindo aparelho de chá florentino". Era evidente que estava feliz, mas eu me retorci e mordi os dentes ouvindo falar nisso. Ela e Clive ficarão com a casa de Bloomsbury, e Virginia e Adrian vão refugiar-se em algum apartamento em qualquer parte — por falar nisso, Virginia ficou muito elegante e encantadora e quase, "segundo a moda", bonita. Gostei de estar com elas, mas era tudo esquisito e terrível (com aquele *futurismo* ávido da juventude); e tudo o que pude ver foram principalmente *espectros*, até Thoby e Stella, sem falar no bom velho Leslie e na bela, pálida e trágica Julia — para quem aqueles jovens voltavam as costas de maneira tão alegre e tão natural.

O trecho é maravilhoso ("aquele *futurismo* ávido da juventude!"), mas intrigante. Quentin disse que as opiniões de James sobre Clive eram ainda mais desfavoráveis do que as de Virginia, mas James não diz nada de ruim a respeito dele — não o destaca dos outros jovens insensivelmente felizes. Quando lemos toda a carta de James (ela está no volume iv da edição de Leon Edel das cartas de James), nossa perplexidade se dissolve. Na frase imediatamente anterior ao trecho citado, ele escreve:

> E *à propos* de coragem, acima de tudo, oh sim, fui ver Vanessa Stephen na véspera de seu casamento (no cartório) com o pequeno de aparência bastante terrível, de ombros caídos, de cabelos compridos, de terceira categoria Clive Bell — descrito como um "amigo íntimo" do coitado, querido, claro, alto, tímido, superior Thoby — como se um pequeno poodle de olhos inflamados pudesse ser amigo íntimo de um grande e meigo mastiff.

Em suas notas, Quentin agradece a Edel por ter chamado sua atenção para a carta, mas na hora H, ele não consegue fazer uso da oferta de Edel. Tal como Hamlet ao desistir de matar Cláudio, Quentin não consegue cometer o parricídio de publicar as terríveis palavras de James. No entanto, ao deixar o rastro, a pista para o assassinato não cometido, ele nos proporcionou um raro vislumbre da oficina em que as narrativas biográficas são fabricadas.

Em uma obra anterior, *Bloomsbury*, publicada em 1968, Quentin confessa o pecado da discrição. "Eu omiti um bom pedaço do que sei e muito mais que posso adivinhar a respeito da vida privada das pessoas que analiso", escreve ele na introdução, e altivamente continua:

> Este é, sobretudo, um estudo de história das ideias, e embora os costumes de Bloomsbury devam ser considerados e serão, de uma forma geral, descritos, não sou obrigado nem estou inclinado a agir como a camareira de Clio, a farejar dentro de cômodas ou debaixo de camas, abrir cartas de amor ou fuxicar diários.

Mas quando aceitou a encomenda de Leonard para escrever a vida de Virginia, Quentin — sabendo obviamente que o biógrafo é a camareira de Clio — curvou-se aos imperativos mais baixos da biografia. Ele escreveu sobre o que sua mãe e sua tia, respectivamente, chamavam de "delitos" e "malfeitos" de George Duckworth, bem como de Gerald Duckworth; sobre como, durante a doença final de Leslie Stephen, George entrava no quarto de Virginia tarde da noite e atirava-se em sua cama, "acariciando-a, beijando-a e abraçando-a", e sobre como Gerald (de acordo com uma lembrança precoce de Virginia) a pusera sobre um parapeito e havia se intrometido em suas partes íntimas, o que causou aflição a ela pelo resto da vida. Quentin escreveu sobre um flerte não consumado, mas sério (que feriu sua mãe gravemente) entre Clive e Virginia, ocorrido durante a primavera de 1908, quando Vanessa estava absorvida por seu primeiro filho, Julian, e Clive e Virginia ainda solteira faziam longas caminhadas juntos para ficar longe de fraldas e dos gritos de Julian. (O fastidioso Clive "odiava confusão — bebezinhos mijando, caretando e esperneando; e o barulho que faziam, também", diz seu filho.) Ele escreveu sobre a incompatibilidade sexual de Virginia e Leonard. (Tal como Vanessa, Virginia havia inicialmente recusado seu candidato a marido e, mesmo quando estava prestes a aceitá-lo, falara-lhe de suas dúvidas sobre "o lado sexual da coisa". Em carta de maio 1912, ela escreveu: "Como eu lhe disse brutalmente no outro dia, não sinto nenhuma atração física por você. Há momentos — quando você me beijou no outro dia foi um deles — em que não me sinto mais do que uma rocha".) Quentin cita uma carta de Vanessa para Clive escrita poucos meses depois do casamento dos Woolf:

> Pareciam muito felizes, mas evidentemente ambos estão um pouco preocupados com a frigidez da Cabrita. [O apelido de família de Virginia era Cabrita.] [...] Aparentemente ela ainda não tira prazer algum do ato, o que me parece curioso. Estavam muito ansiosos por saber quando eu tivera meu primeiro orgasmo. Eu não conseguia lembrar. Você lembra? Mas sem dúvida tive simpatia por essas coisas, pois as sentia desde os dois anos.

O que faz da biografia de Quentin uma obra tão notável — uma das poucas biografias que superam as desvantagens congênitas do gênero — é a força de sua personalidade e a autoridade de sua voz. Ele talvez esteja mais para mordomo do que para camareira; é certamente um criado superior. Conviveu com a família por muitos anos e é intensa e profundamente leal a ela, sabe quem são seus amigos e quem são seus inimigos. Mais importante, conhece seus membros muito bem. Estudou cada um deles durante anos, analisou lentamente seus personagens em sua mente por muito tempo, conhecendo suas idiossincrasias e fraquezas. Estava a par de suas rixas — as brigas pelas quais a vida familiar é definida e reforçada — e escolheu lados, discriminou e julgou. Ao fazer seus julgamentos e discriminações, pegou alguns hábitos mentais da família — hábitos pelos quais a família é famosa — e um certo tom. "As pessoas que mais admiro são aquelas que são sensíveis e querem criar algo ou descobrir alguma coisa, e não veem a vida em termos de poder." Essa declaração, embora feita por E. M. Forster, poderia ter sido feita por Quentin (ou Vanessa, ou Virginia, ou Leonard, ou Clive, ou Lytton); ela expressa o éthos de Bloomsbury e está infletida no tom de Bloomsbury. Forster escreveu essas palavras no ensaio "What I Believe" [No que eu acredito], no qual ele também afirma, de forma inesquecível: "Se eu tiver de escolher entre trair meu país e trair meu amigo, espero ter a coragem de trair meu país", e sustentar "uma aristocracia dos sensíveis, dos atenciosos e dos corajosos". Eis como Quentin faz justiça ao desprezível e abusado George Duckworth, que acariciou Vanessa, além de Virginia, sem pensar que estava conquistando um lugar na história da literatura como um dos seus piores elementos:

> Em anos futuros, os amigos de Virginia e Vanessa ficaram um pouco perplexos ouvindo as zombarias pouco bondosas, a verdadeira virulência com que as irmãs se referiam ao seu meio-irmão. Ele parecia ser um pouco ridículo, mas, de modo geral, um velhote inofensivo, o que, em certo sentido, é o que era. Sua face pública era agradável. Mas para suas meias-irmãs parecia obsceno e deprimente, o elemento final de podridão no que já era uma situação terrível. Mais que isso, ele poluía a mais sagrada das fontes e profanava seus primeiros sonhos. Uma primeira experiência de amar e ser amado pode ser encantadora, desoladora, embaraçosa ou até aborrecida; mas não deveria ser repulsiva. Eros chegou com um rumor de asas de couro, uma figura de nauseante sexualidade incestuosa. Virginia sentia que George havia estragado sua vida antes mesmo de ela começar. Naturalmente tímida em questões sexuais, desde então ficou aterrorizada, numa postura de pânico frio e defensivo.

Quando Quentin julga sua família, quando acha que um de seus membros não se comportou bem (George não era um verdadeiro membro da família), ele o reprova (seja homem ou mulher) como um romancista do século xix poderia reprovar uma heroína (ou herói) — como Jane Austen reprova Emma, por exemplo, quando Emma é impensadamente cruel com Miss Bates. Esse é o tom que Quentin adota ao falar sobre o flerte de Virginia com Clive. Ele escreve com uma espécie de reprovação amorosa, acha que a coisa toda estava errada, porque causava dor, mas se solidariza, como Jane Austen se solidarizou, com o impulso de se divertir despreocupadamente. Ele também se solidariza com o sentimento de Virginia de ser deixada de fora da vida de Vanessa depois do casamento de sua irmã.

> Não estava em absoluto apaixonada por Clive. Na verdade, se amava alguém, era a Vanessa. [...] Mas era por amá-la tanto que tinha de prejudicá-la, de entrar no encantado círculo em que Vanessa e Clive eram tão felizes, e entrando nele, rompê-lo — um círculo do qual estava tão cruelmente excluída; e assim teria Vanessa outra vez para si, descartando o marido que, afinal, nem era digno dela.

O que faz com que Bloomsbury continue a nos interessar — por que obrigatoriamente resmungamos quando a palavra é pronunciada, mas depois saímos para comprar o último livro sobre Virginia, Vanessa, Leonard, Clive, Lytton, Roger e os outros — é que essas pessoas estão muito vivas. A lenda de Bloomsbury assumiu a complexidade densa de um romance interminável do século xix, e seus personagens tornaram-se tão reais para nós quanto os personagens de *Emma*, *Daniel Deronda* e *The Eustace Diamonds*. Outros escritores e artistas da primeira leva modernista, cujos talentos eram pelo menos iguais aos da turma de Bloomsbury (exceto Virginia), desaparecem da vista, mas as biografias dos escritores e artistas de Bloomsbury ficam cada vez mais proeminentes. Suas vidas eram de fato tão fascinantes, ou achamos isso simplesmente porque eles escreveram tão bem e com tanta insistência sobre si mesmos e uns sobre os outros? Ora, por esta última razão, é claro. Nenhuma vida é mais interessante do que qualquer outra; a vida de todo mundo acontece nas mesmas 24 horas de consciência e sono; estamos todos fechados em nossa subjetividade, e quem pode dizer que os pensamentos de uma pessoa que olha para as profundezas vertiginosas de um vulcão em Sumatra são mais interessantes objetivamente do que os de uma pessoa que prova um vestido na Bloomingdale's? A notável realização coletiva dos escritores e artistas de Bloomsbury foi que eles puseram nas mãos da posteridade os documentos necessários para atrair sua débil atenção — as cartas, memórias e diários que revelam a vida interior e provocam o tipo de empatia inevitável que a ficção provoca.

Perto do final de "Um esboço do passado", há um trecho lindo e difícil sobre a tendência que Virginia notou em si para escrever sobre o passado criando cenas:

> Acho que criar cenas é o meu jeito natural de apreender o passado. Uma cena sempre vem à tona; ordenada; representativa. Isso confirma a minha ideia instintiva — ela é irracional; não admite discussão — de que somos recipientes vedados flutuando naquilo que se convencionou chamar realidade; em determinados momentos, sem nenhuma razão, sem nenhum esforço, o dispositivo de vedação se rompe; a realidade invade o recipiente; isso é uma cena — pois elas não teriam resistido por tantos anos se não fossem feitas de algo permanente; isso é uma prova de sua "realidade". Será que a origem de meu impulso para escrever é essa minha tendência de captar cenas?

A essa altura, Virginia, como o leitor, começa a detectar alguns dos problemas do trecho citado: a confusão entre "criar cenas" e "captar cena" (de qual se trata?) e uma instabilidade da palavra "realidade", que vacila de "o que se convencionou chamar realidade" para a simples "realidade" e para a realidade entre aspas. Diz ela: "Essas são perguntas sobre a realidade e sobre cenas e sua relação com a escrita para as quais não tenho resposta; nem tempo para analisar a questão com cuidado"; e acrescenta: "Talvez, se eu revisar e reescrever, como pretendo, eu torne a questão mais clara; e apresente algo como resposta". Virginia morreu antes que pudesse revisar e reescrever esse parágrafo, e estudantes de autobiografia e biografia ainda se preocupam com o tema da "realidade" versus realidade, o construído versus o recebido. Mas não há dúvida de que a hiper-realidade das cenas famosas na lenda de Bloomsbury, como as da ficção clássica, deriva de uma tradição artística comum e de certas tecnologias de narração, através das quais se faz com que o forjado pareça recebido. Nós chamamos a tradição de realismo; as tecnologias são inomináveis.

Virginia escreveu "Um esboço do passado" em jorros, entre abril de 1939 e novembro de 1940, como uma distração de um projeto que estava lhe dando problemas — sua biografia de Roger Fry, o crítico e pintor que apresentara a arte pós-impressionista à Inglaterra. Depois de escrever o trecho sobre as cenas, ela deixou o "Esboço" de lado por um mês e, quando voltou a ele, sentiu-se obrigada a adicionar esta frase: "As cenas, noto agora, raramente ilustram minha relação com Vanessa; era profunda demais para 'cenas'".

A relação entre Virginia e Vanessa era profunda, de fato — talvez a mais profunda de todas as relações em Bloomsbury. Mas não era, na verdade, impermeável — "profunda demais para" — à imaginação cênica de Virginia. Em carta a Violet Dickinson, por exemplo, ela faz este retrato de Vanessa, um mês antes de seu casamento, tal como a observou em Bath, andando pela rua de braço dado com Clive:

111

Ela estava com uma fita de gaze, vermelha como o sangue, que voava por sobre o ombro, um lenço roxo, um boné de caça, saia de tweed e grandes botas marrons. Então, seus cabelos lhe varreram a testa, e ela estava trigueira, eufórica e robusta como um jovem Deus.

É a comparação implícita entre a observadora e a observada, entre a frágil e melancólica Virginia e a poderosa e atraente Vanessa, que dá à cena seu vislumbre romanesco. Na visão que Virginia tem de sua irmã — que irradia de suas cartas e diários —, Vanessa é uma Kate Coy ou Charlotte Stant em comparação com a Milly Theale ou Maggie Verver que ela é; a irmã não tem somente a magnificência física das maravilhosas heroínas "más" de James, cuja beleza robusta e cujo porte esplêndido contrastam tão incisivamente com a delicadeza encurvada das heroínas "boas", mas também sua obstinação de dois gumes. ("Você é muito mais simples do que eu", escreveu Virginia para Vanessa em agosto de 1909. "Como você consegue ver apenas uma coisa de cada vez? Sem nenhuma daquelas reflexões que me distraem tanto e que fazem as pessoas me xingarem? Acho que você é, como Lytton disse uma vez, o ser humano mais completo de todos nós; e sua simplicidade é realmente que você assimila muito mais do que eu, que intensifico átomos.") Embora tenha sido Virginia/ Milly/ Maggie que machucou Vanessa/ Kate/ Charlotte no caso com Clive, Virginia nunca deixou de se sentir obscuramente injustiçada por sua irmã; comparava-se sempre com Vanessa e julgava-se menor. Em junho de 1929, quando ela e Leonard se encontraram com Vanessa e Duncan no sul da França, Virginia escreveu em seu diário sobre a compra de móveis e utensílios para sua casa de campo na Inglaterra; embora isso lhe desse prazer,

despertou minha ira contra a supremacia quase irresistível de Nessa. Meu filho mais velho está chegando amanhã; sim, & ele é o jovem mais promissor do King's; & tem falado no jantar da Após-tolos. Tudo o que posso opor a isso é que ganhei £ 2000 com *Orlando* & posso trazer Leonard aqui & comprar uma casa se eu quiser. Ao que ela retruca (da mesma forma inaudível) eu sou um fracasso como pintora em comparação com você, & não posso fazer mais do que pagar por meus modelos. E assim continuamos, sobre as profundezas de nossa infância.

Em 1926, depois de ir a uma exposição de pinturas de Vanessa, Virginia escreveu a ela: "Estou deslumbrada, um pouco alarmada (pois enquanto você tem filhos, a fama por direito pertence a mim) com suas combinações de pura visão artística e brilho de imaginação". Evidentemente, é a observação entre parênteses que ressalta na frase. A fama é uma coisa pobre, desvalorizada, que vem abaixo dos filhos. Vanessa é sempre a irmã mais velha, invulnerável, embora Virginia seja capaz de ter uma atitude de superioridade em relação a ela quando se sente particularmente provocada. "O que você sente falta [em Clive] é a inspiração de qualquer tipo", ela reclamou para Violet Dickinson, acrescentando: "Mas, também, a velha Nessa não é nenhum gênio". Vanessa teria sido a primeira a concordar; a extrema modéstia em relação a suas realizações intelectuais e mesmo artísticas era um de seus traços destacados — e isso talvez só aumentasse sua superioridade insuportável aos olhos da irmã. Em um texto de memórias chamado "Reminiscências", dirigido a Julian, ainda por nascer, Virginia nos mostra Vanessa se comportando na infância como faria durante toda a sua vida:

Quando ganhou o prêmio na escola de desenho, mal soube, de tão envergonhada que ficou por confessar um segredo, como me contar, para que eu pudesse repetir a notícia para todos em casa. "Eles me deram o negócio... não sei por quê." "Que negócio?" "Ah, eles disseram que eu ganhei... o livro... o prêmio, sabe?"

Quando Vanessa se casou, não foi ela, mas Virginia e Adrian que foram expulsos de Gordon Square e tiveram de "refugiar-se em algum apartamento em qualquer parte". "Nessa & Clive vivem, penso eu, como grandes damas em um salão francês; eles têm todas as inteligências & os poetas; & Nessa senta-se entre eles como uma deusa", escreveu Virginia na época em que ela e Adrian deram uma festa na Fitzroy Square cujo ponto alto foi um cão vomitar no tapete. Virginia aceitar Leonard talvez tenha sido, como Quentin chama, "a decisão mais sábia de sua vida", mas não resolveu seus problemas e a alçou ao nível doméstico de sua irmã. A casa de Vanessa continuou a ser a principal residência da corte de Bloomsbury, e a de Virginia sempre foi secundária, um anexo. Tendo em vista que o casamento dos Woolf foi forte e duradouro, e que o casamento dos Bell se desfez depois de poucos anos, é curioso que as coisas tenham sido assim. Mas assim foram. Havia sempre algo de abandonado e hesitante em relação ao lar de Virginia e Leonard. Houve, é claro, os surtos de doença mental que Virginia sofreu e Leonard cuidou dela, o que deixava certamente no ar da casa um resíduo de tensão e medo. Mas também havia o fato de que Vanessa era uma castelã nata e Virginia não. Virginia era incapaz de comprar um limpador de penas sem sofrer as agonias da indecisão. Como consequência, embora seja a realização literária de Virginia que tenha dado a Bloomsbury seu lugar na história cultural, é a casa de Vanessa que se tornou o santuário de Bloomsbury.

A Charleston Farmhouse, em Sussex, que Vanessa passou a alugar em 1916 como retiro campestre, e onde ela e Duncan e (às vezes) Clive viveram juntos por longos períodos, foi restaurada em 1980 e aberta ao público. Na arte do século xx, Vanessa e Duncan ocupam um nicho menor, mas as decorações que fizeram no interior da casa de fazenda, pintadas em painéis de portas, lareiras, janelas, paredes e móveis, convenceram alguns dos guardiões da chama de Bloomsbury de que o lugar deveria ser preservado após a morte do último membro sobrevivente do *ménage* — Duncan — em 1978. Criou-se um fundo, levantou-se dinheiro, e o lugar é agora um museu, com uma loja de souvenirs, chás, palestras, uma revista semestral e um programa de cursos de verão. Sem a decoração, é pouco provável que a casa tivesse sido preservada. Por causa dela, a lenda de Bloomsbury tem um lugar: os leitores do romance de Bloomsbury não precisam mais imaginar, pois podem agora entrar nas salas onde algumas das cenas mais dramáticas ocorreram, podem olhar pelas janelas pelas quais os personagens olhavam, podem pisar nos tapetes que pisavam e passear no jardim onde passeavam. É como se a própria Mansfield Park estivesse aberta para nós como um acompanhamento para a nossa leitura do romance.

Visitei Charleston em dezembro passado, num dia cinzento extremamente frio, e imediatamente senti sua beleza e tristeza tchekhovianas. O lugar foi preservado em sua realidade desgastada, desbotada e manchada. É uma casa de artista, uma casa em que um olho se deteve em todos os cantos e pairou sobre cada superfície, considerando o que lhe agradaria ver todos os dias — um olho que fora educado por ateliês de Paris e casas de campo no sul da França e não está satisfeito com a beleza inglesa. Mas também é uma casa de uma mulher inglesa (uma inglesa que, ao chegar a sua casa alugada em Saint-Tropez em 1921, escreveu a Maynard Keynes em Londres para pedir-lhe que enviasse uma dúzia de pacotes de farinha de aveia, dez latas de três quilos de marmelada, dois quilos de chá e "um pouco de carne enlatada") — uma casa em que se toleram poltronas afundadas e cobertas com capas de tecido desbotado escorregando, e onde até mesmo se cultiva alguma sujeira. Em carta a Roger Fry sobre uma casa pertencente aos pintores americanos Ethel Sands e Nan Hudson (que haviam encomendado a Vanessa e Duncan a decoração de sua sacada), Vanessa zombou da "rarefação" e da "ordem imaculada" do lugar. "Nan faz capas de musselina para receber os excrementos das moscas (não acredito que Nan e Ethel tenham algum... eles nunca vão ao W.), tudo está engrinaldado com jardas e jardas de musselina, rendas e seda, e tudo parece ser lavado e passado à noite", escreveu ela, e suspirou por "um sopro de sujeira do lar". As casas de Vanessa nunca foram rarefeitas ou delicadas, mas tampouco eram amontoados toscos de objetos, acusação que ela friamente fazia à mansão Garsington de Ottoline Morrell: "Para mim, parece simplesmente uma coleção de objetos que ela gosta de juntar com enorme energia, mas que não formam nada".

Produzir coisas — visuais ou literárias — era a paixão dominante de Bloomsbury. Era também, de um modo paradoxal, sua ligação com o passado do século XIX que se esforçava tanto para repudiar. Em seus hábitos de trabalho compulsivos, os modernistas de Bloomsbury se comportavam exatamente como seus pais e avós vitorianos. Há um momento nas "Reminiscências" de Virginia que passa tão rápido que talvez não percebamos imediatamente o que ela deixou escapar sobre o domínio férreo que a ética do trabalho exercia sobre a mentalidade do século XIX. Escrevendo sobre os excessos de dor que Leslie Stephen sentiu diante da morte repentina de Julia — "Havia algo nos cômodos escuros, nos gemidos, nos lamentos veementes, que ultrapassava os limites normais da tristeza. [...] Ele parecia alguém que, com a perda de um apoio, cambaleia às cegas pelo mundo e o enche com seu pesar" —, Virginia faz uma pausa para recordar os grandes esforços de Stella para distrair o viúvo agoniado: "Toda a diplomacia dela era necessária para mantê-lo ocupado de alguma maneira, quando ele havia terminado o trabalho matinal". *Quando ele havia terminado o trabalho matinal*. Sir Leslie talvez tenha cambaleado cegamente pelo mundo, mas o mundo acabaria antes que ele perdesse uma manhã em sua mesa de trabalho. Mesmo quando estava morrendo de câncer no intestino, ele continuou a produzir diariamente quantidades surpreendentes de prosa. Leonard, no quarto volume de sua autobiografia, explicita o que para Virginia não era preciso dizer:

> Devíamos achar que era não somente errado, mas desagradável não trabalhar todas as manhãs, durante sete dias por semana e por cerca de onze meses por ano. Portanto, todas as manhãs, por volta das nove e meia, após o desjejum, cada um de nós, como que movidos por uma lei de natureza inquestionável, saíamos e "trabalhávamos" até o almoço, à uma hora. É surpreendente o quanto podemos produzir em um ano, seja de pães, livros, vasos ou quadros se trabalharmos dura e profissionalmente por três horas e meia todos os dias, durante 330 dias. É por isso que, apesar de suas deficiências, Virginia foi capaz de produzir tanto.

(No volume v, para que algum leitor não suponha que Leonard e Virginia passavam o resto do dia em prazeres decadentes, ele ressalta que, fazendo resenhas, leituras para as resenhas e, no caso de Virginia, pensando no trabalho em andamento ou obras futuras — e, no seu caso, a direção da Hogarth Press e participação em comitês políticos —, eles trabalharam de fato dez ou doze horas por dia.)

Em Charleston, de onde outros espíritos fugiram e agora só podem ser evocados por cartas e diários, ainda se sente a presença do espírito de industriosidade. Se o lugar é tchekhoviano — como talvez o sejam todas as casas de campo situadas no campo precariamente cuidado, com jardins murados, árvores frutíferas e um número não suficiente de banheiros —, não é de ociosidade e teatralidade tchekhovianas que ele fala, mas dos valores pelos quais os personagens bons de Tchékhov são governados: trabalho habitual e paciente e comportamento calmo e sensato. (Tchékhov era ele mesmo uma espécie de bloomsburiano.) Charleston é dominada por seus locais de trabalho — os estúdios e quartos aos quais os hóspedes se retiravam para escrever. Os aposentos comunais eram apenas dois — a sala de estar (chamada de sala do jardim) e a sala de jantar — e eram de tamanho modesto. Não eram o coração da casa. Esse título pertencia ao enorme estúdio do andar térreo, onde por muitos anos Vanessa e Duncan pintaram lado a lado, todos os dias. (Nos últimos anos de Vanessa, ela trabalhou em um estúdio novo, no sótão; depois de sua morte, Duncan, que ficou na casa, gradualmente fez do estúdio do térreo seus aposentos.)

As decorações onipresentes apenas ampliam nossa sensação de Charleston como um lugar de incessante e calma produtividade. Elas dão à casa sua aparência peculiar, mas não se impõem a ela. Pertencem ao alto mundo da arte e do design, o mundo da pintura pós-impressionista e do design modernista inicial e, no entanto, de um modo bastante misterioso, combinam com a casa de fazenda inglesa que os contém e com a paisagem campestre inglesa que entra em cada quarto através de grandes janelas antiquadas. Durante minha visita, fui atraída pelas janelas como que por tropismo. Hoje vamos à casa para ver as decorações e as pinturas que Clive, Vanessa e Duncan colecionaram, bem como aquelas que Vanessa e Duncan produziram; mas o que Clive, Vanessa e Duncan viam quando entravam em um quarto era o jardim murado, um salgueiro, a lagoa e os campos além, e quando olhei através das janelas pelas quais eles tinham olhado, senti a presença deles ainda mais forte do que quando examinei suas obras e seus pertences. Visitei a casa num dia em que estava fechada para o público, na companhia de Christopher Naylor, então diretor do Fundo Charleston, que estava no mínimo tão familiarizado com o romance de Bloomsbury quanto eu, e que chamava seus personagens pelo prenome, como tenho feito aqui — a pesquisa bio-gráfica leva a uma espécie de familiaridade insuportável. Depois do tour — que ressoava a "Christophers" e "Janets", bem como com a "Clives", "Duncans" e "Maynards" —, meu guia retirou-se discretamente para me permitir comungar a sós com os fantasmas da casa e tomar notas sobre as decorações. Tomar notas revelou-se impossível: depois de uma hora na casa sem aquecimento, eu já não conseguia mover os dedos.

O frio levou meus pensamentos para o inverno de 1918-9, quando Vanessa estava na casa com Duncan e seu namorado David Garnett — conhecido como Bunny —, além de Julian, Quentin e Angelica, sua filha recém-nascida com Duncan. Muita água passou por debaixo da ponte desde que Clive e Vanessa se casaram e viveram como grandes senhores na Gordon Square. O casamento havia efetivamente terminado em 1914. Clive voltara aos seus antigos hábitos de mulherengo; Vanessa se apaixonara por Roger Fry e tivera um caso com ele, que terminou quando ela se apaixonou por Duncan. A guerra trouxera Vanessa, Duncan e Bunny para Charleston. Duncan e Bunny, que eram objetores de consciência, mantinham seu status fazendo trabalhos na propriedade. O primeiro emprego deles foi a restauração de um antigo pomar, mas quando o conselho militar exigiu trabalho agrícola mais sério e desagradável, Vanessa alugou Charleston para que Duncan e Bunny pudessem trabalhar na fazenda vizinha. Embora Duncan estivesse apaixonado por Bunny, às vezes ele concordava gentilmente em dormir com Vanessa quando Bunny estava fora. Frances Spalding, em sua biografia de Vanessa, publicada em 1983, citou uma anotação bastante terrível no diário de Duncan de 1918, escrito durante uma ausência de cinco dias de Bunny:

Copulei no sábado com ela, com grande satisfação física para mim mesmo. É uma maneira conveniente, as fêmeas, de descarregar a porra, e confortável. Além disso, o prazer que dá é reconfortante. Você não pega esse estúpido corpo equívoco de uma pessoa que não é sodomita. Esta é para você, Bunny!

Daí Angelica. Ela nasceu no dia de Natal de 1918, e, em suas primeiras semanas, quase se juntou a Julia, Stella e Thoby no rol das vítimas de médicos incompetentes; a intervenção de um novo médico salvou sua vida. (Cinco anos mais tarde, Virginia, escrevendo em seu diário sobre outra quase perda — Angelica fora atropelada por um carro em Londres —, descreveu a cena terrível em uma enfermaria de hospital com Vanessa e Duncan quando parecia certo que "morte & tragédia haviam mais uma vez descido suas patas, depois de nos deixar correr alguns passos". No fim das contas, Angelica saiu ilesa: "Foi só uma piada desta vez".)

Depois de sua aparição ao lado do berço de Angelica, "o grande gato" recuou e Vanessa pôde ter quase vinte anos a mais da felicidade que ela buscou no momento em que deixou Hyde Park Gate e pintou as paredes da casa na Gordon Square com têmpera. "Como admiro esse manejo da vida como se fosse uma coisa que se pudesse jogar, esse manejo das circunstâncias", escreveu sua irmã, e "com que maestria ela controla sua dúzia de vidas; nunca confusa, ou desesperada, ou preocupada; sem jamais gastar uma libra ou um pensamento desnecessariamente; no entanto, com tudo livre, descuidado, arejado, indiferente".

O homem que Vanessa escolheu para ser o parceiro de sua vida ainda é um personagem velado; nossa compreensão de Duncan deve aguardar a biografia de Frances Spalding, agora em preparação. Ele parece ter sido extremamente bonito, charmoso e encantador, bem como excentricamente vago e talvez um pouco egoísta. Era seis anos mais moço que Vanessa, mas ela tinha deferência por ele como artista, considerava-se vários passos atrás dele. (Esse juízo refletia suas posições relativas no mundo da arte britânica da época; hoje, parece haver pouca distância entre suas obras.) Ele era um dos aristocratas de Bloomsbury (era primo de Lytton), o que Bunny Garnett, por exemplo, não era. Bunny tornou-se heterossexual — ou voltou a sê-lo — logo após o nascimento de Angelica. Duncan transferiu suas afeições para outro homem, e para outros depois dele, mas continuou a ser o companheiro de Vanessa, e ela aceitou corajosamente os termos de sua companhia. (De suas cartas para Duncan podemos inferir que esses termos eram bastante duros, e que ela ficava, às vezes, confusa, desesperada e preocupada quanto a manter seu equilíbrio diante deles.) Por sua vez, seu relacionamento com Clive era amistoso e íntimo, uma espécie de versão não sinistra do relacionamento entre os ex-amantes de *As relações perigosas*.

O notável arranjo doméstico de Vanessa parece quase uma inevitabilidade: o que poderia ser uma réplica melhor a hipocrisia e monotonia vitorianas do que um marido que trazia suas amantes para uma inspeção divertida e um amante que era gay? Para qualquer padrão, o lar Bell-Grant era estranho e na década de 1920 ainda havia muita gente que poderia achá-lo excitantemente escandaloso. Uma delas era Madge Vaughan, uma velha amiga da família, dez anos mais velha que Vanessa, que era filha de John Addington Symonds. (Aliás, Symonds foi uma das maiores bichas enrustidas da era vitoriana, fato que só foi revelado anos depois da morte dele e de Madge.) Em março de 1920, Vanessa recebeu uma carta de Madge que a deixou "meio divertida e meio furiosa". A carta foi escrita de Charleston, onde Madge, na ausência de Vanessa, estava hospedada brevemente, enquanto decidia se alugava ou não a casa para umas férias longas da família. "Eu te amo & sou *fiel* às velhas amigas", escreveu Madge, e continuava:

Sempre dei as costas à calúnia e à fofoca e travei suas batalhas ao longo dos anos. *Mas eu amo, com paixão crescente, a bondade, a pureza e simplicidade & os corações de crianças pequenas são as coisas mais sagradas que conheço na terra.* E uma pergunta atormenta meu pobre coração aqui nesta casa.

Ela chegou apunhalando meu coração naquele dia em que vi Angelica. Gostaria de encontrá-la como amiga cara a cara em algum *lugar tranquilo* e *resolver isso*. Acho que eu *não posso* vir morar aqui com Will e as crianças se não fizer isso.

Vanessa respondeu a essa peça de piedade florida numa prosa tão simples e elegante quanto o vestido preto que Anna Kariênina usou no fatídico baile de abertura:

Por que diabos meu caráter moral teria alguma coisa a ver com a questão de você alugar Charleston ou não? Suponho que você não investigue sempre o caráter de seus senhorios. No entanto, faça o que você quiser [...]

Quanto aos mexericos a meu respeito, os quais, é claro, não ignoro, devo admitir que me parece quase incrivelmente impertinente que você me peça para satisfazer sua curiosidade sobre isso. Não posso entender por que você acha que isso lhe diz respeito. Sou absolutamente indiferente a qualquer coisa que o mundo possa dizer sobre mim, meu marido e meus filhos. As únicas pessoas cuja opinião pode afetar alguém, as classes trabalhadoras, felizmente têm o senso, a maior parte do tempo, de perceber que não podem saber nada da vida privada de alguém e não permitem que suas especulações sobre o que alguém faz interfiram no julgamento quanto ao que alguém é. As classes média e alta não são tão sensíveis. Não importa, pois elas não têm poder sobre a vida de alguém.

Em sua resposta, a pobre Madge se enterra ainda mais, dizendo que não queria se intrometer, oh, não — "Estou chateada demais pelo contato com mentes inquisitivas maldosas, às vezes cruéis, para eu mesma me distrair com qualquer tipo de mera 'curiosidade' ociosa" — mas só havia escrito com o mais puro dos motivos, por *"uma espécie de desejo apaixonado de ajudar aqueles que amo".*

Vanessa, levada a alturas ainda maiores de desprezo impaciente, respondeu:

> Você diz que me ofereceu ajuda, mas com certeza não se trata de seus verdadeiros motivos, pois dei o menor sinal que seja de querer ajuda ou precisar dela? E você não queria falar comigo para poder saber que tipo de pessoa eu sou, à cuja casa você se propunha a levar seus filhos?
>
> Isso, de qualquer modo, foi a razão que você me pareceu dar para escrever.
>
> Tampouco havia sequer a desculpa de que Clive e eu somos conhecidos por estarmos em termos ruins um com o outro. Nesse caso (embora eu provavelmente não devesse desejá-la), eu poderia entender a interferência de uma velha amiga.
>
> Mas, qualquer que seja o mexerico a nosso respeito, você deve saber que nos vemos um ao outro e somos, para todos os efeitos, amistosos, então, penso que se deveria supor que estamos de acordo sobre as questões que dizem respeito a nossas vidas íntimas. Você diz que conta tudo para Will, embora sua vida conjugal esteja cheia de restrições. Que razão há para pensar que eu não conto tudo a Clive? Talvez seja porque nenhum de nós leve em muita consideração a vontade ou a opinião do mundo, ou que um "lar convencional" seja necessariamente feliz ou bom, que a minha vida de casada não esteve cheia de restrições, mas, ao contrário, cheia de tranquilidade, liberdade e total confiança. Talvez a paz e a

força de que você fala possam vir de outras maneiras do que ceder à vontade do mundo. De qualquer modo, parece-me precipitado supor que isso não seja possível, ou, com efeito, que exista alguma razão para pensar que aqueles que se forçam a levar a vida de acordo com a convenção ou a vontade dos outros são mais propensos a ser "bons" (com o que me refiro a ter sentimentos bons ou nobres) do que aqueles que decidem viver como lhes parece melhor, independentemente de outras normas.

Vanessa escreve muito bem, não só quando está comendo alguém vivo, como Madge Vaughan, mas em todo o volume de suas cartas. "Você tem um dom para escrever cartas que está acima da minha capacidade. Alguma coisa inesperada, como dobrar uma esquina num jardim de rosas e descobrir que ainda é dia", Virginia escreve a ela em agosto de 1908, e a descrição é correta. Sobre suas próprias cartas, disse Virginia: "Ou sou demasiado formal, ou demasiado febril", e também está correta nisso. Virginia era a grande romancista, mas Vanessa era a escritora nata de cartas; ela tinha um dom para escrevê-las, assim como tinha para tornar as casas bonitas e agradáveis. As cartas de Virginia têm trechos que superam qualquer coisa que Vanessa pudesse ter escrito — estruturas que brilham com seu gênio febril —, mas não têm o desembaraço e a naturalidade (as qualidades a que recorre o gênero epistolar para ser um gênero literário) quase sempre presentes nas cartas de Vanessa.

Regina Marler, com suas seleções de cartas, criou uma espécie de romance epistolar correspondente à biografia simpática de Frances Spalding. Cada carta ilustra uma faceta do caráter de Vanessa e faz progredir a trama de sua vida. Suas relações com Virginia, Clive, Roger, Duncan e Julian — os outros personagens do romance epistolar — se revelam numa completude comovente. A morte de Julian, aos 29 anos, na Guerra Civil Espanhola, é o evento terrível para o qual a trama avança inexoravelmente. Em 18 de julho de 1937, durante a batalha de Brunete, ele foi atingido por estilhaços e morreu devido aos ferimentos. Ler as cartas de Vanessa para ele nos dois anos anteriores à sua morte sabendo o que está por vir é quase insuportável. Em carta escrita para o filho na China, onde ele estava lecionando, ela diz:

> Oh, Julian, nunca poderei expressar a felicidade que você trouxe à minha vida. Muitas vezes me pergunto como essa sorte caiu no meu caminho. Simplesmente ter filhos parecia um prazer incrível, mas que eles tivessem carinho por mim como você me faz sentir que tem é algo além de qualquer sonho, ou mesmo vontade. Eu nunca esperei ou almejei isso, pois me parecia o suficiente cuidar tanto de si mesmo.

Um ano mais tarde, quando ele começou a fazer planos para ir à Espanha, ela escreve: "Acordei [...] de um pesadelo terrível com você, pensando que você estava morto, e acordei dizendo: 'Ah, se tudo pudesse ser um sonho'". Em julho de 1937, quando, apesar de seus argumentos angustiados, ele foi para a Espanha, ela escreve uma carta longa e espirituosa sobre reuniões em Charleston e em Londres com a presença de, entre outros, Leonard, Virginia, Quentin, Angelica, T.S. Eliot e Henri Matisse, e também de James, Dorothy, Pippa, Jane e Pernel Strachey ("Havia uma atmosfera Strachey levemente esmagadora") e considera "extraordinariamente sensato e irrespondível" um artigo de Maynard no *New Statesman* em resposta ao poema "Espanha" de Auden afirmando a primazia das "reivindicações de paz". Ler a carta seguinte do livro, datada de 11 de agosto, para Ottoline Morrell, é insuportável.

> Querida Ottoline,
> Fiquei agradecida por seu pequeno bilhete. Me perdoe por não ter escrito antes. Estou apenas começando a ser capaz de escrever cartas, mas queria lhe agradecer.

Você lembra que, quando nos conhecemos, me contou de sua dor quando seu filho bebê morreu — eu nunca esqueci.

Da sua, Vanessa

Em outra carta curta, escrita cinco dias depois, Vanessa agradece as condolências de Vita Sackville-West (ex-amante de sua irmã) e diz: "Jamais terei palavras para dizer como Virginia me ajudou. Talvez algum dia, não agora, você poderá lhe dizer que é verdade". Depois do suicídio de Virginia, em março de 1941, Vanessa escreveu a Vita novamente e lembrou sua carta de agosto de 1937.

Lembro que mandei aquela mensagem por você. Acho que eu tinha uma espécie de sensação de que teria mais efeito se você a entregasse e espero que eu estivesse certa. Como estou feliz que você a entregou. Lembro-me de todos aqueles dias depois que soube sobre Julian, em que eu jazia num estado irreal e ouvia a voz dela sem parar, fazendo com que a vida parecesse continuar quando, de outra forma, ela teria parado, e no fim de todos os dias ela vinha me visitar aqui, o único momento do dia que se poderia desejar que viesse.

Em setembro de 1937, Virginia anotou em seu diário: "Pequena mensagem de Nessa: para mim, tão profundamente tocante, enviada assim em segredo via Vita, que eu a 'ajudei' mais do que ela poderia ter palavras para dizer". A inversão de papéis — Virginia sendo agora a mulher forte que oferece conforto e estabilidade à fragilizada Vanessa — é um dos momentos mais lindos e interessantes do romance de Bloomsbury. A incapacidade de Vanessa para falar diretamente a Virginia do seu amor e gratidão é uma medida da profundidade de sua discrição, qualidade que dava imensa autoridade ao seu caráter e fazia com que sua casa mantivesse a tranquilidade improvável, o que estranhos às vezes confundiam com arrogância, e sua irmã — emotiva, extremamente imaginativa —, com indiferença.

"Quando Roger morreu, eu achei que estava infeliz", a devastada Vanessa disse a Virginia após a morte de Julian. O caso de Vanessa com Roger começara em 1911 e terminara dolorosamente (para ele) em 1913, mas, tal como Clive, Roger permaneceu ao redor dela e continuou a ter o papel em sua vida de uma de suas estruturas fundamentais. Além de amante, ele havia sido um mentor e uma influência artística decisiva. Sua exposição pós-impressionista de 1910 havia apresentado a arte então difícil de Cézanne, Gauguin, Van Gogh, Picasso e Matisse, entre outros, a um público inglês amavelmente zombeteiro. ("A exposição é uma piada de extremo mau gosto ou uma fraude", escreveu Wilfred Blunt em seu diário. "O desenho está no nível do de uma criança ignorante de sete ou oito anos, o senso de cor é o de um pintor de bandejas de chá, o método, o de um escolar que esfrega os dedos sobre uma lousa depois de cuspir nela.") A carta mais notável de Vanessa para Roger talvez seja a que ela escreveu em novembro de 1918 (de Charleston, no último mês de sua gravidez de Angelica), relembrando "aquela primeira parte do nosso caso", que foi

um dos momentos mais emocionantes da minha vida, pois além do novo entusiasmo em relação à pintura, de encontrar pela primeira vez alguém cuja opinião eu prezava, que tinha afinidade comigo e me incentivava, você sabe que eu estava realmente apaixonada por você e me sentia muito íntima de você, e isso é uma das coisas mais excitantes que se pode fazer para conhecer outra pessoa muito bem. Isso só é possível, penso eu, quando se está apaixonado por essa pessoa, embora talvez seja verdade que também se pode iludir-se a respeito dela — que, ouso dizer, *você* fazia em relação a mim. Mas eu realmente amava e admirava o seu caráter e ainda amo e admiro, e espero que ter sido apaixonada por você sempre me faça ter um sentimento diferente para com você do que eu poderia ter tido de outra forma, apesar de todas as dificuldades que aconteceram desde então.

A morte de Roger, em 1934, de um ataque cardíaco depois de uma queda, é quase tão dolorosa quanto a de Julian; a de Lytton, de câncer no estômago, em 1932, não o é menos. As cartas de Vanessa fazem com que nos importemos com essas pessoas reais mortas há tanto tempo do mesmo modo que os romancistas fazem com que nos importemos com seus personagens imaginários recém-criados. Choramos abertamente quando lemos as cartas de Vanessa enviadas a Dora Carrington, a mulher que tinha sido irremediavelmente apaixonada por Lytton, assim como Vanessa estava apaixonada por Duncan, e para Helen Anrep, que se tornara a companheira de Roger depois que ele superou Vanessa. Por que os livros de correspondência nos comovem de um modo que as biografias não conseguem? Quando estamos lendo um livro de cartas, compreendemos o impulso de escrever biografias, sentimos a excitação que o biógrafo sente ao trabalhar com fontes primárias, o êxtase do encontro em primeira mão com a experiência vivida de outra pessoa. Mas essa excitação, esse arrebatamento, não passa para o texto da biografia, ele morre no caminho. Eis, por exemplo, Virginia escrevendo para Lytton da Cornualha, em abril de 1908:

> Então Nessa, Clive, o bebê e a babá vieram todos, e temos sido tão caseiros que não tenho lido, ou escrito. [...] Uma criança é o próprio diabo — provocando, como acredito, todas as piores e menos explicáveis paixões dos pais — e das tias. Quando falamos de casamento, amizade ou prosa, somos subitamente interrompidos por Nessa, que ouviu um grito, e então devemos todos distinguir se é o choro de Julian ou o grito da criança da senhoria de dois

128

anos de idade, que tem um abscesso e usa, portanto, uma escala diferente.

E eis Frances Spalding:

Se Clive estava irritado e frustrado, Virginia estava experimentando um sentimento mais angustiante de perda real. Na Cornualha, ambos estavam furiosos com o hábito de Vanessa de interromper a conversa, a fim de discernir se era Julian ou a criança de dois anos de idade da senhoria que estava chorando. Os berros aumentavam o desconforto deles.

Ou Vanessa escrevendo para Clive em 12 de outubro de 1921:

Nossa chegada em Paris foi emocionante. Você vai se arrepender de ter perdido a primeira vez que Quentin viu Paris. Ele e eu ficamos no corredor para vê-la e ele me contou que estava mais ansioso para ver como era porque esperava viver lá algum dia. Ele estava louco de excitação, absorvendo tudo com olhos arregalados, especialmente quando atravessamos o Sena, que estava realmente lindo. Ele achou todas as cores tão diferentes da Inglaterra, embora estivesse escuro e não houvesse muito para ser visto, a não ser luzes coloridas.

E Spalding:

Na viagem, seu principal prazer foi observar a reação de seu filho a tudo o que viam. Quando o trem se aproximou de Paris, ela ficou no corredor com Quentin, aguardando a primeira vista da cidade, pois, como ele lhe disse da maneira mais cerimoniosa, estava muito ansioso por vê-la porque esperava viver lá um dia.

Não há nada de errado com o que Spalding escreveu nesses trechos. Eles ilustram o método biográfico normal. O gênero (como sua progenitora, a história) funciona como uma espécie de fábrica de processamento em que a experiência é convertida em informações da maneira como os produtos agrícolas frescos são convertidos em legumes enlatados. Mas, tal como os legumes enlatados, as narrativas biográficas estão tão distantes de sua fonte — tão distantes da planta com terra grudada às suas raízes, que é uma carta ou uma anotação de diário — que denotam pouca convicção. Quando Virginia se queixa para Lytton (outro intelectual tenso, solteiro e sem filhos) sobre como um bebê é incômodo, sua voz denota grande convicção, e o mesmo faz Vanessa quando conta orgulhosamente sobre o esteticismo de seu jovem filho ao pai esteta. Quando Spalding escreve "Na Cornualha, ambos estavam furiosos" e "Na viagem, seu principal prazer foi", não acreditamos muito nela. Tirada de seu contexto vivo e sem o sangue que lhe foi drenado, a "informação" das biografias é uma coisa murcha, espúria. Os biógrafos mais astutos, conscientes do problema, apressam-se a aplicar transfusões maciças de citação à cena. As biografias que dão a maior ilusão de vida, o sentido mais pleno do biografado, são as que mais citam. A de Spalding é uma delas, assim como a de Quentin — embora Quentin, de qualquer modo, esteja isento das críticas acima, porque sua voz de sobrinho e filho tem a autoridade que nenhuma voz de biógrafo-estranho pode ter. Sua inteligência crítica aguda é sempre infletida por um sentimento de afeição familiar; isso, mais do que embotar seus juízos, lhe dá uma espécie de finalidade benigna. (Quando Virginia caracterizou certa vez uma carta carinhosa da mãe de Quentin como "requintadamente suave e justa, como a queda de uma pata de gato", ela poderia estar descrevendo a biografia de seu sobrinho.)

As opiniões da meia-irmã de Quentin, Angelica, têm um clima diferente. Ela aparece nas cartas de Vanessa e nos diários de Virginia como uma criança travessa, radiante e, depois, como uma jovem bela e maliciosa — uma espécie de coroação da realização materna de Vanessa, a bela flor que forneceu o "elemento feminino" (como Vanessa o chamou) que a família precisava para alcançar a sua perfeição final. Mas em seu livro *Deceived with Kindness* [Enganada com bondade] (1985), Angelica, então uma mulher mais velha e derrotada, manifesta-se para corrigir nossa imagem admiradora de Vanessa e adapta a lenda de Bloomsbury à nossa época de culpabilização e autocomiseração. Angelica é uma espécie de reencarnação de Madge Vaughan; o que Madge esboçou e pressagiou em suas cartas piamente acusatórias a Vanessa, Angelica elabora em seu livro raivoso e ofendido sobre Vanessa. Madge achava que não poderia levar seu marido e seus filhos para morar numa casa de tanta irregularidade; Angelica confirma suas dúvidas. A boêmia de Bloomsbury não era evidentemente compreendida por sua herdeira mais jovem, que nunca se sentiu à vontade com a família e teria preferido crescer num lar como o de Madge, onde as crianças vinham em primeiro lugar e era improvável que você descobrisse um dia que o amante de sua mãe era o seu verdadeiro pai. A relação entre Duncan e Vanessa — vista por Spalding e outros aficionados de Bloomsbury como um testemunho da magistral liberdade de espírito de Vanessa e como uma união artística extraordinariamente fecunda — é considerada por Angelica simplesmente vergonhosa e patológica. ("Devia haver um forte elemento de masoquismo em seu amor por ele, o que a levou a aceitar uma situação que causou dano permanente à sua autoestima. [...] Ela ganhou a companhia de um homem que ela amava em termos indignos de todo o seu eu.") Em 1917, Roger escreveu a Vanessa:

Você fez uma coisa tão extraordinariamente difícil sem qualquer estardalhaço, mas, atravessando todas as convenções, manteve amizade com uma criatura cheia de nove horas como Clive, me deixou e mesmo assim me manteve como amigo dedicado, obteve tudo de que precisa para o seu próprio desenvolvimento e ainda assim conseguiu ser uma mãe esplêndida. [...] Você tem uma genialidade em sua vida, bem como em sua arte, e ambas são coisas raras.

Angelica nega que Vanessa fosse uma mãe esplêndida e acredita que a vida de Vanessa era uma confusão. Seu livro introduz na lenda de Bloomsbury a mudança de perspectiva mais chocante. Até a publicação de *Deceived with Kindness*, a lenda tinha uma superfície suave, maciça. Os esforços do lado de fora para penetrá-la — penso em livros como o de Louise DeSalvo, *Virginia Woolf: The Impact of Childhood Sexual Abuse on Her Life and Work* [Virginia Woolf: O impacto do abuso sexual na infância em sua vida e obra] (1989) e no menos brutal, mas quase tão sombrio e acusador *The Unknown Virginia Woolf* [A Virginia Woolf desconhecida] (1978), de Roger Poole — não fizeram nada além da tentativa de Madge e de outros intrometidos de "ajudar" onde nenhuma ajuda havia sido solicitada.

Mas o ataque de Angelica, de dentro, é outra coisa. É um documento primário que não pode ser deixado de lado, por mais desagradável e de mau gosto que seja ver um personagem secundário sair de seu canto e colocar-se no centro de uma história maravilhosa que agora ameaça se tornar feia. O infeliz Quentin tentou controlar um pouco os danos em uma resenha de *Deceived with Kindness* que foi publicada pela primeira vez em *Books and Bookmen* e, depois, na *Newsletter* de Charleston. Pisando com cuidado ("Um irmão pode resenhar o livro de sua irmã? Trata-se certamente de um empreendimento embaraçoso, mais embaraçoso ainda quando, como no presente caso, não se pode deixar de expressar admiração"), mas com firmeza ("Dizer que se trata de uma narrativa honesta não quer dizer que seja precisa"), Quentin tenta corrigir a correção e devolver à história de Bloomsbury sua antiga dignidade e estilo elevado. Às vezes, sua irritação com a irritante irmã menor leva a melhor sobre o tato, como quando observa: "Minha irmã era a única pessoa jovem que eu conhecia na época [nos anos 1930] que parecia não ter o menor interesse em política". Ele continua:

> A pessoa não política deve necessariamente ver o mundo em termos de personalidade e responsabilidade individual, portanto, de louvor ou censura. A impessoalidade da política que Angelica via como algo desumano também pode levar a julgamentos morais mais leves. [...] Fiquei triste por minha irmã chegar à maioridade justamente quando as últimas esperanças de paz na Europa desapareciam, [mas] ela, como estas páginas mostram, teve muitos outros infortúnios para ocupar sua mente.

Mais do que qualquer outra coisa, é o tom do livro de Angelica que o diferencia de outros textos sobre Bloomsbury. A nota de ironia — talvez porque ressoasse com demasiada insistência em seus ouvidos quando ela estava crescendo — está totalmente ausente de seu texto, uma ausência que ressalta a característica obliquidade de Bloomsbury. Virginia, ao escrever sobre dores ao menos tão aflitivas quanto as de Angelica, nunca permite que seu estoicismo vacile e raramente deixa de se apoiar em algum resquício de sua alegria natural. Sua sobrinha escreve sob inspiração de outro estado de ânimo. Quando ela diz que Vanessa

> nunca percebeu que, ao me negar meu verdadeiro pai, estava me tratando, mesmo antes de meu nascimento, como um objeto, e não como um ser humano. Não é à toa que ela sempre sentiu culpa

e eu, ressentimento, embora eu não entendesse a verdadeira razão disso; não admira também que ela tentasse compensar isso me paparicando, e ao fazê-lo, só me inibisse. Em consequência, eu fiquei emocionalmente incapacitada.

nós recuamos com nossa solidariedade — como fizemos com Madge Vaughan —, não porque sua queixa não tenha mérito, mas porque sua linguagem não tem força. Assim como Madge encobria e abafava a complexidade e a legitimidade de seus temores por seus filhos com as carolices ornamentadas do período vitoriano (que ela trouxera consigo até a década de 1920), do mesmo modo Angelica encobre e abafa a complexidade e a legitimidade de sua fúria contra a mãe com os truísmos simplificados da era da saúde mental.

O homem com quem Angelica se casou (e do qual se separou depois de muitos anos infelizes) foi — o leitor que ainda não sabe disso vai cair da cadeira — Bunny Garnett. No dia em que Angelica nasceu, Bunny, que estava então instalado em Charleston como amante de Duncan, escreveu a Lytton sobre o novo bebê: "Sua beleza é notável. Penso em me casar com ela; quando ela tiver vinte anos, terei 46 — será escandaloso?". Que a profecia de Bunny tenha se tornado realidade é uma reviravolta que parece pertencer a outra trama, mas que Bunny e Angelica tenham gravitado um em direção ao outro não é tão extraordinário. Tal como Angelica, Bunny nunca pertenceu realmente aos aristocratas de Bloomsbury. Vanessa o aceitou por causa de Duncan; Lytton e Virginia zombavam de seus romances (agora irremediavelmente datados). (Em seu diário de 1925, Virginia cita o que Lytton disse sobre a mais recente obra de Bunny: "De fato, é muito extraordinário — tão rebuscado — tão composto — a fantástica competência, mas [...] bem, é como uma estalagem perfeitamente restaurada — Ye Olde Cocke and Balls, tudo arrumado e restaurado".)

Os três volumes da autobiografia de Bunny são permeados por complacência e um ar de falsidade. Ao que parece, toda sociedade literária tem o seu Bunny; muitas vezes, o membro menos talentoso se atribui importância e se apresenta como o seu porta-voz mais barulhento e mais informado.

No que escrevi até agora, ao separar minhas heroínas e meus heróis austenianos de minhas personagens planas gogolianas, eu, como qualquer outro biógrafo, esqueci convenientemente que não estou escrevendo um romance e que não cabe a mim dizer quem é bom e quem é mau, quem é nobre e quem é um pouco ridículo. A vida é muitíssimo menos ordenada e mais desconcertantemente ambígua do que qualquer romance, e se fizermos uma pausa para lembrar que Madge e Bunny, e até mesmo George e Gerald Duckworth, eram indivíduos multifacetados reais, cujos pais os amavam e cujas vidas eram de preciosidade inestimável para eles mesmos, temos de encarar o problema que todo biógrafo enfrenta e ninguém pode resolver, ou seja, que ele está na areia movediça enquanto escreve. Não há chão sob sua empreitada, não há base para a certeza moral. Em uma biografia, cada personagem contém em si mesmo a possibilidade de uma imagem invertida. A descoberta de um novo maço de cartas, a manifestação de uma nova testemunha, a entrada em moda de uma nova ideologia — todos esses eventos e, em particular o último, podem desestabilizar qualquer configuração biográfica, derrubar qualquer consenso biográfico, transformar qualquer personagem bom em um mau e vice-versa. Frances Spalding teve acesso ao manuscrito de *Deceived with Kindness* quando estava escrevendo sua biografia de Vanessa e, embora não o ignore, opta por não permitir que ele azede seu retrato carinhoso. Outro biógrafo poderia ter feito uma escolha diferente — e isso ainda pode acontecer. Os mortos distintos são argila nas mãos de escritores, e o acaso determina as formas que suas ações e seus personagens assumem nos livros escritos sobre eles.

Depois da minha inspeção da casa de Charleston, de uma caminhada pelo jardim murado (que parecia mais quente do que a casa gelada) e de uma visita à loja de souvenirs, voltei a me encontrar com Christopher Naylor e, como havíamos combinado, fomos tomar chá com Anne Olivier Bell, a esposa de Quentin, que é conhecida como Olivier. Christopher me disse que Quentin não estaria no chá; ele estava fragilizado e cochilava à tarde. O casal mora numa casa a um quilômetro de distância que, como Charleston, se situa numa enorme propriedade pertencente a um certo lorde Gage, que conseguiu mantê-la (será por isso que se pensa em *O jardim das cerejeiras* quando se está em Charleston?), e é um dos apoiadores do Fundo Charleston. Quando chegamos à casa de Bell, por volta das quatro e meia, já estava escuro. Olivier nos conduziu para uma sala grande e quente, com uma cozinha de um lado e, do outro, uma lareira com chamas robustas. Havia uma mesa de madeira comprida diante do fogo. Olivier é uma mulher alta e forte de setenta e muitos anos, com uma atraente cordialidade tímida. Somos imediatamente conquistados por seu calor e sua naturalidade, sua maneira sensata e franca, sua extrema simpatia. Ela pôs uma chaleira no fogão e depois me mostrou (como se isso fosse o que seus visitantes esperassem) várias pinturas de artistas de Bloomsbury. Uma delas era um grande retrato de Vanessa num vestido de gala vermelho com um braço erguido voluptuosamente sobre a cabeça, pintado por Duncan em 1915; outra era o retrato pintado por Vanessa de Quentin quando tinha oito anos, olhando para cima, no ato de escrever em um caderno. Nem esses quadros, tampouco qualquer um dos outros, estavam pendurados em lugar de destaque: o retrato de Vanessa estava em um corredor, no final de uma escada, numa parede pequena demais para ele, e o retrato de Quentin, embora não tão mal colocado, também não estava no lugar certo. Em *Deceived with Kindness*, Angelica reclama que "as aparências de um tipo puramente estético eram consideradas de importância suprema" em Charleston ("Gastavam-se horas pendurando um quadro antigo num lugar novo, ou na escolha de uma nova cor para as paredes"), enquanto permitiam que ela saísse de casa despenteada e suja. A casa de Quentin e Olivier é inteiramente desprovida do esteticismo de Charleston. É confortável, agradável e convidativa, mas esteticamente banal: não era isso que os interessava. A mesa de jantar de Vanessa em Charleston era redonda e ela havia pintado nela um desenho em amarelo, cinza e rosa, evocativo das capas que fez para os livros da Hogarth Press de Virginia, que para alguns leitores estão inextricavelmente ligados à leitura de romances e ensaios de Virginia. A mesa de Quentin e Olivier é de madeira simples e limpa. Olivier serviu o chá nessa mesa em grandes canecas de barro feitas por Quentin, que, além de escrever, pintar e dar aulas, é ceramista.

Ouvimos um ruído surdo acima de nossas cabeças e Olivier disse "É Quentin", e ele de fato apareceu, talvez atraído por curiosidade. Trata-se de um homem alto, de cabelos brancos e barba branca; estava com um avental de artista da cor de seus olhos azuis, que lançavam um olhar calmo e direto. Andava com uma bengala, com alguma dificuldade. Tal como Olivier, Quentin nos atraiu imediatamente para sua órbita de decência, sanidade, integridade, fineza. Ele tem um pouco de aura. Perguntei-lhe o que tinha achado do livro de Angelica. Ele riu e disse que ficara irritado por Angelica contar histórias que ele gostaria de ter contado e fazê-lo mal, sem entendê-las. Disse que o livro fizera parte da terapia dela e que hoje ela o reescreveria, se pudesse. Fiz uma pergunta sobre Clive. Durante minha visita a Charleston, chamara minha atenção a quantidade de espaço que ele ocupava na casa — tinha um estúdio no térreo, uma biblioteca no andar de cima, um quarto e banheiro próprio — e eu havia notado o caráter especial de seus aposentos. Eles combinam com o resto da casa — são decorados com os costumeiros painéis, parapeitos de janelas, quadros de cama e estantes pintados por Duncan e Vanessa —, mas são mais elegantes e luxuosos. O quarto tem um tapete caro e um par de cadeiras venezianas ornamentadas; o estúdio tem uma sofisticada mesa de marchetaria do início do século xIx. (Foi um presente de casamento para Clive e Vanessa dos pais dele.) Era evidente que Clive queria seus pequenos confortos e conveniências, e os obtivera. Todo mundo, exceto a pobre Angelica, parece ter conseguido o que queria em Charleston. ("O clima é de liberdade e ordem", escreveu Henrietta Garnett, a filha de Angelica, sobre as visitas a Charleston durante sua infância.) Quentin disse que Clive era uma pessoa extremamente complexa, e que havia gostado muito dele e tinha sentido grande prazer em sua companhia, até que brigaram por causa da política.

"Clive era conservador?", perguntei. (Eu ainda não havia lido *Bloomsbury* de Quentin, no qual ele critica asperamente *Civilisation*, livro de Clive publicado em 1928: "Parecia que Clive Bell achava mais importante encomendar uma boa refeição do que saber como levar uma boa vida", e "Clive Bell vê a civilização como algo que só existe numa elite e da qual os hilotas que servem essa elite estão permanentemente excluídos. A maneira pela qual a civilização deve ser preservada é imaterial; se ela pode ser mantida por uma democracia, tanto melhor, mas não há nenhuma objeção fundamental a uma tirania, desde que ela mantenha uma classe culta que viva de renda.")

"Conservador é pouco", disse Quentin. "Pode-se quase dizer que ele era fascista."

"Então ele e Julian devem ter brigado ainda mais", falei.

"Na verdade, não", disse Quentin. Explicou que ele era o mais esquerdista dos irmãos — com efeito, o mais esquerdista de toda a turma de Bloomsbury, embora nunca tenha aderido ao Partido Comunista.

Eu disse que imaginei o extremismo de esquerda de Julian por causa de sua ida para a Espanha em 1937.

"Isso é um equívoco comum em relação a Julian", disse Quentin. "Julian gostava de guerras. Era uma pessoa muito austera." Enquanto Quentin falava sobre seu irmão, senti que ele estava respondendo, em parte, a uma questão que havia "apunhalado meu coração" quando eu estava lendo as cartas extraordinariamente íntimas de Vanessa. Algumas delas, como ela mesma estava consciente, eram quase cartas de amor, e eu me perguntava como Quentin teria se sentido como o filho menos obsessivamente amado que sobrevivera à morte do preferido. Mas não fui atrás da resposta. Quentin conseguiu a façanha de presidir a indústria biográfica de Bloomsbury ao mesmo tempo que se mantinha fora da narrativa de Bloomsbury. Deu apenas uma indicação mínima de como se sentia quando estava crescendo no notável lar de sua mãe. Evidentemente, ele é mencionado nas cartas, memórias e anotações de diários da família, mas as referências são bastante escassas e pouco informativas. (Em algumas das fotografias de Bloomsbury em que ele aparece, vislumbramos um pouco do encanto e da alegria do autor de *Virginia Woolf*.) Ele é quase uma espécie de filho mais moço genérico; Julian é sempre mais visível e mais paparicado. A grande sombra de Julian talvez tenha dado ao personagem de Quentin a proteção que ele precisava para florescer fora da órbita familiar. Qualquer que seja o motivo, Quentin conseguiu viver sua própria vida e fazer seu próprio caminho. Agora, com mais de oitenta anos, ele evidentemente se sente seguro (como seu tio Leonard se sentiu seguro nos oitenta anos *dele*) para romper o silêncio e doar sua pessoa ao romance de Bloomsbury. Escreveu um livro de memórias, que será publicado na Inglaterra no outono.

Entre os livros que eu havia comprado na loja de souvenirs de Charleston (notei que os de Poole e DeSalvo estavam à venda lá), estava um panfleto fino chamado *Editing Virginia Woolf's Diary*, em que Olivier escreve sobre suas experiências como editora dos diários que Virginia manteve entre 1915 e 1941. A publicação deles, em cinco volumes, valeu a ela um grande elogio pela excelência de suas anotações. No panfleto, Olivier escreve com uma voz tão distinta quanto a de Quentin, e com uma nota ácida sobre as invasões de estudiosos e jornalistas que se seguiram à publicação de *Virginia Woolf*:

> A casa tornou-se uma espécie de pote de mel, com todos esses viciados em Woolf zumbindo ao redor. Eu tinha de fornecer uma parte do mel em forma de comida e bebida. Pesquisadores diligentes em busca da verdade, armados com gravadores, vieram de Tóquio, Belgrado ou Barcelona; outros, que passamos a chamar de "cofiadores de barba", eram aqueles para quem era obrigatório poder declarar "Eu consultei o professor Bell" quando apresentassem suas teses de doutorado sobre "Padrões míticos em *Flush*", ou o que quer que fosse.

Ela se permite um comentário amargo:

> Às vezes, achávamos doloroso ler artigos ou resenhas daqueles que recebemos, informamos e aos quais concedemos nosso tempo, onde diziam que nós operamos uma espécie de loja fechada de Bloomsbury — um esquema de proteção mantido para fins de engrandecimento próprio e ganho financeiro.

(Como Olivier destaca nos agradecimentos do quarto volume dos diários, a publicação integral deles só foi possível porque usaram a parte de Quentin dos royalties provenientes dos direitos autorais de Virginia, que ele e Angelica herdaram de Leonard, para pagar os custos.) Porém, os comentários mais ácidos de Olivier são reservados às obras revisionistas

> que pretendem demonstrar que tanto Leonard como Quentin distorceram completamente [Virginia] e, ao ocultar ou adulterar as provas às quais somente eles tinham acesso, conseguiram apresentar a imagem preferida *deles* — e aquela em que o próprio Leonard figurava como herói.

Ela continua:

> As manifestações mais grotescas dessa linha de abordagem talvez tenham sido aquelas que afirmam que foi o antagonismo fundamental, às vezes alimentado pelo suposto antissemitismo de Virginia, entre ela e Leonard que a levou não só a períodos de desespero, mas ao suicídio; com efeito, foi sugerido que ele praticamente a empurrou para dentro do rio.

Tenho de confessar que não comprei *Editing Virginia Woolf's Diary* porque esperava que fosse interessante. O título é quase tão atraente quanto uma fatia de pão integral seco. O que me atraiu foi a capa do panfleto, que reproduz um dos prazeres visuais menores, mas, à sua maneira, relevantes da casa de Charleston. Esse prazer — que jaz numa mesa ao lado de uma poltrona na sala de estar — é um livro em cuja capa alguém (Duncan, ao que parece) colou algumas formas geométricas de papel colorido à mão para compor uma linda e forte abstração em verde-oliva, marrom-escuro, preto, ocre e azul. O livro é um volume de peças de J. M.

Synge, dedicado por Clive a Duncan em 1913. Por que Duncan o enfeitou assim, ninguém sabe — talvez uma criança tenha colocado um copo de leite sobre ele e deixado uma marca, talvez Duncan estivesse simplesmente a fim de fazer uma colagem naquele dia. Seja qual for o motivo, o pequeno projeto de Duncan chega até nós (Olivier me contou que havia tirado o livro da remessa para a Sotheby) como um emblema do espírito de incessante, desinibida — quase se poderia dizer ingênua — produção artística que habitava Charleston.

Sentado ao meu lado na longa mesa limpa, Quentin voltou ao livro de Angelica e a uma fotografia de Vanessa que ela incluiu na obra e que o afligia talvez mais do que qualquer outra coisa. "Diga-me, por que ela pôs essa foto no livro?", perguntou ele. "É a única fotografia de Vanessa que conheço que faz ela parecer feia. Você concorda?"

Eu disse que concordava. A imagem mostra uma mulher idosa carrancuda (é datada de 1951, quando Vanessa tinha 72 anos) com escassos cabelos grisalhos e óculos redondos de aro preto; sua boca está voltada para baixo nos cantos e ela está devolvendo o olhar impiedoso da câmera com uma espécie de franqueza ferida. A fotografia não tem qualquer semelhança com as outras de Vanessa que aparecem no livro de Angelica, ou com fotografias dela que se encontram nos outros livros sobre Bloomsbury. Nada lhe resta da colegial decidida de Hyde Park Gate, ou da linda menina vestida de branco que Leonard viu em Cambridge, ou da mulher serena que olha por cima de um cavalete ou ocupa o lugar principal numa mesa de chá no jardim, ou da madona que posa com seus filhos. É um retrato tirado de um mundo diferente, um mundo despojado de beleza, prazer e cultura, o mundo do "pânico e vazio", de Forster, o mundo depois que o grande gato atacou. "Eu realmente sinto mais pena das pessoas que não são artistas, pois elas não têm refúgio do mundo", escreveu Vanessa em 1939 a um amigo que Julian fizera na China. "Muitas vezes me pergunto como a vida seria tolerável se não pudéssemos nos separar dela como até mesmo artistas sem muito talento podem, contanto que sejam sinceros." Na foto feia do livro de Angelica, Vanessa é captada num momento de envolvimento com o intolerável.

Em "Um esboço do passado", Virginia descreve "uma certa postura" que ensinaram Vanessa e ela a assumir quando as pessoas iam para o chá em Hyde Park Gate: "Nós duas aprendemos tão bem as regras do jogo da sociedade vitoriana que nunca mais as esquecemos", escreveu ela em 1940.

> Ainda jogamos. É útil. E também tem sua beleza, pois baseia-se na discrição, na solidariedade, no altruísmo — todas são qualidades civilizadas. É útil para fazer algo decente de fragmentos brutos [...] Mas a polidez vitoriana é, talvez — não tenho certeza —, uma desvantagem para escrever. Quando leio meus velhos artigos escritos para o *Literary Supplement*, ponho a culpa de sua suavidade, polidez, abordagem indireta na minha educação de mesa de chá. Vejo-me não escrevendo a crítica de um livro, mas passando travessas de pãezinhos com passas para rapazes tímidos e perguntando-lhes: querem açúcar e creme? Por outro lado, a atitude superficial permite, conforme descobri, que se penetre em coisas que seriam imperceptíveis se se caminhasse decidido e se falasse alto.

Angelica entrou marchando e falando em voz alta. Ela põe sua família no seu lugar. Exibe a postura civilizada e oblíqua de Bloomsbury como a coisa oca que acredita que seja. Ela é uma espécie de contra-Cassandra — olha para trás e não vê nada além de escuridão. A discussão de Quentin com Angelica sobre seu livro é mais do que uma desavença entre irmãos sobre qual história é correta. É um desacordo sobre como as histórias de vida devem ser contadas. "Até certo ponto, a diferença entre nós é a diferença entre quem caminha vagarosamente e quem voa", Quentin escreve com obliquidade característica em sua resenha de *Deceived with Kindness*, enquanto submete de forma arrasadora os voos de generalização acusativa de sua irmã à especificidade tolerante dele. A luta entre o filho legítimo e obediente de Bloomsbury e sua filha ilegítima e descortês é desigual, e Quentin prevalecerá. O sucesso de sua biografia, sua administração sábia e liberal dos papéis da família e a existência de Charleston (em cuja restauração Angelica teve uma participação ativa, tal é a confusão da vida: em um romance, ela nunca mais teria olhado para o lugar) garantem a preservação da lenda de Bloomsbury em suas cores *fauve* sedutoras. Mas o grito de Angelica, seu protesto de filha ferida, sua amargura de mulher decepcionada deixarão sua marca, como uma mancha que não sai de um tapete persa precioso e, por fim, passa a fazer parte de sua beleza.

A mulher que odiava as mulheres*
1986

O mundo dos romances de Edith Wharton, que às vezes se julga erroneamente ser o mundo real da Nova York do final do século xix, é um lugar escuro, apavorante, povoado por homens fracos e desesperados e mulheres narcisistas, destrutivas e patéticas. A leitura dos quatro romances incluídos nesse volume causa uma impressão nova pela capacidade satírica de Wharton — quase se poderia falar de humor negro — e, talvez pela primeira vez, pelo modernismo frio de sua escrita. Ela não é a realista antiquada e débil que supúnhamos ser; ela não trabalha com os arabescos delicados da sra. Gaskell, mas com as pinceladas pretas e ousadas de Evelyn Waugh, Muriel Spark, Don DeLillo. Seus livros estão permeados por um profundo pessimismo e uma misoginia igualmente profunda.

* O artigo faz referência à publicação em um único volume, pela Library of America, de quatro romances de Edith Wharton: *The House of Mirth*, *The Reef*, *The Custom of the Country* e *The Age of Innocence* [este último publicado como *A época da inocência* pela Companhia das Letras].

A imponente autobiografia de Wharton, *A Backward Glance* [Um olhar para trás], escrita em 1934, quando ela estava com 72 anos, é uma espécie de tour de force de autocontrole: ela nos conta exatamente o que quer nos contar, em um tom que nunca vacila, e compõe exatamente a figura que escolheu compor. As pequenas traições (de complacência, arrogância, elogio de si mesmo) que escapam de tantas autobiografias não escapam da de Wharton. Trata-se de um desempenho notável e, com efeito, a persona augusta que Wharton criou para si mesma é tão poderosa que seu biógrafo R. W. B. Lewis simplesmente a transferiu para as páginas de seu próprio livro imponente; é para o estudo inquieto e original de psicanálise literária de Cynthia Griffin Wolff, *A Feast of Words* [Um banquete de palavras], que devemos ir para penetrar sob a superfície de ônix criada por *A Backward Glance* e a biografia de Lewis e obter uma noção do ser humano conturbado de quem a artista literária deriva.

Mas, se não revela segredos pessoais, *A Backward Glance* não decepciona o bisbilhoteiro em busca de segredos literários. Em pelo menos dois lugares, Wharton permite inadvertidamente que o mistério de sua ficção venha por instantes à tona. O primeiro desses raros vislumbres é proporcionado por uma estranha história que Wharton diz ter ouvido em sua juventude, em Newport, Rhode Island, de "um homem magro, jovem, com olhos inteligentes" chamado Cecil Spring-Rice, que apareceu em uma festa de iatismo, contou uma e outra história e nunca mais foi visto por ela novamente. Como um paciente de análise que prefacia uma importante revelação sobre si mesmo com o aviso obrigatório de "isso não é muito interessante", Wharton escreve: "Registro o nosso único encontro somente porque sua deliciosa conversa iluminou tanto uma tarde sem graça que eu nunca o esqueci". Ela, então, conta esta história:

Um jovem médico, que também era estudante de química e diletante em experiências estranhas, empregou um menino órfão como assistente. Um dia, ele mandou que o menino vigiasse e mexesse sem parar uma certa mistura química que seria usada numa experiência muito delicada. À hora marcada, o químico voltou e encontrou a mistura bem-feita, mas ao lado dela estava o menino, morto pelos gases venenosos.

O jovem, que gostava muito de seu assistente, ficou horrorizado com sua morte e desesperado por tê-la causado involuntariamente. Ele não conseguia entender por que a fumaça havia sido fatal, e desejando saber, pelo interesse da ciência, realizou uma autópsia e descobriu que o coração do menino se transformara numa misteriosa joia, como nunca antes vista. O jovem tinha uma amante a quem adorava e, cheio de tristeza, mas entusiasmado com a estranha descoberta, levou-lhe a trágica joia, que era muito bonita, e contou-lhe como fora produzida. A dama a examinou e concordou que era linda. E acrescentou negligentemente: "Mas você deve ter notado que eu não uso enfeites, exceto brincos. Se você quer que eu use esta joia, deve me dar outra igual".

Com essa história, deixamos o mundo cotidiano insípido da autobiografia e mergulhamos no universo simbólico e misterioso da ficção de Edith Wharton, onde "experiências estranhas" (ou seja, desvios da norma social) conduzem inexoravelmente à tragédia, e onde a insensibilidade e a crueldade que governam esse universo são a insensibilidade e a crueldade das mulheres. Não há homens maus na ficção de Wharton. Há homens fracos, homens insensatos e novos-ricos vulgares, mas nenhum deles jamais causa deliberadamente danos a outra pessoa; esse papel é reservado às mulheres. Da "sociedade de irresponsáveis amantes do prazer" que Wharton satiriza sombriamente em *The House of Mirth* [A casa da alegria] (1905) e responsabiliza pela morte, aos 28 anos, de Lily Bart, sua bela heroína sem dinheiro e amante do luxo ("A sociedade frívola pode adquirir significado dramático somente através do que sua frivolidade destrói", Wharton escreve em *A Backward Glance*), ela seleciona uma mulher, Bertha Dorset, para ser o instrumento da ruína de Lily.

Bertha é a personificação da traição e da maldade femininas e, ademais, da voracidade sexual das mulheres; ela não tem caráter privado. Quando a conhecemos, nas primeiras páginas do romance, incomodando todo mundo em um trem, ela é representada com os traços fortes de um desenho de Pascin:

> Era mais baixa e mais magra do que Lily Bart, com uma flexibilidade inquieta de postura, como se pudesse ser amassada e passada através de um anel, como os drapeados sinuosos que exibia. Seu pequeno rosto pálido parecia o mero cenário de um par de olhos negros exagerados, cujo olhar visionário contrastava curiosamente com seu tom e seus gestos de autoafirmação; de modo que, como uma de suas amigas observou, ela era como um espírito desencarnado que ocupava uma grande quantidade de espaço.

Se a fantasmagórica Bertha, cujo primeiro ato maligno é estragar as chances de Lily de se casar com o chato, pedante, mas extremamente rico Percy Gryce, tem a unidimensionalidade dos personagens maldosos dos contos de fadas, dos sonhos e das sátiras modernistas, a trágica Lily é igualmente "irreal" em sua beleza e passividade sobrenatural. Ela é a heroína de conto de fadas que espera pacientemente para ser resgatada, mas a ajuda nunca chega. *The House of Mirth* é a versão amargamente irônica de Wharton da história de Cinderela, na qual a fada madrinha é uma mulher taciturna e mesquinha chamada sra. Peniston, a tia que a contragosto entrega a Lily sua provisão de roupas e, por fim, a trai; o príncipe é um judeu gordo, com ar de comerciante, chama-

148

do Simon Rosedale, ao qual Lily fica finalmente reduzida, mas que se casará com ela somente com a condição de que ela faça algo desonroso; e a própria Lily é uma moça de companhia triste cuja vaidade, ânsia de luxo e medo patológico do que ela chama de "sujeira" a tornam vulnerável às maquinações de Bertha. Cynthia Wolff, em sua extraordinária análise de *Ethan Frome*, vê Ethan como uma encarnação do instinto de morte, e essa leitura é também pertinente para Lily Bart. A morte de Lily por uma overdose de poção para dormir é uma extensão lógica de sua vida, da existência de Bela Adormecida da qual ela nunca é despertada. Ao longo do livro, Wharton plantou, como pequenas placas de trânsito ocultas para o nirvana que é o destino de Lily, descrições dos quartos de hóspedes luxuosos, amenos, pouco iluminados, pelos quais Lily passa em sua jornada. O primeiro dessa série de úteros é contrastado com o duro e difícil mundo exterior:

> Quando entrou em seu quarto, com suas luzes suavemente sombreadas, seu robe de chambre de renda esticado sobre a colcha de seda, seus pequenos chinelos bordados diante do fogo, um vaso de cravos perfumando o ar e os últimos romances e revistas ainda fechados sobre uma mesa ao lado do abajur de leitura, ela vislumbrou o apartamento apertado de Miss Farish, com seus objetos baratos e horríveis papéis de parede. Não, ela não era feita para ambientes ordinários e gastos.

Gerty Farish representa a alternativa à existência inútil e parasitária de Lily na sociedade elegante — é uma jovem simples que vive em um pequeno apartamento com muito pouco dinheiro e trabalha com os pobres —, mas ela, na verdade, não é de forma alguma uma alternativa, pois, de acordo com o rígido código arquetípico do romance, o simples e o belo pertencem a universos diferentes. Quando Gerty é apontada como um exemplo da independência que Lily alegou ser impossível para mulheres jovens sem dinheiro como ela, ela ressalta cruelmente: "Mas eu disse casadoura".

"Sendo uma pessoa muito normal, ela preferia os homens às mulheres, e muitas vezes aterrorizava estas últimas com um olhar frio", relembra a sra. Gordon Bell, uma amiga de Wharton, em *Portrait of Edith Wharton* [Retrato de Edith Wharton], as memórias mordazes de Percy Lubbock, acrescentando: "Muitas mulheres que a conheciam pouco me disseram 'Ela olha para mim como se eu fosse um verme'". Com Undine Spragg, a anti-heroína de *The Custom of the Country* [O costume do país] (1913), Wharton leva sua fria antipatia pelas mulheres a um grau de peçonha até então desconhecido nas letras americanas e, provavelmente, nunca superado. O rosto de Undine é adorável, mas sua alma é tão suja quanto o apartamento de Gerty Farish. Ralph Marvell, um de seus maridos infelizes, reflete sobre "a nudez do pequeno lugar mal iluminado em que o espírito de sua esposa esvoaça".

Undine é uma das Invasoras, como Wharton chama as pessoas de dinheiro novo que estão tomando Nova York da velha aristocracia nobre e debilitada. Seu pai simples e tolerante, Abner Spragg, vem com a sra. Spragg e Undine para Nova York de uma cidade chamada Apex e estabelece residência no Stentorian Hotel, no West Side, para lançar Undine na sociedade. Sob a ingenuidade de cidade pequena de Undine, de sua vulgaridade e falta de jeito, há uma vasta energia destrutiva que a impulsiona para seus improváveis objetivos sociais. Ela se casa primeiro com Marvell, um membro da velha aristocracia de Nova York; depois, com Raymond de Chelles, um aristocrata francês; e finalmente com Elmer Moffat, um estridente companheiro Invasor da cidade natal de Undine, que se tornou tão rico e poderoso que deu para colecionar obras de arte.

Do mesmo modo que os quartos de hóspedes sedativos de *The House of Mirth* definem o tom de languidez mortal do romance, uma série de hotéis americanos abafados, horrivelmente feios e cada vez menos luxuosos, aos quais o idoso casal Spragg é reduzido pelas demandas vorazes de Undine por dinheiro, dá a *The Custom of the Country* seu tropo mais mordaz de alienação. Encontramos a família no "esplendor saturado" da sala de café da manhã do Stentorian, uma

> suntuosa sala abafada, onde a fumaça do café pairava perpetuamente sob o teto engalanado, e o tapete esponjoso talvez tivesse absorvido as migalhas de um ano sem varredura. Ao lado deles, sentavam-se outras famílias pálidas, ricamente vestidas e que comiam silenciosamente os pratos de um cardápio que parecia ter revirado o mundo em busca de incompatibilidades gastronômicas; e no meio da sala, um grupo de garçons igualmente pálidos, envolvidos em lânguida conversa, de comum acordo davam as costas para as pessoas que deveriam servir.

No final, os Spragg estão no Malibran,

> uma estrutura alta e estreita semelhante a um elevador de grãos dividido em células, onde linóleo e papel de parede simulavam o estuque e mármore do Stentorian, e os homens de negócios exaustos e suas famílias consumiam os cozidos aguados oferecidos por "empregados de cor" no crepúsculo cinzento de uma sala de jantar no porão.

Undine é Becky Sharp despojada de todo o charme, calor e inteligência, a aventureira reduzida a sua patologia, mas uma patologia que é investida de uma espécie de malignidade mágica. O nome de Undine, como a sincera sra. Spragg informa Ralph durante a corte que ele faz à sua filha, vem do "encrespador de cabelos que papai pôs no mercado na semana em que ela nasceu [...] Vem de *undoolay*, você sabe, a palavra francesa para ondular". Mas Undine é também o nome de um lendário ente das águas, e ao apresentar sua protagonista brega como uma criatura das profundezas — um ente frio, sem sangue, uma Lorelei que atrai os homens para a morte —, Wharton visa tornar crível que qualquer homem rico olharia para ela duas vezes. A tentativa não é totalmente bem-sucedida.

Como a Rosamund Vincy de George Eliot, Undine inspira em sua criadora uma espécie de aversão que deixa o leitor nervoso mesmo quando ela age poderosamente sobre ele; como o relato de Eliot dos sofrimentos de Lydgate nas mãos de Rosamund em *Middlemarch*, a narrativa de Wharton dos sofrimentos de Marvell nas mãos de Undine tem menos a imparcialidade da autoria onisciente do que o partidarismo do amor — amor pelo macho castrado. Ao contrário de Eliot, no entanto, Wharton não oferece alternativa; nenhuma mulher maravilhosa — nenhuma Dorothea Brooke — aparece em *The Custom of the Country* ou em qualquer outra obra de Wharton. Ellen Olenska, a heroína de *A época da inocência* (1920), é supostamente uma mulher maravilhosa, mas na verdade ela é uma figura de fantasia — uma ideia, um espírito tão desencarnado quanto Bertha Dorset. Ela parece ser inspirada em Anna Kariênina, mas não tem nada da realidade animadora e comovente de Anna. Ao longo do romance, Ellen permanece congelada numa espécie de simulacro da visão da encantadora e radiante Anna pela qual Vronsky se apaixonou inicialmente; a personagem nunca se desenvolve para além dessa visão. O leque de penas de águia de Ellen, seu regalo de pele de macaco, a atmosfera artística de sua casa, suas flores exóticas e roupas não convencionais são o material de que ela é feita; ela é quase signo puro.

A verdadeira "heroína" do livro é Newland Archer (vários críticos apontaram a conexão desse nome com a Isabel Archer de James), que, tal como Ralph Marvell, em *The Custom of the Country*, e Lawrence Selden, em *The House of Mirth*, leva uma vida meio diletante de anseio insatisfeito ("Algo que ele sabia que tinha perdido: a flor da vida", reflete Archer no forte final do romance) e é a figura culminante no panteão de homens destituídos de hombridade de Wharton. (No caso de Newland, a fêmea castradora vem sob o disfarce da jovem convencional "boazinha" de boa sociedade que o aprisiona em um casamento sem amor.)

George Darrow, o herói amável de *The Reef* [O recife] (1912), se desvia da fórmula ao ser um sedutor e manipulador de mulheres, ao invés de vítima delas; mas Wharton, como se ela mesma estivesse sob o feitiço dele, lhe estende a mesma simpatia que confere a Marvell, Selden e Newland. *The Reef* foi chamado de o romance mais jamesiano de Wharton, mas é apenas sua obra de trama menos hábil. James jamais teria cometido o solecismo de narração que Wharton perpetra nesse romance ao contar a história de um relacionamento secreto para a frente em vez de para trás no tempo, pondo em relevo gritante a incrível coincidência pela qual os personagens de sua fábula excêntrica de culpa sexual são colocados sob o mesmo teto. James teria começado o romance com os personagens já em posição segura.

O segundo trecho de *A Backward Glance* em que Wharton revela mais sobre a sua arte do que ela parece se dar conta é na crítica aos últimos romances de Henry James, de quem ficou amiga íntima na meia-idade. ("A amizade dele foi o orgulho e a honra da minha vida", escreveu ela com verdade comovente a um amigo durante a última doença de James, em 1915.) Ela diz:

Em minha opinião, seus últimos romances, apesar de toda a profunda beleza moral, parecem cada vez mais carentes de atmosfera, cada vez mais distantes daquele ar humano espesso e nutritivo em que todos nós vivemos e nos movemos. Os personagens de *As asas da pomba* e de *A taça de ouro* parecem isolados em um tubo de Crookes para nossa inspeção: seu palco está limpo como o do Théâtre Français nos bons velhos tempos, quando não se introduzia cadeira ou mesa que não fosse relevante para a ação (uma boa regra para o palco, mas um constrangimento desnecessário para a ficção). Preocupada com isso, um dia perguntei a ele: "Qual foi sua ideia ao suspender os quatro personagens principais de *A taça de ouro* no vazio? Que tipo de vida eles levavam quando não estavam observando uns aos outros e esgrimindo uns com os outros? Por que os privou de todas as franjas humanas que necessariamente carregamos conosco durante toda a vida?".

Com uma obtusidade que não lhe é peculiar, Wharton passa a descrever a profunda perplexidade de James diante de suas palavras, pois o vazio que Wharton menciona não é obviamente de James, mas dela, e é justamente onde podou as franjas do naturalismo de forma mais implacável que ela alcança seus efeitos mais poderosos e individuais. Suas obras mais fortes (*Ethan Frome, The House of Mirth, The Custom of the Country*) têm uma estilização e uma abstração, um aspecto de "loucura", que as impulsionam para fora da esfera do realismo do século xix e empurram na direção da experimentação literária autorreflexiva do século xx. No horror primal de *Ethan Frome*, no páthos frágil de *The House of Mirth* e no surrealismo satírico de *The Custom of the Country*, Wharton alcança seu máximo potencial como artista literária. Embora seja uma artista diante da qual relutamos um pouco e para a qual finalmente negamos o nível mais alto, ela continua a ser, como Q. D. Leavis a situa em seu ensaio de 1938, publicado em *Scrutiny*, "uma romancista notável se não de grande porte e, embora existam alguns grandes romancistas, não são tantos os notáveis para que possamos nos dar ao luxo de ignorá-la".

Os cigarros de Salinger
2001

Em junho de 1965, quando J. D. Salinger publicou "Hapworth 16, 1924" na *New Yorker* — um conto muito longo e muito estranho na forma de uma carta escrita de um acampamento por Seymour Glass quando ele tinha sete anos —, foi recebido com um silêncio descontente, até mesmo constrangido. Ele parecia confirmar o crescente consenso crítico de que Salinger estava indo para o brejo. No final dos anos 1950, quando "Franny", "Zooey" e "Carpinteiros, levantem bem alto a cumeeira" saíram na revista, Salinger já não era o autor universalmente amado de *O apanhador no campo de centeio*; era agora o criador insuportável da família Glass.

Em 1961, quando "Franny" e "Zooey" foram publicados em livro, houve a liberação de uma avalanche reprimida de ressentimentos. A recepção crítica por Alfred Kazin, Mary McCarthy, Joan Didion e John Updike, entre outros, foi mais um açoitamento público do que uma situação comum de não conseguir agradar. "Zooey" já havia sido acusado de ser "uma história interminável, estarrecedoramente ruim" por Maxwell Geismar* e de "uma obra de comodismo amorfo" por George Steiner.** Então, Alfred Kazin, em um ensaio ironicamente intitulado "J. D. Salinger, 'o preferido de todos'", estabeleceu os termos em que Salinger seria relegado às margens da literatura por se derreter pelos "horrivelmente precoces Glass". "Lamento muito ter de usar a palavra 'engraçadinho' em relação a Salinger", escreveu Kazin, "mas não há absolutamente nenhuma outra palavra que para mim qualifique com mais precisão o charme acanhado e o caráter de travessura de sua escrita e sua extraordinária paparicação de seus personagens favoritos da família Glass".*** McCarthy escreveu incomodada: "De novo, o tema é as pessoas boas contra os impostores idiotas, e as pessoas boas ainda estão todas em família, como uma empresa 'fechada' de propriedade familiar. [...] Do lado de fora estão os impostores, pedindo em vão para entrar". E: "Por que [Seymour] se mata? Porque tinha se casado com uma impostora, a quem ele adorava por sua 'simplicidade, sua terrível honestidade'? [...] Ou porque ele estava mentindo, seu autor estava mentindo, e era tudo terrível, e ele era uma farsa?".****

Didion desconsiderou *Franny e Zooey* por ser

> no fim das contas espúrio, e o que o torna espúrio é a tendência de Salinger a lisonjear a trivialidade essencial existente em cada um de seus leitores, sua predileção por dar instruções para a vida. O que faz o livro ser muito atraente é precisamente o fato de ser uma cópia de autoajuda: ele se revela, por fim, como *Pensamento*

---

* "The Wise Child and the New Yorker School of Fiction", em *American Moderns: From Rebellion to Conformity* (Nova York: Hill and Wang, 1958).
** "The Salinger Industry", *The Nation*, 14 nov. 1959.
*** *Atlantic Monthly*, ago. 1961.
**** "J. D. Salinger's Closed Circuit", *Harper's Magazine*, out. 1962.

positivo para a classe média alta, como *Dobre sua energia* e *Viva sem fadiga* para as meninas de Sarah Lawrence.*

Até o sadismo do cordial John Updike foi despertado. Ele zombou de Salinger por sua representação de um personagem que é "apenas um dos milhões que são grosseiros e tolos o suficiente para nascer fora da família Glass", e acusou Salinger de retratar os Glass "não para particularizar pessoas imaginárias, mas para incutir no leitor um estado de ânimo de adoração cega, tingida de inveja". "Salinger ama os Glass mais do que Deus os ama. Ele os ama exclusivamente demais. A invenção deles tornou-se uma ermida para ele. Ele os ama em detrimento da moderação artística. 'Zooey' é simplesmente longo demais."**

Hoje "Zooey" não parece demasiado longo, e é possível dizer que se trata da obra-prima de Salinger. Relê-lo junto com "Franny" não é menos gratificante do que reler *O grande Gatsby*. Continua brilhante e não é datado em nenhum sentido essencial. É a crítica da época que ficou datada. Tal como a crítica contemporânea de *Olímpia*, por exemplo, que zombava de Manet por sua indecência bruta, ou a de *Guerra e paz*, que tratou Tolstói com condescendência por causa da "inepta falta de forma" do romance, ela agora parece magnificamente equivocada. Porém, como T. J. Clark e Gary Saul Morson demonstraram em seus respectivos estudos exemplares de Manet e Tolstói,*** a crítica contemporânea negativa de uma obra de arte pode ser útil para os críticos

---

* "Finally (Fashionably) Spurious", *National Review*, 18 nov. 1961.

** "Anxious Days for the Glass Family", *The New York Times Book Review*, 17 set. 1961.

*** T. J. Clark, *The Painting of Modern Life: Paris in the Art of Manet and His Followers* (Princeton University Press, 1984); Gary Saul Morson, *Hidden in Plain View: Narrative and Creative Potentials in 'War and Peace'* (Stanford University Press, 1987).

posteriores, funcionando como uma espécie de radar que capta o zunido de originalidade da obra. Os "erros" e "excessos" de que os primeiros críticos se queixam são com frequência as inovações que deram à obra a sua força.*

No caso dos críticos de Salinger, é a sua raiva extraordinária contra os Glass que nos aponta para as inovações de Salinger. Não sei de nenhum outro caso em que personagens literários tenham provocado tamanha animosidade e um escritor de ficção tenha sido tão severamente censurado por não compreenderem o caráter agressivo de suas criações. Na verdade, Salinger sabia disso muito bem. Buddy Glass, o narrador de "Zooey", cita ironicamente a opinião de alguns dos ouvintes do programa de perguntas e respostas *It's a Wise Child* [É uma criança inteligente], de que participaram todos os filhos da família Glass, um de cada vez, "que os Glass eram um bando de pequenos canalhas insuportavelmente 'superiores' que deveriam ter sido afogados ou asfixiados ao nascer". O menino de sete anos de idade que escreve a carta em "Hapworth" relata que "tenho tentado loucamente desde a nossa chegada deixar uma ampla margem para a má vontade, o medo, o ciúme e a persistente aversão ao que não é lugar-comum". Ao longo das histórias dos Glass — tal como em *O apanhador* —, Salinger apresenta seus heróis anormais no contexto da aversão e do medo que o mundo normal tem deles. Essas obras são fábulas da alteridade, versões da *Metamorfose* de Kafka. Porém, o projeto de Salinger não é tão fácil de ser percebido como o de Kafka. Seus Gregor Samsas não são abertamente nojentos e ameaçadores; eles

---

* Compreendendo isso, Updike terminou sua resenha com uma bela ressalva: "Feitas todas as reservas, no tom corretamente adulador e apreensivo, sobre a direção que [Salinger] tomou, resta reconhecer que é uma direção, e que a recusa a se contentar, a vontade de correr o risco do excesso em nome das próprias obsessões é o que distingue o artista do comunicador, e o que faz de alguns artistas aventureiros em nome de todos nós".

mantiveram a forma e a fala humanas e são ainda, no caso de Franny e Zooey, espetacularmente lindos. Sua visão também não é inexoravelmente trágica: ela oscila entre o trágico e o cômico. Mas, com a possível exceção da filha mais velha, Boo Boo, que cresceu e se tornou uma esposa e mãe de subúrbio, nenhuma das crianças da família é capaz de viver bem no mundo. Elas estão fora do lugar. Poderiam muito bem ser grandes insetos. A aversão dos críticos nos aponta para a sua esquisitice subjacente e para a anormalidade e a ironia literárias do próprio Salinger.

Dez anos antes do "interminável" e "informe" "Zooey", a *New Yorker* publicou um conto muito curto e bem-feito chamado "Um dia ideal para os peixes-banana" que traçava as últimas horas de vida de um jovem que se mata na última frase do conto apontando um revólver para sua têmpora. Na época, os leitores não suspeitavam que Seymour Glass — nome do referido jovem — se tornaria um personagem literário famoso, e que aquilo era tudo, menos uma história independente sobre um depressivo suicida e sua esposa incrivelmente superficial e inútil, Muriel. É somente em retrospecto que podemos ver que o conto é uma espécie de versão em miniatura e um pouco ácida demais da alegoria que as histórias da família Glass representariam.

O conto, que se passa em um resort da Flórida onde o marido e a esposa estão de férias, divide-se em duas partes. Na primeira, ouvimos uma conversa telefônica entre a mulher e a mãe dela, em Nova York, que representa com mordacidade o mundo burguês das ideias prontas e das incansáveis compras em lojas de departamentos em que as mulheres estão confortável e inconscientemente abrigadas. A segunda parte tem lugar na praia, onde o desesperado Seymour está conversando com uma menina cha-

160

mada Sybil Carpenter, cuja mãe lhe disse para "correr e brincar", enquanto ela vai ao hotel tomar um martíni com uma amiga. Seymour revela-se um homem maravilhoso com as crianças, sem adotar um tom paternalista, mas falando naturalmente com elas:

"Papai chega amanhã, num avisão", ela respondeu, chutando a areia.

"Na minha cara não, queridinha", o rapaz disse, segurando o tornozelo de Sybil. "E, estava mesmo na hora do teu pai chegar aqui. Tenho aguardado a chegada dele a cada minuto. A cada minuto."

"Onde é que está a moça?", Sybil disse.

"A moça?"

O rapaz sacudiu um pouco da areia que se prendera a seus cabelos já ralos.

"Isso é difícil de dizer, Sybil. Ela pode estar em mil lugares. No cabeleireiro, pintando o cabelo cor de *vison*. Ou fazendo bonecas para as crianças pobres, no quarto dela."

Seymour, cuja morte frequenta as histórias da família Glass, é uma figura da linhagem do príncipe Michkin, protagonista de *O idiota* de Dostoiévski. Mas, do modo como ele aparece em "Um dia ideal...", não é bem adequado para o papel. Ele é inteligente e louco demais. (Quando sai da praia e volta ao hotel para se matar, seu comportamento no elevador é o de um maníaco belicoso.) Salinger cuida do problema, negando a autoria de "Um dia ideal...". Em "Seymour: Uma introdução", ele permite que Buddy Glass, o segundo irmão mais velho e narrador da história, reivindique a autoria de "Um dia ideal..." (bem como de *O apanhador* e do conto "Teddy") e depois admita que seu retrato de Seymour é errado — trata-se realmente de um autorretrato. Esse é o tipo de "travessura" da qual se imagina que Kazin se queixava e que, depois de cinquenta anos de experimentação pós-moderna (e cinco livros com o personagem Zuckerman de Philip Roth), não fica mais preso em nossas gargantas. Se nossos autores querem confessar a precariedade e o jeito de trabalho feito à mão de sua empreitada, quem somos nós para protestar? Salinger também amplificaria e complicaria consideravelmente o esboço simples e grosseiro do mundo comum que retrata em "Um dia ideal...". Mas conservaria para sempre o dualismo desse conto, a visão do mundo como um campo de batalha entre o normal e o anormal, o ordinário e o extraordinário, o sem talento e o talentoso, o sadio e o doentio.

Em "Zooey", encontramos os dois filhos mais moços da família Glass, Franny e Zooey, no grande apartamento de seus pais, no Upper East Side de Manhattan. O uso que Salinger faz de lugares reconhecíveis em Nova York e seu ouvido para a fala coloquial dão à obra um realismo de superfície enganoso que obscurece seu caráter fantástico fundamental. A moradia da família Glass é ao mesmo tempo um apartamento nova-iorquino de classe média gasto e entulhado, reproduzido fielmente e quase com ternura, e uma espécie de toca, a segurança da montanha para onde as criações estranhas de Salinger se retiram para estar com os de sua própria espécie. Franny é uma jovem de vinte anos brilhante e gentil, além de excepcionalmente bonita, que voltou da faculdade para casa depois de sofrer um colapso nervoso durante um fim de semana de futebol americano. No conto mais curto "Franny", que serve como uma espécie de prólogo para "Zooey", já a vimos no mundo exterior e estranho lutando em vão contra sua antipatia por seu namorado Lane Coutell. Se em "Um dia ideal..." a mãe e a filha representavam as características menos admiráveis da cultura burguesa feminina de meados do século, Lane é uma manifestação quase igualmente pouco atraente da cultura masculina

162

da década de 1950. Ele é um rapaz arrogante, pretensioso e paternalista. Durante o almoço em um restaurante chique, a conversa entre Franny e Lane fica cada vez mais desagradável à medida que ele se vangloria inconscientemente de seu trabalho sobre o *mot juste* de Flaubert, pelo qual recebeu um A, e ela se esforça cada vez menos para esconder seu desdém impaciente. Lane não é o único a ser objeto de escrutínio preconceituoso de Franny. "Tudo o que essa gente faz é tão... tão, não sei... não digo que seja *errado*, nem sequer mesquinho ou necessariamente imbecil. Mas simplesmente tão frágil, tão insignificante e... e tão deprimente!", ela diz a ele. A única coisa que ela acha significativa é um pequeno livro que carrega consigo chamado *O caminho de um peregrino*, que propõe que a repetição incessante da oração "Senhor Jesus Cristo, tem piedade de mim" provocará uma experiência mística. Lane fica tão pouco impressionado com a "Oração de Jesus" quanto Franny com o trabalho dele sobre Flaubert. Enquanto a distância entre os dois aumenta, outro conflito se desenrola, o da comida. Lane pede uma grande refeição de *escargots*, coxas de rã e salada, que come com gosto, e Franny (para irritação dele) pede um copo de leite, do qual ela toma alguns pequenos goles, e um sanduíche de frango, que deixa intocado.

Enquanto acompanhamos a refeição de Lane (Salinger o descreve mastigando, cortando, passando manteiga, até exortando as coxas de suas rãs a "ficarem paradas"), assistimos também, com a respiração suspensa de pais de anoréxicos, a não refeição de Franny. No final da história, ela desmaia. Em "Zooey", no apartamento da família Glass, o drama da comida continua, pois a filha continua se recusando a comer. Tal como em *A metamorfose* (assim como em "O artista da fome"), o indivíduo que é outro, o desajustado, é incapaz de comer a comida que as pessoas normais comem. Ele a julga repelente. Os protagonistas de Kafka morrem de sua repulsa, tal como o Seymour de Salinger. (Embora Seymour se mate com um tiro, há uma sugestão de que ele também deve ser algum tipo de artista da fome. Quando está na praia com a menina, conta a ela uma história admonitória sobre animais subaquáticos chamados peixes-banana, que entram em buracos onde se empanturram de bananas e ficam tão grandes que não conseguem sair e morrem.) Em "Zooey", Franny é puxada da beira do abismo por seu irmão. A história tem um pouco da atmosfera dos mitos gregos sobre retorno do mundo dos mortos e das histórias bíblicas em que crianças mortas são ressuscitadas.

"Você e Buddy não sabem falar com as pessoas de que não gostam. A quem não amam, realmente", Bessie Glass diz a Zooey. E acrescenta: "Você não pode viver neste mundo com simpatias e antipatias tão radicais". Mas Buddy e Zooey vivem, de fato, no mundo, ainda que com desconforto. Buddy é professor universitário, Zooey é ator de televisão. Eles passaram por crises como as de Franny. São desajustados — Mary McCarthy ficará sempre irritada com eles —, mas não são Seymour. Eles sobreviverão. Agora, o trabalho a fazer é tirar Franny de seu estado perigoso de desgosto. Enquanto ela dorme mal na sala de estar do apartamento dos pais em uma manhã de segunda-feira, a mãe insta o filho a executar a missão de resgate.

A conversa acontece num banheiro. Zooey está na banheira, cercada decorosamente por uma cortina de chuveiro — uma cortina de chuveiro de nylon vermelho-vivo decorada com sustenidos, bemóis e claves de sol amarelo-canário — e a mãe está sentada no assento do vaso sanitário. (A influência do polido primeiro editor da história, William Shawn, pode ser deduzida do fato de Salinger nunca dizer claramente onde a mãe está sentada.) Ambos estão fumando. Em seu ensaio sobre Salinger, Kazin escreve com ironia pesada: "Algum dia haverá teses eruditas sobre *O uso do cinzeiro nos contos de J. D. Salinger*; nenhum outro escritor deu tanta importância aos americanos que acendem o cigarro, pegam o cinzeiro, o descansam com uma mão enquanto com a outra pegam um telefone que toca". A observação de Kazin é verdadeira, mas sua ironia é equivocada. Vale a pena estudar o fumo em Salinger. Não há nada de ocioso ou aleatório em relação aos cigarros e charutos que aparecem em suas histórias, ou nas relações dos personagens com eles. Em "Carpinteiros, levantem bem alto a cumeeira", Salinger consegue um efeito brilhante ao fazer acender um charuto que foi mantido apagado por um homem surdo-mudo, baixo e velho durante as primeiras noventa páginas da história; e em "Zooey" outro charuto é fundamental para o começo de um reconhecimento. Os cigarros que mãe e filho fumam no banheiro desempenham um papel menos visível, mas não menos notável no avanço da história.

Como a comida em "Franny", os cigarros em "Zooey" representam uma espécie de trama paralela. Eles oferecem (ou costumavam oferecer) ao escritor um grande leque de possibilidades metafóricas. Eles têm vidas e mortes. Brilham e se transformam em cinzas. Precisam de atenção. Criam fumaça. Fazem uma bagunça. Enquanto ouvimos a conversa de Bessie Glass e Zooey, seguimos as fortunas de seus cigarros. Alguns deles apagam por falta de atenção. Outros ameaçam queimar os dedos do fumante. Nossa percepção da vivacidade da mãe e do filho e do caráter de vida e morte da discussão deles é realçada pela presença perpétua desses objetos inanimados, mas animáveis.

Bessie e seu marido Les, respectivamente irlandesa católica e judeu, são um par de dançarinos de vaudevile aposentados; eles pararam de se apresentar quando o quarto de seus sete filhos nasceu, e Les assumiu um vago tipo de trabalho "no rádio". Ele mesmo é uma figura vaga, pouco dominante, uma ausência. (Atente ao nome.) Nunca é descrito fisicamente, nem sua origem judaica desempenha um papel na narrativa. Uma das coisas que irritaram Maxwell Geismar foi o que ele considerou uma recusa covarde de Salinger: não admitir que todos os seus personagens eram judeus. Sobre o *Apanhador*, Geismar escreveu:

> O cenário das partes que se passam em Nova York é obviamente o da sociedade judaica urbana de classe média bem de vida, onde, no entanto, todas as principais figuras se tornaram lindamente anglicizadas. Holden e Phoebe Caulfield: que nomes perfeitos de guia social norte-americano que nos são apresentados num vazio tanto social como psicológico!

(Em sua análise de "Zooey", Geismar observou com ironia que o gato da família, chamado Bloomberg, "é claramente o único personagem judeu honesto do conto".) Acontece que Salinger é ele mesmo honestamente metade judeu: sua mãe, cujo nome de solteira era Marie Jillich, era uma irlandesa católica que, no entanto, mudou seu nome para Miriam e se fez passar por judia depois que se casou com Sol, o pai de Salinger, o que fez com que Salinger e sua irmã mais velha Doris crescessem acreditando que eram totalmente judeus; foi somente quando Doris já estava com dezenove anos, e depois de Salinger ter feito seu bar mitzvah, que lhes contaram a verdade surpreendente.

É impossível esclarecer totalmente a conexão entre esse detalhe biográfico e a recusa de Salinger de ser um escritor judeu-americano escrevendo sobre os judeus nos Estados Unidos, tendo em vista a reticência de Salinger; só podemos supor que ela existe. Mas a própria recusa é o que é significativo. Geismar é perspicaz ao notar isso, mas obtuso, penso eu, ao condená-lo. O "vazio" de que ele fala é uma condição definidora da arte de Salinger. A vivacidade sobrenatural de seus personagens, nosso sentimento de que já os conhecemos, de que são retratos tirados diretamente da vida de Nova York, é uma ilusão. As referências de Salinger ao Central Park, à Madison Avenue e à loja de departamentos Bonwit Teller, e as cadências manhattanianas da fala de seus personagens são como as pistas falsas que dão suspense a um romance policial. Na ficção de Salinger, nunca sabemos bem onde estamos, mesmo quando topamos com marcos familiares. *O apanhador no campo de centeio*, embora se passe supostamente numa estranha Nova York noturna, evoca a floresta escura e aterradora dos contos de fadas, pela qual o herói erra até o amanhecer. Perto do final de "Zooey", seu herói pega um peso de papel de vidro da mesa de sua mãe e o sacode para criar uma tempestade de neve ao redor do boneco de neve com cartola que o peso contém. Do mesmo modo, poderíamos dizer que Salinger cria as tempestades que giram em torno da cabeça de seus personagens no mundo hermético em que vivem.

Com frequência, Salinger situa suas cenas literalmente em espaços pequenos, fechados, como por exemplo a limusine em que acontece a cena central de "Carpinteiros, levantem bem alto a cumeeira". Em "Franny", há um momento surpreendente em que Lane, que espera Franny voltar do banheiro feminino, passa o olhar pelo restaurante e vê alguém que conhece. É surpreendente porque até esse momento não tínhamos consciência de que houvesse mais alguém no restaurante. Salinger havia tipicamente isolado Franny e Lane na mesa deles, para que não víssemos e ouvíssemos nada, exceto a conversa deles e as observações do garçom que lhes atendeu.

A cena do banheiro em "Zooey" é talvez o exemplo consumado desse hermetismo. Como se o espaço do banheiro ainda não fosse pequeno o suficiente, há um espaço dentro desse espaço, delimitado pela cortina de chuveiro puxada ao redor da banheira em que Zooey está com um cigarro aceso pousado na saboneteira. A cena é uma das mais notáveis entre mãe e filho da literatura. Antes do fechamento da cortina ocasionado pela entrada da mãe, Zooey está debaixo d'água e, enquanto fuma seu cigarro "de aspecto úmido", lê uma carta de quatro anos atrás de Buddy, na qual, entre outras coisas (como encorajar Zooey em sua decisão de se tornar ator, em vez de fazer doutorado), Buddy diz a ele para

> ser mais gentil com Bessie [...] quando puder. Não pelo fato de ela ser nossa mãe, mas porque está cansada. Você pensará como eu depois dos trinta, quando todo mundo perde um pouco o velho ímpeto (até você, talvez), mas tente agora fazer um esforço maior. Não basta tratá-la com a brutalidade apaixonada de um dançarino apache em relação à sua companheira.

A dança apache começa com a entrada de Bessie:

> "Você sabe, por acaso, há quanto tempo está metido aí? Exatamente há três quartos de hora..."
> "Ah, não me diga isso, Bessie. Não me diga..."
> "Que história é essa de 'não me diga'?"
> "Não é história nenhuma. Quer dizer exatamente isso. Deixe-me ao menos com a ilusão de que não esteve aí fora contando os minutos em que eu..."
> "Ninguém esteve contando os *minutos*, rapazinho", replicou a sra. Glass.

Bessie é uma mulher de meia-idade corpulenta, vestida com uma roupa que Buddy chama de "uniforme de pré-aviso da morte" — um quimono japonês azul-escuro, cujos bolsos estão cheios de coisas como parafusos, pregos, dobradiças, torneiras e bolinhas de rolamento, junto com vários pacotes de cigarros king-size e fósforos, e que é tão diferente das outras mulheres em seu apartamento "não antiquado" quanto seus filhos são diferentes das outras pessoas do mundo em geral. As outras mulheres do prédio possuem casacos de peles e, como Muriel e sua mãe, passam os dias comprando na Bonwit Teller e na Saks Fifth Avenue. Bessie

tinha o ar de quem nunca, nunca pusera os pés fora do seu apartamento, mas, se o *fizesse* alguma vez, poria nos ombros um xale preto e sairia no rumo da O'Connell Street para reclamar o corpo de um de seus filhos meio judeus, meio irlandeses, que, por algum erro administrativo, acabara de ser abatido a tiros pelos Black and Tans.

Ao mesmo tempo, sua maneira de segurar o cigarro entre as extremidades de dois dedos

tendia a desfazer a primeira e forte (e, no entanto, perfeitamente sustentável) impressão de que um invisível xale dublinense cobria os ombros da sra. Glass. Não só seus dedos eram de extraordinário comprimento e robustez — como, de um modo geral, seria de esperar dos dedos de uma mulher de média corpulência —, mas, além disso, denunciavam como que um tremor de características, por assim dizer, imperial: uma rainha deposta dos Bálcãs ou uma favorita aposentada de qualquer príncipe herdeiro podiam muito bem ter um tremor tão elegante.

Bessie também tem belas pernas. Mas seu atributo mais importante — aquele que dá à comédia de "Zooey" seu fundo trágico (e aumenta os riscos de seu resultado) — é a sua dor:

Em 1955, era uma tarefa muito difícil tentar decifrar, de maneira inteiramente aceitável, os sentimentos refletidos no rosto da sra.

Glass, especialmente nos seus enormes olhos azuis. Enquanto noutro tempo, apenas há alguns anos, os seus olhos eram bastantes para dar a notícia (tanto às pessoas quanto aos tapetes de banho) de que dois dos seus filhos tinham morrido, um por suicídio (o seu favorito, o de equilíbrio emocional mais delicado e também o mais gentil de seus filhos), e outro morto na Segunda Guerra Mundial (o seu único filho verdadeiramente alegre e despreocupado) — enquanto, antigamente, os olhos de Bessie Glass eram suficientes para relatar esses fatos, com uma eloquência e uma transparente paixão pelos pormenores que nem seu marido nem qualquer dos seus filhos adultos ainda vivos eram capazes de enfrentar, e muito menos de suportar por muito tempo sem desviar a vista, agora, em 1955, ela era capaz de usar esse mesmo e terrível equipamento céltico para dar a notícia, geralmente na porta da frente, de que o moço do açougue não trouxera a perna de carneiro a tempo para o jantar, ou de que fora a pique o casamento de qualquer estrelinha mais ou menos anônima de Hollywood.

Todas as famílias de suicidas são iguais. Elas carregam uma espécie de letra S permanente no peito. Sua culpa nunca é mitigada. Sua ansiedade nunca acaba. Elas são aberrações entre as famílias, como os prodígios são aberrações entre os indivíduos. Walter morreu de modo trágico, mas "normal". Seymour assombra a família como um morto-vivo. No início de "Zooey", Buddy (que de novo reivindica descaradamente a autoria da obra de Salinger) o descreve como uma história de amor, e é verdade que o carinho que os familiares sentem uns pelos outros é uma presença quase palpável. Mas é também (que história de família não é?) uma história de ódio. A ambivalência invade o ar do banheiro onde estão mãe e filho. O filho atrás da cortina protesta várias vezes contra a invasão de sua privacidade pela mãe, ao mesmo tempo que faz com que ela permaneça imóvel, paralisada por sua sagacidade implacável. Ela interpreta diligentemente seu papel de homem correto. Quando resmunga sobre a dieta insalubre de Franny, por exemplo ("Para sua informação, acho perfeitamente possível que o gênero de comida que ela mete no estômago seja responsável pelo que Franny tem. [...] Não se pode abusar indefinidamente do corpo, entra ano e sai ano, sem pagar mais cedo ou mais tarde as consequências... independentemente das ideias que você possa ter a respeito"), ela apenas abre o caminho para um novo voo de fantasia agressiva:

"Tem toda a razão, Bessie. Toda a razão. É impressionante como você vai logo direto ao fundo do problema. Fico todo arrepiado, palavra. Você, Bessie, me empolga, me inflama. Você se dá conta do que fez? Percebeu realmente o que fez? Você deu a todo este maldito assunto uma nova perspectiva, uma dimensão bíblica! Escrevi quatro dissertações no colégio sobre a crucificação... Não, foram cinco... e cada uma delas me deixou meio doido porque, pensava eu, alguma coisa lhes faltava. Agora sei o que era. Agora fez-se tudo claro para mim. Vejo Cristo sob uma luz inteiramente diferente. O seu mórbido fanatismo. A sua rudeza intolerante para com aqueles simpáticos, ajuizados, conservadores cidadãos fariseus, fiéis pagadores de impostos e respeitadores das leis. Oh, isto é excitante! À sua maneira comovedoramente simples, direta e intolerante, Bessie, você fez soar a nota que me faltava em todo o Novo Testamento. Dieta inadequada. É isso! Cristo viveu de cheesebúrgueres e Coca. Ele provavelmente alimentou a multidão..."

"Cale a boca imediatamente", gritou a sra. Glass, numa voz imperturbável mas que ameaçava perigos repentinos. "Ainda vou acabar por amordaçá-lo com uma fralda."

Quando Zooey sai da banheira, a mãe deixa o banheiro, mas volta quando ele está meio vestido e fazendo a barba. Durante essa segunda visita ("Ah! Mas que agradável, que encantadora surpresa!", diz o filho quando ela entra. "Não se sente ainda! Deixe-me contemplá-la primeiro"), ela toca nas costas nuas dele e comenta sobre sua beleza. ("Você está ficando tão forte e bonito", diz ela.) A resposta dele é recuar da mesma maneira que dois outros personagens de Salinger. Uma delas é a menina de "Um dia ideal...", que diz "Ei!" quando Seymour beija impulsivamente seu pé depois que ela diz ter visto um peixe-banana. O outro é Holden Caulfield, que salta e diz: "que diabos cê tá fazendo?" quando acorda no apartamento do único bom professor que teve, o sr. Antolini, e o encontra sentado ao lado da cama dando tapinhas na sua cabeça. "Quer fazer o favor?", Zooey diz para a mãe; e quando ela pergunta "O favor de quê?", ele responde: "O favor de ficar quieta, é só. Não quero que fique admirando as minhas costas".

A fantasia de resgate da qual *O apanhador* tira seu título — Holden imagina-se de pé na beira de um penhasco, no final de um campo de centeio, onde milhares de crianças estão brincando, pegando qualquer criança que ameace cair do penhasco — está relacionada a toda a obra de Salinger. Ele próprio é uma espécie de apanhador das crianças e dos jovens adultos que aparecem em seus contos e estão em perigo de queda — ameaçados pelos adultos que deveriam protegê-las, mas que não conseguem manter suas mãos longe deles. O prazer franco que Bessie Glass sente ao ver o corpo do filho é representado como o rompimento de uma fronteira, como "algo perverso" (no dizer de Holden). Não se pode contar nem mesmo com um bom professor como o sr. Antolini, ou uma boa mãe como Bessie (ou um bom psicótico como Seymour), pois irão fracassar com a criança no teste do desinteresse. Os jovens devem ficar juntos, só eles podem salvar uns aos outros. Assim, em *O apanhador*, Phoebe salva Holden e, em "Zooey", Zooey salva Franny. Mas enquanto Phoebe, no *Apanhador*, era "normal", em oposição ao descentrado Holden, Franny e

Zooey são farinha do mesmo saco. Eles têm a doença dos Glass; eles sofrem de um tipo de alergia à fragilidade humana. A mesquinhez, vulgaridade, banalidade e vaidade de que poucos de nós estão livres e, portanto, podem tolerar nos outros, provocam uma espécie de alergia nos heróis e heroínas desamparadamente não contaminados de Salinger.

A segunda metade de "Zooey" trata da tentativa dele — cego guiando cego — de puxar Franny de volta para o mundo no qual ele próprio anda aos tropeços. Curiosamente, ele não considera congênita a condição de sua irmã (e dele próprio) de hipercriticismo, mas acredita que foi provocada pelos irmãos mais velhos, que em tenra idade os doutrinaram na religião oriental (bem como num tipo de cristianismo inclinado para o Oriente). ("Queríamos que vocês dois soubessem quem eram e o que significam Jesus e Gautama, Lao-Tsé e Shankaracharya, Huineng, Sri Ramakrishna etc., antes de saberem muita coisa, ou qualquer coisa, sobre Homero, Shakespeare, ou mesmo Blake e Whitman, para não falar de George Washington e sua cerejeira, ou o que é uma península, ou como se divide uma oração", escreve Buddy em sua carta a Zooey.) "Somos dois desajustados, Franny e eu", Zooey diz a Bessie:

> Eu sou um desajustado de vinte e cinco anos, e ela, uma desajustada de vinte. E esses dois safados é que têm a culpa toda. [...] Juro que seria capaz de matar os dois sem pestanejar sequer. Os grandes mestres. Os grandes emancipadores. Uma ova! Já nem sou capaz de sentar-me para almoçar com um sujeito qualquer e manter uma conversa decente. Fico tão chateado, ou tão doutrinador, que se o filho da mãe for sensato não tem outro remédio senão quebrar-me uma cadeira na cabeça.

Enquanto Franny fica jogada no sofá da sala de estar sob um cobertor oriental, com o gato judeu aconchegado nela, Zooey faz seu discurso e não chega a nenhum lugar por um tempo interminável. A acusação de que o conto é "interminável" deriva, sem dúvida, da recusa de Salinger — a qualquer custo para a velocidade de sua narrativa — de reduzir a magnitude da retirada de Franny da vida.

Por fim, Zooey recorre a um estratagema interessante — ele sai da sala e chama Franny de uma extensão do telefone no apartamento, primeiro fingindo que é Buddy e depois admitindo que é ele mesmo. Salinger permite que ouçamos os dois lados da conversa mas vejamos apenas Franny, que pegou o telefone no quarto de seus pais e está sentada, tensa, em uma das camas de solteiro, fumando um cigarro, apagando-o e tentando acender outro com a mão livre. Enquanto Zooey fala – "Se o que você quer é uma vida religiosa, devia ficar sabendo desde já que está perdendo todas as ações religiosas que estão acontecendo nesta casa a todo instante. Você nem tem sequer senso bastante para beber, quando alguém lhe traz uma xícara de caldo de galinha sagrado… que é a única espécie de caldo de galinha que Bessie serve a qualquer pessoa nesta casa de doidos" —, a linguagem corporal de Franny nos diz que ela está aceitando a mensagem dele. A cura que não podia se realizar na grande e iluminada sala de estar é obtida no quarto escuro da conversa telefônica. A partir de agora, Franny vai comer. Além disso, ela não vai cumprir a ameaça de desistir de atuar por causa da "burrice do público", do "maldito 'riso fora de hora' que vem da quinta fila". "Não é de sua conta, Franny", diz Zooey. "A única preocupação de um artista é atingir a perfeição, e nos seus próprios termos, não nos dos outros." A oferta final de Zooey, que faz Franny segurar o telefone com as duas mãos "de alegria, aparentemente", é o agora famoso conceito da Senhora Gorda na plateia, que é o Homem Qualquer, e que é

Cristo. Eu preferiria que Salinger parasse na sopa de galinha e no artista que cuida do que é da sua conta. Salinger raramente dá um passo errado, mas com a Senhora Gorda, receio que tenha tombado no desdém.

Embora Salinger tenha parado de publicar após "Hapworth", é óbvio que nunca deixou de escrever, e algum dia poderá haver mais dezenas, talvez centenas, de histórias dos Glass para ler e reler. Na sobrecapa da edição de 1961 da Little, Brown de *Franny e Zooey*, Salinger escreveu uma nota do autor sobre a obra:

Ambas as histórias são verbetes críticos iniciais de uma série narrativa que estou fazendo sobre uma família de colonos na Nova York do século xx, os Glass. É um projeto de longo prazo, claramente ambicioso, e há um perigo real o suficiente, suponho, de que mais cedo ou mais tarde eu empaque, talvez desapareça completamente, em meus próprios métodos, locuções e maneirismos. No geral, porém, estou muito esperançoso. Adoro trabalhar nestas histórias dos Glass, esperei por elas a maior parte de minha vida e acho que tenho planos bastante decentes e monomaníacos de terminá-las com o devido cuidado e toda a habilidade disponível.

A imagem do escritor que "espera" com paciência e confiança é comovente, assim como o termo "colonos" com suas conotações de território desconhecido, perigos e dificuldades.

A própria viagem perigosa de Salinger para longe do mundo fez com que muitas desgraças caíssem sobre sua cabeça. Seu modesto desejo de privacidade foi percebido como uma provocação e recebido com hostilidade, muito parecida com a hostilidade contra a família Glass. Por fim, ofereceu uma oportunidade irresistível para a exploração comercial. Pode-se imaginar a dor causada a Salinger pelas memórias vingativas e grosseiras de, respectivamente, sua ex-namorada Joyce Maynard* e sua filha Margaret.**

Um momento de redenção ocorreu algumas semanas após a publicação do último livro, quando uma carta escrita por ninguém menos que Matt, o irmão mais moço de Margaret, um ator que mora em Nova York, foi publicada no *New York Observer*. Ele escreveu para se opor ao livro de sua irmã. "Eu odiaria pensar que fui responsável pela venda de um único exemplar a mais de seu livro, mas também sou incapaz de não fincar uma pequena bandeira de protesto contra o que ela fez e muito do que ela tem a dizer." Matt prosseguia falando da "mente perturbada" de sua irmã e das "histórias góticas de nossa suposta infância" que ela gostara de contar e que ele não havia contestado porque achava que tinham valor terapêutico para ela. E continuava:

> Evidentemente, não posso dizer com autoridade que ela está conscientemente inventando tudo. Eu só sei que cresci numa casa muito diferente, com dois pais muito diferentes daqueles que minha irmã descreve. Nem sequer me lembro de alguma vez minha mãe ter batido em minha irmã ou em mim. Nenhuma vez. Tampouco me lembro de meu pai ter alguma vez "agredido" minha mãe de qualquer forma. A única presença às vezes assustadora de que me lembro na casa era, na verdade, a de minha irmã (a mesma pessoa que em seu livro se põe no papel de minha benigna protetora)! Ela se lembra de um pai que era incapaz de "amarrar os cordões dos próprios sapatos", e eu me lembro de um homem que me ajudou a aprender como amarrar os meus, e ainda, especificamente, como fechar de novo a ponta de um cordão depois que o plástico se desgastara.

---

* *At Home in the World* (Picador, 1998).
** *Dream Catcher* (Washington Square Press, 2000).

O que é espantoso, quase fantasmagórico a respeito da carta, é o som que vem dela, o som singular e instantaneamente reconhecível de Salinger, que não ouvimos durante quase quarenta anos (e com o qual a lenga-lenga pesada da filha não poderia ter menos relação). Se Salinger é o canalha que sua namorada e sua filha dizem que é, isso dará trabalho sem fim aos seus biógrafos e não muda nada em sua arte. O rompimento das fileiras na família real de Salinger só ressalta a solidariedade inquebrantável de sua família imaginária. "Pelo menos, você sabe que não haverá quaisquer motivos ulteriores nesta casa de doidos", Zooey diz a Franny. "Podemos ser muita coisa, mas nunca vigaristas." "Nos calcanhares da bondade, a originalidade é uma das coisas mais emocionantes do mundo, também a mais rara!", Seymour escreve em "Hapworth". O que é emocionante nessa frase é, obviamente, a ordem em que bondade e originalidade são colocadas. E o que torna a leitura de Salinger uma experiência consistentemente revigorante é o nosso sentimento de estar sempre na presença de algo que pode ser muita coisa, mas nunca vigarista.

Pastoral capitalista*
2009

Quando eu tinha dez anos, li um romance chamado *A Girl of the Limberlost* [Uma garota do Limberlost] que causou uma profunda impressão em mim. Eu supus que sua autora, Gene Stratton-Porter, era um homem, e não pensei mais no assunto. Li o livro, escrito em 1909, em um pequeno acampamento para meninas em New Hampshire — gerido por um pastor congregacionalista idoso e sua esposa e cujas instalações também estavam envelhecidas —, enroscada num sofá de veludo puído, num anexo chamado Lodge, cujas paredes estavam decoradas com cobertores indígenas e fotografias em sépia de meninas de toga fazendo danças eurrítmicas numa clareira na floresta. Estávamos em 1944, e a população americana vivia em regime de austeridade de tempos de guerra, que nunca passou de um leve incômodo, mas que provocava uma sensação de lã cinza e áspera na atmosfera. A falta

---

* *A Girl of the Limberlost, Freckles, The Harvester, Her Father's Daughter* e *The Keeper of the Bees*, de Gene Stratton-Porter; *Gene Stratton-Porter: Novelist and Naturalist*, de Judith Reick Long; e *The Lady of the Limberlost: The Life and Letters of Gene Stratton-Porter*, de Jeannette Porter Meehan.

de gasolina e o racionamento de carne afetaram a nós, campistas — tínhamos de caminhar 5,5 quilômetros até o lago onde nadávamos e comíamos muito fricassê de bacalhau —, mas não registramos isso como privações.

Para uma criança que vive numa cultura de recursos limitados e um pouco monótonos, *A Girl of the Limberlost* — a história de uma menina do estado de Indiana que começa a vida com sérias dificuldades materiais e acaba com tudo que uma garota poderia desejar — teve uma ressonância especial. Quando reli o livro na década de 1980 (encontrei-o numa liquidação de biblioteca), senti que estava reentrando num mundo imaginário cujo domínio sobre minha própria imaginação nunca havia afrouxado. A cena inicial — a chegada de Elnora Comstock ao colégio de uma pequena cidade, vestida com roupas do campo grosseiras, num contraste humilhante com o "bando de coisinhas graciosamente vestidas e cheirosas que poderiam ser pássaros ou flores, ou, possivelmente, meninas vistosamente vestidas e felizes" — voltou com a força de uma lembrança fundamental.

À medida que a trama se desenrolava, quase todos os episódios soavam familiares. Quando um vizinho bondoso chamado Wesley Stinton e sua esposa Margaret sentem pena de Elnora e vão à loja de tecidos para comprar as roupas que darão a ela um lugar entre as fileiras das graciosamente vestidas, eu quase podia recitar suas compras de tecido para vestidos de escola "reluzentes e bonitos, mas simples e modestos" ("quatro peças de guingão, uma azul pálido, uma cor-de-rosa, uma cinza com listras verdes e uma xadrez marrom e azul"), juntamente com fitas, cintos, um chapéu, sombrinha, sapatos, botas e produtos de higiene pessoal. Mas o meu maior choque de reconhecimento estava reservado para a última compra "elegante e refinada" de uma lancheira de couro marrom:

Dentro havia um espaço para sanduíches, uma pequena caixa de porcelana para carne fria ou frango frito, outra para salada, um copo com uma tampa de rosca, preso por uma argola em um dos cantos, para creme ou geleia, uma garrafa para chá ou leite, um lindo conjunto de faca, garfo e colher pequenos e presos em suportes, e um lugar para guardanapo. Margaret estava quase chorando diante da lancheira.

E eu também. À medida que o romance avança, a lancheira aparece e reaparece, quase como um personagem, com seus engenhosos compartimentos preenchidos com comida caseira deliciosa. Mas é como um recipiente vazio que ela causa sua impressão mais profunda. Que melhor emblema da infância do que um objeto projetado em torno de um estado de expectativa? As coisas boas que ainda não estão na lancheira se conectam com profundos sentimentos de otimismo infantil. A grande promessa da lancheira anuncia o próprio desenlace feliz do romance e, talvez, até mesmo sua longa vida como um texto clássico de realização da infância de uma menina.

Gene Stratton-Porter (originalmente Geneva) era uma mulher gorda e mandona, de enorme energia e espírito empreendedor, vagamente lembrada hoje em dia como romancista sentimental e (incorretamente) como uma espécie de protoambientalista. Ela nasceu em 1863 numa fazenda em Wabash, em Indiana, última filha não planejada de doze filhos, e começou a escrever depois de seu casamento com um boticário e banqueiro chamado Charles Dorwin Porter, treze anos mais velho que ela. Seus primeiros escritos foram estudos da vida das aves, ilustrados com fotografias em preto e branco que ela mesma tirava com grande esforço. Quando os livros sobre natureza não renderam dinheiro, Stratton-Porter voltou-se para a ficção e rapidamente se tornou uma autora de sucesso. Na época de sua morte, em um acidente de automóvel em 1924, seus romances já haviam vendido mais de 7 milhões de exemplares e ela estava milionária.

No entanto, dinheiro não era o suficiente: ela queria reconhecimento como escritora de talento. "Estou desesperadamente cansada, como já lhe disse muitas vezes", escreveu a uma amiga, "de ver os críticos literários de alta qualidade do país tratarem minha obra literária como de segunda e, às vezes, de terceira classe porque não escrevo sobre complexos e materialismo grosseiro."

Na verdade, o materialismo (ou consumismo, como agora o chamamos) está no cerne do empreendimento literário de Stratton-Porter. Seus heróis e heroínas ardem de desejo por dinheiro e bens, embora a ganância deles esteja vestida com o manto caseiro da ética protestante do trabalho: se você não trabalha por alguma coisa, não pode tê-la. Desse modo, Elnora aceitará as maravilhosas compras dos Stinton somente se puder reembolsá-los com o dinheiro que ganhar. Em seu momento mais sombrio (as roupas horríveis não são seu único problema, ela também precisa de dinheiro para matrículas e livros), ela vê uma placa na janela de um banco que a leva até a Mulher dos Pássaros (personagem baseada na autora), que oferece um bom dinheiro por espécimes de mariposas e borboletas. Elnora, por coincidência, tem centenas de mariposas e borboletas escondidas em uma caixa de madeira numa região pantanosa chamada Limberlost (baseada em uma região real de mesmo nome). Assim como a Caroline Meeber de Theodore Dreiser vende seu corpo para os homens a fim de sair da pobreza e adquirir as coisas bonitas que almeja, Elnora vende mariposas à Mulher dos Pássaros (que por sua vez as vende para colecionadores estrangeiros). A busca contínua de Elnora por lepidópteros comercializáveis possibilita que ela se torne uma colegial bem vestida e benquista.

The Girl of the Limberlost é uma história de Cinderela cuja madrasta má, numa reviravolta interessante, é a mãe verdadeira da heroína. Trata-se de uma pessoa louca, transtornada pela dor de ter visto o marido sugado por um pântano diante de seus olhos quando estava grávida de Elnora. Ela tem aversão pela filha e a maltrata por culpá-la pela morte do marido. O desequilíbrio da mãe se estende para suas finanças: ela se julga pobre, apesar de suas terras estarem cheias de árvores valiosas e haver petróleo sob sua superfície. O corte de madeira e a extração de petróleo lhe permitiriam prover confortavelmente Elnora. Mas ela se recusa a permitir que façam isso: "Cortar as árvores de Robert! Rasgar suas terras! Cobrir tudo com óleo horrível, gorduroso! Só depois que eu morrer!".

Longe de elogiar sua correção ambiental, Stratton-Porter trata a recusa da mãe de explorar madeira e petróleo como um sintoma de sua loucura. Em 1909, a exploração comercial da natureza selvagem era tão irrepreensível quanto a suinocultura e a apicultura. Quando o ecossistema do Limberlost real, onde Stratton-Porter fez seu trabalho sobre aves, foi destruído pela extração de madeira e perfuração de petróleo, ela simplesmente mudou das atividades ligadas à natureza para outro lugar; ainda havia abundância de outros lugares. E quando a mãe do romance descobre que o marido por quem ela estava de luto havia dezoito anos era um mulherengo que se afogou quando voltava furtivamente para casa de um encontro clandestino, ela demonstra seu retorno à sanidade expressando sua vontade de "vender um pouco de madeira e abrir alguns poços de petróleo onde eles não apareçam muito".

A destruição sem objeções do Limberlost também figurou no romance anterior de Stratton-Porter, *Freckles* [Sardas] (1904), cujo protagonista é um menino pobre que luta como Elnora por um lugar no mundo da compra e venda e acaba rico, com um título irlandês. Ele foi encontrado bebê nas ruas de Chicago, com a mão direita decepada, e depois de uma infância sombria num orfanato chega ao Limberlost, onde um lenhador chamado McLean, sócio de uma empresa madeireira de Grand Rapids, o contrata para patrulhar a trilha e proteger as árvores valiosas que estão prestes a se tornar móveis em Grand Rapids:

> Dos milhares de pessoas que viram seus rostos refletidos nas superfícies polidas daquela mobília e encontraram conforto na sua utilização, poucos havia a quem ela lembrasse florestas poderosas e pântanos sem trilhas, e o homem, grande de alma e corpo, que abriu seu caminho através deles e com os olhos da experiência condenou as orgulhosas árvores que entravam agora nas casas da civilização para prestar serviço.

Freckles foi o primeiro dos contos de fadas consumistas apresentados como romances de natureza que levaram Stratton-Porter para a linha de frente da ficção popular americana do início do século xx. Nele, ela realiza a brilhante façanha de maquiagem que permite que o leitor se sinta enobrecido pelo mundo natural, ao mesmo tempo que torce por sua extirpação. Não é que o sentimento de Stratton-Porter em relação à natureza não fosse genuíno. Certa vez, a um leitor que perguntou a qual igreja ela pertencia, ela respondeu que não ia à igreja porque "prefiro continuar na relação que sinto estabelecida entre mim e meu Criador, através de uma vida de estudo da natureza". E continuava:

> Eu defenderia a realização de serviços religiosos ao ar livre no verão, dando como motivo que Deus Se manifesta nas árvores, flores e relva, que estar entre Suas criações nos põe num estado mental

devocional, dá um ar melhor para respirar e põe a adoração numa base natural, como era no início, quando Cristo ensinava o povo junto ao mar e ao ar livre.

No entanto, quando Freckles pergunta "Você acha que o céu é melhor do que isso?", ele não está falando de uma clareira da floresta na primavera, atapetada de violetas e hepáticas, mas dos "pisos polidos, vidros cintilantes e belo mobiliário" da casa da Mulher dos Pássaros durante uma festa, quando está "tudo incandescente de luzes, perfumado com flores e cheio de pessoas elegantemente vestidas".

Depois de *Freckles*, Stratton-Porter nunca mais celebrou tão descaradamente a destruição do meio ambiente natural em nome do "serviço". A partir de entao, seus heróis e heroínas empreendedores restringem sua mercantilização da natureza a mariposas, ervas medicinais e abelhas. Mas a ligação deles com o mundo do comércio fica cada vez mais forte. Em *The Harvester* [O colhedor] (1911), o maior best-seller de Stratton-Porter e provavelmente seu pior livro, ela atinge uma espécie de apoteose das compras. Seu herói, David Langston, vive sozinho na floresta, como Thoreau, mas ao contrário de Thoreau ele não critica as pessoas da cidade por sua ganância infeliz. Ele próprio corre constantemente para a cidade a fim de comprar coisas. Tem uma boa renda advinda das ervas medicinais que recolhe e vende para laboratórios farmacêuticos e está arrumando a casa que construiu para a mulher com quem planeja se casar — uma mulher que lhe apareceu numa visão e que logo surge na vida real na forma de outra garota pobre.

Tal como Elnora Comstock, Ruth Jameson — conhecida como a Garota ao longo do romance, assim como David Langston é chamado de Colhedor — não aceita dinheiro que não ganhou ou coisas pelas quais não pode pagar, mas estranhamente aceita entrar em um casamento de mentira (como um casamento para obter um *green card*), para que possa morar na casa do Colhedor. Ele espera que com o tempo o casamento se torne um casamento para valer. Em uma espécie de inverso do cenário de *A megera domada*, ele corteja a Garota com refeições nutritivas e decoração de bom gosto. "Aqui ao lado é seu banheiro", ele diz a ela, e continua:

> "Pus toalhas, sabonetes, escovas e tudo que consegui lembrar, e tem água quente para você — água da chuva também."
>
> A Garota o seguiu e viu um pequeno banheiro brilhante, com uma banheira e uma pia de porcelana branca, trabalho em madeira esmaltada, paredes num verde delicado e cortinas e toalhas brancas. Nenhum acessório que ela conhecesse estava faltando e havia muitas coisas com as quais ela nunca fora acostumada.

Na verdade, a Garota não era nenhuma iniciante no reconhecimento de etiquetas. "Bem como eu pensei!", ela exclama depois de inspecionar o canto de uma colcha. "É uma verdadeira Peter Hartman!" (É doloroso pensar que o nome de Ralph Lauren possa um dia significar tão pouco quanto o de Peter Hartman.) Nas páginas seguintes, o Colhedor vai comprar camas, sofás e cortinas para as partes ainda não mobiliadas da casa, e faz um esforço especial em relação ao quarto que será ocupado pela governanta. "Rogers", ele diz ao homem que vem com o carroção trazendo os móveis,

> pendure aquelas cortinas bordadas com babados. Observe que enquanto as meras camas de hóspedes são brancas simples, esta tem um toque de bronze. Enquanto os tapetes dos hóspedes são revestimentos para o piso, este é uma obra de arte. Enquanto as escovas de hóspedes são de celuloide, essas são esmaltadas, e a tampa da penteadeira é enfeitada à mão... Veja a elasticidade dessas molas e a espessura do colchão e da almofada.

Quando a Garota expressa descrença diante da ideia de tratar uma governanta melhor do que um hóspede, o Colhedor explica:

Amigos vêm e vão, mas uma boa governanta permanece e é uma proposta de negócio que, se realizada corretamente para ambas as partes e com base rigorosa no bom senso, lhe dá conforto na vida.

Mas a governanta nunca chega. Nenhuma criada (ou esposa) poderia estar à altura dos padrões do Colhedor. Ele talvez seja o protagonista mais maníaco por limpeza da literatura. Ao levar sua amada a se sentar sob um carvalho em um morro, meticulosamente "esticou o tapete e segurou uma das pontas contra o tronco da árvore para proteger o vestido da Garota". Quando o som de um carro que chegava o despertou no meio da noite, ele "balançou os pés até o chão, pondo cada um deles em um chinelo ao lado da cama". Sua casa é como um hotel cinco estrelas: "quartos brilhando, camas novas, lareiras cheias esperando fósforo, caixa de gelo fria". Sua higiene pessoal não é menos notável. Ele está sempre pulando no lago e trocando as roupas íntimas.

The Harvester é limpo em outro sentido da palavra. Em *The Girl of the Limberlost*, Philip Ammon, o pretendente de classe alta de Elnora, faz questão de contar a ela que "eu me mantive limpo", querendo dizer — o que mais seria? — que se absteve de sexo. O Colhedor orgulhoso de sua casa é igualmente privado de atividade sexual, mas ele vai além da abnegação privada e parte para a cruzada pública. Num discurso proferido perante uma sociedade médica em Nova York (para a qual está tentando vender seus remédios herbóreos), ele vocifera sobre as consequências sociais da impureza:

A próxima vez que algum de vocês for chamado a falar para um grupo de homens, digam-lhes para aprender por eles mesmos e ensinar a seus filhos, e segurá-los na hora crítica, mesmo com suor e sangue, para uma vida limpa; pois somente dessa maneira podem ser abolidos os débeis mentais, os asilos de pobres e a mulher escarlate. Somente desse modo os homens podem chegar à força física e mental e se tornarem os pais de uma raça para quem a luta pela masculinidade limpa não será a batalha que é conosco. Pelos rostos distorcidos, pelos corpos deformados, por marcas de degeneração, reconhecíveis aos vossos olhos experientes, por toda parte nas ruas [...] Eu vos invoco, homens, a viver à altura de vosso alto e sagrado privilégio, e dizer a todos os homens que eles podem ser limpos, se quiserem.

The Harvester é um livro tão maluco que, quando se chega nesse trecho, ele parece apenas mais uma de suas incursões na birutice de sua época. De acordo com sua biógrafa Judith Reick Long, Gene Stratton-Porter nunca revisava ou cortava; seus romances, tal como o sermão histérico do Colhedor, simplesmente jorravam dela. Mas as teorias raciais não eram moda passageira para ela. Elas se tornaram o tema central de um romance nocivo chamado *Her Father's Daughter* [A filha de seu pai], escrito em 1921, depois que ela se mudou para Los Angeles e adotou com entusiasmo o ódio pelos imigrantes chineses e japoneses que tomou conta da Califórnia no início do século xx. Sua protagonista de dezessete anos de idade, Linda Strong, fala assim:

O homem branco dominou por sua cor até agora na história do mundo, mas está nas Escrituras que, quando os homens de cor adquirirem nossa cultura e a combinarem com seus próprios métodos de vida e taxa de produção, eles gerarão mais gente, mais preparada para a batalha da vida do que nós. Quando obtiverem o nosso último segredo, construtivo ou científico, eles o levarão embora e, vivendo de uma forma que nós não viveríamos, reproduzindo-se em quantidade que não reproduzimos, eles nos baterão em qualquer jogo que comecemos se não nos precavermos enquanto estamos por cima e nos mantermos lá.

E assim:

Há uma corrente subterrânea profunda e sutil acontecendo neste país agora. [...] Se a Califórnia não acordar logo e completamente, ela vai pagar um preço terrível pelo luxo que está vivendo, enquanto mima a si mesma com o serviço dos japoneses, exatamente como o Sul se mimou durante gerações com o serviço dos negros. Quando os negros aprenderem o que há para saber, então o dia da desforra estará perto.

O enredo de *Her Father's Daughter* gira em torno de um estudante japonês nota A em um colégio de Los Angeles chamado Oka Sayye, que é, na verdade, um homem de trinta anos infiltrado ali pelo governo japonês por sabe Deus que motivo, mas que constitui claramente uma tal ameaça para o mundo branco que, no final, tem de ser implacavelmente empurrado de um penhasco pela governanta irlandesa da casa da protagonista. Não estou brincando.

Suspeitando que Oka Sayye não é o que finge ser e, de qualquer modo, indignado com a própria ideia de um líder não branco na turma, Linda repreende outro estudante nota A chamado (sim!) Donald Whiting por sua aceitação letárgica do segundo lugar. Ela zomba dele com a ideia

de que um garoto tão grande e tão forte quanto você e com um cérebro tão bom e com suas oportunidades tenha permitido que um japa pardo e baixo atravesse o oceano Pacífico e, num país totalmente estranho, aprenda uma língua estrangeira para ele e, com os mesmos livros e as mesmas chances, vença você no seu próprio jogo.

Donald humildemente pergunta: "Linda, me diga como posso bater aquele pequeno japa de cabeça de coco".

Nesse livro atroz (eu disse que *The Harvester* era o pior livro de Stratton-Porter porque este entra numa categoria realmente distinta), a autora põe seu talento para descrever objetos de consumo desejáveis a serviço da descrição de características raciais indesejáveis: "Eu nunca vi nada tão parecido com uma máscara como a pequena cabeça quadrada impassível daquele japa", Linda diz a Donald. "Nunca vi nada que me provoque tanta aversão do que o cabelo preto, duro, oleoso, eriçado em cima dele como cerdas ameaçadoras." O consumismo não está ausente do livro — paralela à trama do perigo amarelo corre outra história de Cinderela, dessa vez apresentando uma meia-irmã perversa chamada Eileen, que priva Linda das roupas bonitas e móveis delicados a que ela tem direito.

Tal como Elnora, Linda encontra uma maneira de extrair dinheiro da natureza: ela coleta plantas do deserto e escreve uma lucrativa coluna de revista sobre os pratos deliciosos que faz com elas. Mas aqui até mesmo a trama da Cinderela tem um viés racista. Stratton-Porter atualiza a história original da Cinderela, cortando a ligação de sangue entre a heroína e sua irmã maldosa: Linda encontra um documento num compartimento secreto do estúdio de seu falecido pai e descobre que Eileen não era filha biológica dele. O sangue revela tudo.

Judith Reick Long observa em sua biografia que *Her Father's Daughter* "não causou oscilações no número de leitores de Gene Stratton-Porter" e, em geral, "foi recebido com poucas queixas" (*The Literary Review* chegou a elogiar seu "charme saudável", diz ela). Em *O grande Gatsby*, F. Scott Fitzgerald nos dá uma boa noção sobre onde a supremacia branca estava situada no pensamento americano da década de 1920. Ao traçar o retrato de seu personagem profundamente desagradável Tom Buchanan, ele o faz elogiar um livro chamado *A ascensão dos impérios de cor* de um escritor chamado Goddard: "A ideia é que, se não tomarmos cuidado, a raça branca será... será totalmente dominada. É tudo coisa científica; está provado. [...] Esse sujeito calculou a coisa toda. Cabe a nós, que somos a raça dominante, ficar de olho, ou essas outras raças terão o controle das coisas".

Fitzgerald usou o livro de Goddard como um romancista de hoje poderia usar um livro *new age* para estabelecer a nulidade intelectual de um personagem. Ele baseou Goddard em um escritor de verdade chamado Lothrop Stoddard, cujo livro *The Rising Tide of Color Against White World-Supremacy* [A onda crescente da cor contra a supremacia branca do mundo] (1920) às vezes parece ter sido escrito por Stratton-Porter — "sangue limpo, viril, portador da genialidade, fluindo eras adiante através da ação infalível da hereditariedade" — e certamente foi lido por ela. É provável que ela tenha lido também *The Passing of the Great Race* [O passamento da grande raça] (1916), do racista igualmente fervoroso Madison Grant — um livro que, segundo consta, Adolf Hitler chamou de "minha bíblia".*

Nas décadas de 1980 e 1990, quando reeditou oito dos romances de Stratton-Porter (como literatura para "jovens adultos"), a Indiana University Press sabiamente não chegou perto de *Her Father's Daughter*, embora tenha contemplado *The Keeper of the Bees* [O guardião das abelhas] (1925), uma obra sobre um veterano da Primeira Guerra Mundial com uma ferida incurável causada por estilhaços, cuja esquisitice quase supera a de *The Harvester*. Mas, enquanto outros romances sentimentais do século

---

* Ver a resenha de Trevor Butterworth de *Hitler's Private Library: The Books That Shaped His Life* (Knopf, 2008), de Timothy Ryback, *Bookforum*, dez./jan. 2009.

xix e início do século xx, tão sem graça quanto ridículos, caíram no esquecimento, até mesmo a mais risível das obras de Stratton-Porter permanece estranhamente legível. Zombamos delas, mas continuamos avançando em suas páginas. Stratton-Porter tinha a habilidade fundamental do romancista popular de fazer a leitora querer saber o que acontece a seguir com pessoas em cuja existência ela não acredita nem por um minuto. Mas também tinha outra coisa.

No estudo perspicaz "Class, Gender, and Sexuality in Gene Stratton-Porter's *Freckles*" [Classe, gênero e sexualidade em *Freckles*, de Gene Stratton-Porter], Lawrence Jay Dessner, ao examinar alguns dos excessos mais notáveis do livro, observa:

> Essa insistência incansável, essa falta de moderação, esse sensacionalismo na linguagem [de *Freckles*] é tão habitual, tão aparentemente habitual, que sentimos a presença de necessidades expressivas presumivelmente inconscientes. É como se a confusão intelectual e ideológica do romance fosse apenas uma camada superficial de destroços boiando em um mar fervente de emoções.

Dessner acrescenta, com bela mordacidade, que "*Freckles* não é obra para sustentar uma fé no progressismo político da ficção popular". Mas a imagem de um mar fervente de emoções como o elemento no qual a ficção de Stratton-Porter está suspensa oferece uma pista de sua força. Ela usa com frequência a expressão "ela arfou", em vez de "ela disse", e os próprios romances têm a atmosfera de alguém que corre sem fôlego dentro deles, ordenando suas tramas malucas e espalhando suas ideias perniciosas numa espécie de paixão de sentimentos descontrolados e incontroláveis. Seu reino pacífico, onde pássaros, mariposas e pequenos mamíferos estão ao lado de magnatas do petróleo e barões da madeira, louças sanitárias elegantes, coisas lindas para comer, vestidos delicados, eugenia, Deus e gencianas franjadas estão todos misturados, é produto de uma imaginação febril quase fatal. Se um sentimento de "necessidades expressivas inconscientes" escapa de toda a literatura imaginativa, é raro encontrá-lo presente de modo tão florido na ficção sentimental popular. Em um artigo chamado "The Why of the Best Seller" [O porquê do best-seller], publicado em 1921 em *The Bookman*, o crítico William Lyon Phelps lutou bravamente para definir o caráter da obra de Gene Stratton-Porter. Ele se limitou a dizer: "Ela é uma instituição pública, como o parque de Yellowstone", e "Se ela não é uma artista literária, é de qualquer maneira uma mulher maravilhosa" (isso depois de deplorar *Her Father's Daughter*).

Em um livro de memórias chamado *The Lady of the Limberlost* (1928), Jeannette Porter Meehan, filha de Stratton-Porter, defendeu a evidente pieguice de sua mãe:

> Mamãe conhecia ambos os lados da vida, mas ela optou por escrever apenas sobre um dos lados. Ela conhecia as duras realidades, a imoralidade e os aspectos infames e repugnantes da vida. Mas por que escrever sobre eles? Todo mundo tem seus problemas e dores de cabeça, então por que não dar ao mundo algo feliz para ler e fazê-lo vislumbrar a vida idealizada? Isso certamente faz mais bem do que histórias sórdidas da sujeira sexual que só conduzem ao pensamento mórbido e doentio.

Mas na verdade, lidos de certo modo, os romances têm muito a oferecer para mentes sujas. Por exemplo, a maneira como Dessner, sob a influência de *Between Men: English Literature and Male Homosocial Desire* [Entre homens: literatura inglesa e desejo homossocial masculino], de Eve Kosofsky Sedgwick, lê as coisas estranhas que acontecem entre Freckles e McLean ("a relação ardente, extática — pode-se dizer erótica? — entre Freckles e McLean") e vê o toco da mão ausente de Freckles como um "membro de forma fálica, provocador de vergonha". Em geral, Stratton-Porter manteve seu interesse pela imundície do sexo abaixo do nível da consciência, mas em *The Harvester* ela permitiu que isso viesse à tona com clareza quase embaraçosa. A Garota sucumbe previsivelmente aos encantos de seu benfeitor-decorador (Stratton-Porter gostava de retratá-lo dormindo, parecendo um herói ariano de Rockwell Kent, "sua figura flexível estendida no comprimento da cama", "os traços viris, fortes, a testa e o queixo belos" entalhados pela luz da lua), mas ela é assexuada. Depois de uma de suas tristes tentativas de beijo, ele diz a ela com desdém que "isso foi a carícia amorosa de uma menina de dez anos em um irmão mais velho que ela admira. Já chega!". E sai para falar com seu cão Belsazar sobre sua sede de sexo. Em seguida, decide dar um passo ousado: "Desculpe-me se lhe dou uma demonstração da coisa verdadeira, apenas para proporcionar-lhe uma ideia de como deveria ser". Depois da demonstração,

> ela levantou o lenço e o pressionou contra seus lábios, enquanto sussurrava com voz temerosa: "Meu Deus, *isto* é o tipo de beijo que ele espera que eu dê a *ele*? Ora, eu não podia — não para salvar a minha vida".

No final, o Colhedor aceita o conselho de uma velha senhora lasciva chamada Granny Moreland:

> "Se você vai impedir uma mulher de ser esposa até que ela saiba o que você quer dizer com amor, você vai parar cerca de nove décimos dos casamentos do mundo, e o outro décimo serão mulheres com quem nenhum homem decente vai querer ficar."

Granny confirma suas informações com um médico:

"Eu lhe disse que você diria a ele que nenhuma garota inocente e limpa já soube nem jamais saberia o que o amor significa para um homem até que ele se case com ela e lhe ensine. Não é assim, doutor?"

"Com certeza."

(Em *Na praia*, Ian McEwan lança um olhar mordaz sobre a conduta dessa pedagogia em meados do século xx na Inglaterra.)

Em *A Girl of the Limberlost*, há uma cena de voyeurismo tão vividamente representada que eu retive uma imagem dela em minha mente por muitos anos, supondo que estava recordando uma das ilustrações art nouveau do livro feitas por Wladyslaw T. Benda. Na verdade, tal ilustração não existe — a imagem vem do olho da minha mente. O que vejo é um homem numa árvore numa noite escura, olhando através de uma janela para um quarto iluminado, onde uma menina de camisola está lendo sentada à mesa. Na descrição de Stratton-Porter:

Ele podia ver o pulsar de seu peito sob sua cobertura fina e sentir o cheiro da fragrância dos cabelos soltos. Ele podia ver a cama estreita com sua colcha de chita remendada, as paredes caiadas de branco com litografias alegres e cada fenda preenchida por galhos com casulos pendurados. [...] Mas nada valia um olhar, exceto o rosto e a forma perfeita ao alcance de um salto através do mosquiteiro furado. Ele agarrou com força o galho acima daquele em que estava, lambeu os lábios e respirou através da garganta para ter certeza de que não estava fazendo nenhum som.

194

É um indício de que as crianças captam sem saber exatamente o que estão absorvendo o fato de que, em meus desinformados dez anos de idade, eu apreendi e fiquei excitada pelo sentido óbvio de ameaça sexual da cena. Apesar de não serem explicitadas, não deixei de perceber as implicações de "pulsar de seu peito", "ao alcance de um salto" e "lambeu os lábios". É claro que o estupro é evitado: Elnora começa a falar consigo mesma, como os personagens de Stratton-Porter costumam fazer quando ela precisa que o façam, e sua tagarelice inocente converte o suposto predador em um tolo sentimental e chorão que devolve o dinheiro que roubou do esconderijo de Elnora no Limberlost e lhe deixa um bilhete de advertência contra seus companheiros delinquentes.

A Girl of the Limberlost é o melhor livro de Stratton-Porter. É o único de seus romances que escapa das guinadas furiosas de sua mente para caminhos estranhos, excêntricos. Seu único toque de racismo — e é reconhecível como racismo somente à luz de *Her Father's Daughter* e *The Harvester* — é o drástico descascamento que a mãe reformada faz em sua própria pele para remover a cor parda que ela adquiriu durante o trabalho ao ar livre sem chapéu de sol; uma pele branca faz parte do seu programa de boa aparência diante das colegas de escola de Elnora. E Elnora é a melhor heroína de Stratton-Porter. Sua rigorosa moralidade e sua bondade são acompanhadas por uma franqueza, quase uma rispidez de modos, que a distingue das heroínas adocicadas da ficção sentimental convencional. Ela tem muito com que lidar, e lida com tudo com uma graça cativante.

Edith Carr, a menina má de *A Girl of the Limberlost*, é outra criação incomum. Ela é linda, rica e mimada, mas tem uma dimensão de neurose que a distingue de suas semelhantes convencionais. Há uma atmosfera ao seu redor — e de seu peculiar e fiel seguidor Hart Henderson — que evoca os belos personagens malditos que Fitzgerald criou vinte anos depois. Philip Ammon (*né* Mammon?) é um personagem tão insensível quanto possível, mas precisamos reconhecer que o Príncipe Encantado também não é nenhum Pierre Bezukhov. A forte subestrutura mítica de *A Girl of the Limberlost*, o brilho da caverna de Aladim que ela empresta às recompensas materiais modestas da diligência e do esforço de Elnora, assegura-lhe um lugar especial na obra de Stratton-Porter e na arte popular americana.

Em 1922, Stratton-Porter escreveu um longo poema chamado *The Fire Bird* [O pássaro de fogo] sobre uma moça indígena que provoca o castigo divino sobre si mesma, no qual ela acreditava que havia alcançado a grande arte que lhe fugia em seus romances. Seu único temor, como ela escreveu a uma amiga, era que "é uma daquelas coisas de classe tão alta, para os muito poucos que compreendem, que tenho as mais sérias dúvidas quanto à possibilidade de comercializá-lo, se quisesse". O poema foi publicado, mas está há muito tempo fora de catálogo. Não é tão ruim quanto se poderia pensar, é apenas chato.

Stratton-Porter deu uma festa em Los Angeles para comemorar a publicação de *The Fire Bird*. Ela convidou 115 pessoas e usou "um novo vestido de noite de veludo chiffon orquídea, e meus amigos tiveram a amabilidade de dizer que eu estava melhor do que nunca". (Essa citação é de uma carta que Jeannette Porter Meehan cita em *The Lady of the Limberlost*.) A casa foi decorada com flores vermelhas e brancas e grandes galhos em que se empoleiraram cardeais empalhados, "assegurados em cem dólares cada um e emprestados por um dos museus da cidade". Houve música ("A Sinfonia Pastoral, com as notas de aves feitas em uma flauta"), uma leitura de *The Fire Bird* que durou uma hora e um bufê de jantar com peru assado, presunto apimentado, salada, bolo e sorvete. "Várias pessoas que estavam presentes me disseram que foi a mais linda e original festa jamais dada em Los Angeles." (Freckles não tinha obviamente visto nada quando elogiou a festa da Mulher dos Pássaros em Indiana.)

Dois anos depois, aos 61 anos, Stratton-Porter morreu quando um bonde de Los Angeles bateu em sua limusine dirigida por um motorista, uma das duas que possuía. Acabara *The Keeper of the Bees* em sua nova casa de férias de catorze cômodos na ilha Catalina, feita de madeira de sequoia, para onde se retirara com uma cozinheira, um motorista, duas secretárias e "um pequeno índio Yaqui", enquanto aguardava a conclusão de uma mansão de mais de mil metros quadrados e 22 cômodos no estilo Tudor, em Bel Air.

O livro foi ditado de uma rede pendurada entre dois carvalhos, na encosta de uma colina e, às vezes, dá a impressão de que a atenção da autora estava em outro lugar. No início do romance, seu protagonista Jamie MacFarlane foge de um hospital de veteranos numa primavera quente californiana, onde trataram, sem sucesso, de uma ferida provocada por estilhaços (e do qual está prestes a ser transferido para o terrível Camp Kearney, onde todos estão ou vão ficar tuberculosos), e chega à casa à beira-mar e ao jardim de um apicultor moribundo, que lhe pede para cuidar das abelhas quando entra em colapso e é hospitalizado. MacFarlane aprende apicultura com uma criança irritante chamada Pequeno Escoteiro e se enrola com uma mulher chamada Garota Tempestade, que encontra sobre uma rocha que se projeta do oceano Pacífico durante uma tempestade e com quem cortesmente se casa no dia seguinte para dar um nome ao seu filho não nascido (o Bebê Vergonha).

Nada disso é crível, e grande parte é tedioso. Somente quando ela está lidando com os detalhes minuciosos e, às vezes, repulsivos da situação médica de MacFarlane é que Stratton-Porter nos faz mergulhar plenamente (e talvez a ela mesma) em sua história. Quando examina as bandagens ensanguentadas do protagonista e remonta sua infecção crônica aos germes criados pela "água quente da fonte fervente, quimicamente saturada", canalizada através do hospital dos veteranos, ela volta para o mar fervente de emoções que é o terreno fértil para sua inspiração. Ela investe de uma significação emocionante a história da cura de MacFarlane por meio de banhos nas águas frias do Pacífico e de nunca comer carne e amido na mesma refeição. Ao pôr sua característica intensidade febril a serviço dos modismos médicos de sua época, ela mais uma vez toca uma nota em que seus contemporâneos vibravam, e à qual nós mesmos podemos, de uma forma que não podemos controlar, embora um pouco mais abafada, responder. Imagine-se uma coluna de Jane Brody* escrita por Charlotte Brontë e teremos uma noção de façanha singular de Stratton-Porter.

---

* Jane Brody: jornalista americana que mantém uma coluna semanal sobre saúde pessoal no *New York Times*. (N. T.)

O gênio da estufa
1999

Em um ensaio curto publicado no volumoso catálogo que acompanha a exposição *As mulheres de Julia Margaret Cameron*, Phyllis Rose observa que "as mulheres de Cameron não sorriem. Suas poses encarnam tristeza, resignação, compostura, solenidade e amor, amor determinado, amor que enfrentará dificuldades". Rose fala sobre as doenças, os desastres e as derrotas que pairavam perpetuamente sobre a vida das mulheres vitorianas. Mas havia motivos mais próximos para a postura trágica das mulheres de Cameron. Ela usava um aparelho fotográfico — placas de vidro de quinze por doze polegadas [38 por trinta centímetros] e uma lente de distância focal de trinta polegadas [76 centímetros] — que exigia exposições de entre *três e dez minutos*. Eis a descrição de uma sessão feita por uma das mulheres que não sorriam, citada por Helmut Gernsheim em seu livro *Julia Margaret Cameron: Her Life and Photographic Work* [Julia Margaret Cameron: sua vida e obra fotográfica] (1948 e 1974):

> A sra. Cameron pôs uma coroa na minha cabeça e me fez posar como a rainha heroica. Isso foi um pouco entediante, mas nem de

longe tão ruim quanto a exposição. [...] A exposição começou. Um minuto passou e eu senti vontade de gritar; mais um minuto, e a sensação era de que meus olhos estavam saindo da minha cabeça; um terceiro, e minha nuca parecia ter sido atacada de paralisia; um quarto, e a coroa, que era muito grande, começou a deslizar pela minha testa.

A tortura da modelo foi em vão. A fotografia foi estragada no quinto minuto pelo marido de Cameron, Charles, um distinto funcionário colonial aposentado com uma magnífica barba branca que se prestava a ajudar a esposa fazendo o papel de um Merlin ou Lear, conforme a ocasião exigia, mas que, infelizmente, era dado a "ataques invencíveis de hilaridade que sempre aconteciam nos lugares errados". Quando Charles "começou a rir alto [...] isso foi demais para o meu autocontrole e fui compelida a fazer companhia ao querido e idoso cavalheiro".

Faz mais de meio século que rimos carinhosamente de Julia Cameron; sua reputação de grande fotógrafa é inseparável da lenda de seu ridículo cativante. Virginia Woolf, que era sobrinha-neta de Cameron, pôs a lenda em circulação em 1926, em um ensaio biográfico que escreveu para a monografia de Julia Margaret Cameron pela Hogarth Press, *Victorians Photographs of Famous Men and Fair Women* [Fotografias vitorianas de homens famosos e mulheres formosas]. Três anos antes, Woolf escrevera uma farsa chamada *Freshwater* (uma espécie de *Patience* fracassada, cujo nome derivava da baía de Freshwater, na ilha de Wight, onde Charles e Julia moraram), no qual ela zombava do culto vitoriano da beleza e retratava sua tia-avó como uma de suas sacerdotisas mais exaltadas. Ela descrevia Cameron como "uma mulher idosa de rosto pardo e aparência de cigana, que usava um xale verde, preso por um enorme camafeu", e lhe atribuía este discurso:

Todas as minhas irmãs eram lindas, mas eu tinha gênio. Elas eram noivas de homens, mas eu sou noiva da arte. Procurei o belo nos lugares mais improváveis. Pesquisei a polícia em Freshwater, e não encontrei nenhum homem com panturrilhas dignas de Sir Galahad. Mas, como eu disse para o chefe de polícia: "Sem beleza, policial, o que é a ordem? Sem vida, o que é a lei?". Por que eu deveria continuar a ter minha prataria protegida por uma raça de homens cujas pernas me são esteticamente repugnantes? Se um ladrão viesse e fosse bonito, eu lhe diria: leve minhas facas de peixe! Pegue minhas galhetas, minhas cestas de pão e minhas terrinas. O que você leva não é nada perto do que você dá, suas panturrilhas, suas lindas panturrilhas.

O ensaio de Woolf sobre sua tia-avó, embora seja, em termos gerais, menos gilbertiano* que sua farsa, mantém o tom cômico. Ele começa com uma história fantástica a respeito do pai depravado de Cameron, James Pattle, funcionário colonial sediado em Calcutá, que morreu de alcoolismo em 1845 e cujo cadáver, de acordo com a história, foi enviado de volta para a Inglaterra em um barril de rum que explodiu durante a viagem marítima e causou a morte por horror de sua viúva, bem como a destruição do navio, que explodiu também quando o rum que escorria do barril pegou fogo. A história inverossímil do pai que não pôde ser contido em sua sepultura alcoólica é contada para ilustrar a "vitalidade indomável" da linhagem a que Cameron pertencia. Ela foi uma das sete irmãs famosas pela energia, determinação e todas, exceto uma, pela beleza espetacular. Julia Margaret era a exceção. Ela "não tinha a beleza de suas irmãs", escreve Woolf, que fundamen-

---

* Referência a W. S. Gilbert (1836-1911), dramaturgo inglês famoso pelas óperas cômicas escritas em colaboração com o compositor Arthur Sullivan e por seu estilo caricatural e exagerado. (N. T.)

ta a acusação com o testemunho de outra sobrinha-neta, que conheceu Cameron quando menina e se lembrava dela como

baixa e atarracada, sem nada da graça e beleza dos Pattle. [...] Vestida com roupas escuras, manchadas com produtos químicos de sua fotografia (e cheirando a eles também), com um rosto rechonchudo ansioso e voz rouca e um pouco rude, mas de alguma forma persuasiva e até mesmo encantadora.

A falta de atrativos de Cameron — seu papel como mulher que amava a beleza, mas não a possuía — é o centro da lenda. Quando olhamos para as fotos de Cameron de mulheres belas (suas modelos eram quase sem exceção jovens e bonitas), vemos, como uma espécie de impressão gravada na retina, a velha parecida com cigana de vestido preto manchado que foi sua criadora. As fotografias de Cameron também evocam inevitavelmente a casa vitoriana em que ela mandava, com suas facas de peixe, galhetas e terrinas, suas criadas, cozinheiras e jardineiros, seus filhos e netos e fluxos de visitantes, entre os quais os homens famosos (Tennyson, Carlyle, Browning, Darwin, Longfellow, entre outros), que Cameron atraía para o galinheiro que ela havia convertido em estúdio e sobre cujos retratos repousou, em grande parte e por muito tempo, sua reputação artística.

Lembramos ainda que Cameron começou a fotografar somente aos 48 anos de idade, com uma câmera que sua filha e o genro lhe deram para se divertir, enquanto o jovial sr. Cameron estava longe, cuidando de uma plantação de café em crise, e ela estava sozinha em casa, na baía de Freshwater, sofrendo de depressão e ansiedade. "Pode se divertir, mãe, tentar fotografar durante sua solidão em Freshwater", foram as palavras que acompanharam o presente decisivo. Até então, Cameron vivera como uma mulher casada vitoriana bem de vida, que se aventurava em poesia e ficção enquanto criava seus seis filhos e ganhava a reputação de pessoa de generosidade incontrolável, quase patológica. Helmut Gernsheim, que aprofundou o que Woolf havia esboçado, conta anedotas maravilhosas sobre os presentes que Cameron impunha às pessoas pelas quais se apaixonava, em especial o poeta Henry Taylor (que fora o principal concorrente de Tennyson ao título de poeta laureado e hoje é conhecido apenas por especialistas em literatura vitoriana) e sua esposa, Alice. A generosidade de Cameron assumia a forma de tapetes raros, xales, joias e objetos de decoração que ela e Charles trouxeram de Calcutá quando voltaram para a Inglaterra em 1848, os quais Cameron tratou de distribuir como se fossem pastilhas para garganta. Gernsheim cita o depoimento de um homem que

> estava sentado num trem com Henry Taylor, na estação de Waterloo, quando uma senhora descabelada chegou correndo no último segundo e jogou pela janela um tapete persa de presente para o poeta, que imediatamente — o trem começara a se mover — o arremessou de volta para a plataforma.

Outra história que Gernsheim conta sobre a benevolência implacável de Cameron em relação aos Taylor diz respeito a um "xale particularmente valioso" que Alice Taylor havia aceitado

> somente sob a ameaça de que, se não o aceitasse, seria jogado ao fogo. Após um intervalo para permitir que os sentimentos da sra. Cameron se acalmassem, ele foi devolvido e nada mais foi dito. Mas era impossível derrotar a sra. Cameron. Ela vendeu o xale e com o produto da venda comprou um caro sofá para inválidos, que presenteou em nome da sra. Taylor ao hospital para doentes incuráveis de Putney. O assunto veio à tona muitos meses mais tarde, quando Alice Taylor teve a oportunidade de visitar o hospital e, para seu espanto, viu seu nome inscrito como doadora.

A desenvoltura que Cameron mostrou no curso de sua subjugação dos Taylor (de acordo com Gernsheim, Cameron "disse à sra. Taylor que antes do fim do ano ela a amaria como a uma irmã", o que a sra. Taylor evidentemente fez) foi-lhe útil quando começou a "tentar fotografar". Na década de 1860, a fotografia não era para os fracos. Não se apertava o obturador e deixava que alguém fizesse o resto. O que se exigia era semelhante à extração de rádio a partir da pechblenda feita por Marie Curie. O processo do colódio úmido (então o método mais moderno) exigia uma combinação de destreza e resistência que só os amadores mais fanáticos conseguiam dominar. "Trabalhei em vão, mas não sem esperança", escreveu Cameron em um relato autobiográfico inacabado chamado *Annals of my Glass House* [Anais de minha estufa]. "Comecei sem nenhum conhecimento da arte. Eu não sabia onde pôr a caixa escura, como focar meu modelo e, para minha consternaçao, apaguei minha primeira imagem ao esfregar a mão na película do vidro. [...] quando, triunfante, o segurei para secar."

A derrota de Cameron foi tipicamente de curta duração; ela logo dominou o processo do colódio e passou a produzir fotografias que encantaram não somente sua família próxima ("Meu marido, da primeira à última, observou cada foto com prazer, e é meu hábito diário correr para ele com cada vidro sobre o qual uma nova glória foi recém-gravada e ouvir seu aplauso entusiasmado", escreveu ela em *Annals*, e continuou, à sua maneira sem fôlego, incansável, para informar que "esse hábito de correr para a sala de jantar com minhas fotos molhadas manchou uma tal quantidade de toalhas de mesa com nitrito de prata, manchas indeléveis, que eu teria sido banida de qualquer casa menos tolerante"), como ganharam o elogio de um mundo maior e, em breve, passaram a figurar entre os monumentos da fotografia. No entanto, nem todas as fotografias de Cameron se tornaram monumentos.

Logo no início, estabeleceu-se uma distinção entre as fotografias de indivíduos e as de grupo (Cameron as chamava de fotos de "temas de fantasia"), em que dois ou mais modelos fantasiados (ou, no caso de crianças, nuas ou seminuas) representavam, sob a direção de Cameron, cenas da Bíblia, da mitologia, de obras de Shakespeare ou Tennyson. No ensaio crítico que acompanhava o artigo biográfico de Woolf em *Famous Men and Fair Women*, Roger Fry estabeleceu os termos do discurso binário sobre a fotografia de Cameron que permaneceria vigente por mais de meio século. Ele enchia de elogios os retratos individuais, situando-os no "mundo universal e atemporal" de Rembrandt, e descartava as fotos de grupo, julgando-as coisas efêmeras vitorianas. "Essas fotos devem ser todas consideradas fracassos do ponto de vista estético", escreveu sobre as fotos de temas fantasiosos, excetuando inexplicavelmente uma fotografia intitulada *O jardim de botões de rosa de meninas*. Gernsheim, que havia intensificado os comentários de Woolf sobre a aparência de Cameron dizendo que "Julia era encantadora, irremediável e pateticamente sem atrativos", reforçou da mesma forma a dureza da avaliação das fotos de temas de fantasia feita por Fry:

> Se a maioria das fotos de temas da sra. Cameron nos parece afetada, ridícula e amadora, e é em nossa opinião um fracasso, por outro lado, como são magistrais seus retratos diretos, realistas, que estão inteiramente livres de sentimentos falsos e que compensam os erros de gosto em seus estudos.

Aqueles que escreveram depois sobre Cameron, entre eles Cecil Beaton, Edward Lucie-Smith, Quentin Bell, Brian Hill e Ben Maddow, perpetuaram a ideia de que somente uma parte de suas obras tinha valor e que o resto era constrangedor.

*   *   *

Em 1984, foi publicado na Inglaterra um livro com o título neutro de *Julia Margaret Cameron, 1815-1879*, mas que quase explodia com a indignação de seu autor, um professor de Oxford chamado Mike Weaver, que não suportava a maneira como, em sua opinião, Cameron e sua obra foram tratadas com ares de superioridade e julgadas erroneamente por Woolf, Fry et al. Eis o comentário irritado de Weaver sobre a lenda da tia-avó maluca:

> A história de que seus filhos lhe deram uma câmera para acalmá-la enquanto [Charles Cameron] estava fora [...] é outra das muitas anedotas que visam despojá-la de sua dignidade de mulher e artista e tomaram o lugar da crítica de seu trabalho. [...] As anedotas tentam transformá-la em uma mulher metida a intelectual. Ela é retratada como obcecada por xales antiquados, com os dedos manchados de produtos químicos (o que as mulheres sabem sobre ciência?). [...] Houve quem sugerisse que tudo isso era demais para o coitado do Charles e outras supostas "vítimas", mas não há nenhum sinal de conflito entre eles; ao contrário, percebe-se uma relação profunda e duradoura, baseada na admiração mútua. Ela foi a sra. Gaskell da fotografia. Parece ter aceitado a maternidade e o casamento como ofícios elevados e sagrados e levou uma vida ativa em que a arte a aliviava de cuidados diários da casa. Ela não era inválida nem reprimida, tampouco inadequada. Era uma mulher de boa aparência que era uma bela pessoa. Suas irmãs, todas mais moças do que ela, apesar de toda a famosa beleza, não estavam à sua altura. Artista cristã, submeteu suas paixões e seu orgulho à vontade dos outros, e, acima de tudo, a Deus. Se não fosse tão fora de moda, eu a chamaria de gênio.

Longe de chamar de kitsch as fotos com temas de fantasia, Weaver as considera o núcleo essencial da obra de Cameron, a expressão culminante da devoção cristã que, na opinião dele, anima toda a sua fotografia — não somente as composições explicitamente religiosas, como também os retratos "simples" que parecem seculares — e à qual sua ambição estética sempre serviu. O que Gernsheim via como "sentimento falso" e "erros de gosto", Weaver considera um empreendimento de seriedade e sinceridade confiante. Ele propõe a tradição tipológica de leitura bíblica — pela qual personagens e temas das escrituras hebraicas são identificados como prefigurações de personagens e temas do Novo Testamento (Raquel no poço antecipando o anjo no túmulo, por exemplo, ou o menino Samuel antecipando o menino Jesus) — como modelo para a decodificação das problemáticas fotos de grupos. Através de seu estudo de *Sacred and Legendary Art* [Arte sacra e lendária], de Anna Jameson, entre outros textos do século XIX, Weaver imagina-se dentro da imaginação de Cameron, onde, acredita ele, a Bíblia, a mitologia clássica, as peças de Shakespeare e os poemas de Tennyson eram fundidos em uma única visão da beleza ideal. A matriz dessa visão era a arte renascentista, medieval e pré-rafaelita com que Cameron, sendo uma mulher culta, estava intimamente familiarizada.

Em um segundo livro, *Whisper of the Muse* [Sussurro da musa], Weaver expande e aprofunda sua visão de Cameron como uma grande artista religiosa, enraizando ainda mais sua "magnífica contribuição" no terreno agora muito distante da teoria estética cristã vitoriana (John Henry Newman, John Keble e Charles Cameron, que escrevera um ensaio sobre o sublime, estão entre suas fontes). Ele continua a pular no pescoço "daqueles que a acusam de excentricidade". "Eles merecem a nossa indignação. É uma calúnia barata contra uma mulher completamente *centrada*", escreve ele.

* * *

A reavaliação virulenta de Weaver foi muito influente. As fotos de temas de fantasia tornaram-se objeto de estudo apreciativo e as histórias engraçadas sobre a mulher "de discurso ardente e comportamento pitoresco" já não costumam ser contadas. Sylvia Wolf, a curadora da exposição *Mulheres de Cameron,* as exclui quase por completo do ensaio feminista sóbrio publicado no catálogo, do qual Cameron emerge como uma mulher sem esquisitices. A compreensão empática de Cameron proposta por Weaver — sua insistência em que a abordemos como uma pensadora cristã avançada e não como a protagonista de uma comédia maluca — influenciou obviamente Wolf. O problema é que Cameron *era* uma protagonista de comédia maluca. Há provas suficientes do comportamento pitoresco para que sejam sumariamente desconsideradas como calúnia. Virginia Woolf e Gernsheim não inventaram as histórias: eles as tomaram de contemporâneos de Cameron (nomeadamente de seu melhor amigo, o pintor G. F. Watts, e de sua amiga Annie Thackeray) e, o que é mais revelador, da própria Cameron. Afinal, é dos *Annals* de Cameron que deriva a história da câmera dada para "se divertir, mãe", assim como a imagem de Cameron correndo para a sala de jantar e pingando nitrito de prata sobre a toalha da mesa em que o pobre Charles está tentando comer.

Mas, acima de tudo, são as próprias fotografias que confirmam o caráter de *Do mundo nada se leva* da vida em Freshwater e que nos obrigam a fazer objeções à apresentação de Cameron feita por Weaver, como um Rafael ou Giotto da câmera. Se os retratos de madona com o filho de Cameron e suas ilustrações de cenas de Tennyson parecerem menos bobos para nós do que foram para os modernistas puritanos, até mesmo o mais católico dos pós-modernistas terá de reconhecer que essas fotografias carregam traços inconfundíveis das condições nas quais foram tiradas, e que essas condições eram muitas vezes cômicas. Em *Dia de Maio*, por exemplo, uma foto de grupo presente na exposição *Mulheres de Cameron*, as cinco figuras enfeitadas de flores parecem ter sido reunidas não para celebrar a renovação anual da vida, mas para ilustrar o livro de memórias da senhora que disse que se sentia como se seus olhos estivessem saltando da cabeça. Uma menina no primeiro plano (que, na realidade, era um menino chamado Freddy Gould, filho de um pescador do lugar) olha à média distância com uma expressão inesquecivelmente vítrea de sofrimento resignado. Outra foto de tema de fantasia — uma composição de madona e filho intitulada *Bondade* — deveria ter o nome mais apropriado de *Mau Humor*, pela expressão da criança que representa o menino Jesus e que obviamente odeia cada minuto de sua tarefa de modelo.

Esses rastros são obviamente o que dá vida e charme às fotografias. Se Cameron tivesse obtido sucesso em seu projeto de fazer obras inconsúteis de arte ilustrativa, sua obra estaria entre as curiosidades da fotografia vitoriana, tais como *Esvaindo-se*, de Henry Peach Robinson, que parece de cera, e a extravagante e horrível *Os dois caminhos da vida*, de Oscar Gustave Rejlander, em vez de ter feito algumas das imagens vitais da época. Cameron gostava de fazer álbuns de suas fotografias e empurrá-los para amigos e pessoas influentes, do mesmo jeito que empurrava xales para cima dos Taylor. (Lorde Overstone, Victor Hugo e George Eliot estavam entre os alvos, às vezes perplexos, de sua generosidade. Diz-se também que ela dava fotografias de gorjeta para carregadores.) Essas coleções não eram álbuns de família. Não tinham a intenção de fixar os momentos fugazes da vida familiar, mas registrar o progresso triunfante de Cameron através das franjas da Arte Elevada. E, no entanto, em muitos aspectos, as composições de Cameron têm mais ligação com as fotos de parentes recalcitrantes arrebanhados para a obrigatória foto de álbum de família do que com as obras-primas da pintura ocidental. Em Rafael e Giotto, não há cristos infantis de rostos borrados por terem se movido, ou que estejam olhando para o espectador com franco ódio. Gernsheim disse que as ilustrações de Cameron para Tennyson eram tentativas de fazer

> algo que a fotografia não pode e não deve fazer. [...] Quando ela tentava ilustrar uma ação, os resultados lembram o teatro amador ruim e são involuntariamente cômicos. Nisso ela certamente ultrapassou a fronteira do que é aceitável — para a nossa geração — em artificialidade.

E acrescentou que "a maioria das tentativas de ilustrar o irreal por um meio cuja principal contribuição para a arte reside em seu realismo está condenada ao fracasso".

Mas é precisamente o realismo da câmera — sua obsessão teimosa pela superfície das coisas — que dá a teatralidade e artificialidade de Cameron sua atmosfera de verdade. É a verdade da sessão fotográfica, em vez da ficção para a qual foi usado todo o aparato de disfarces, que emana dessas fotos maravilhosas e estranhas, um pouco fora de foco. Eles são o que são: retratos de criadas, sobrinhas, maridos e crianças da aldeia que estão vestidos como Madona, menino Jesus e João Batista, Lancelot e Guinevere, e que tentam desesperadamente ficar parados. A forma como cada modelo suporta sua provação é a ação coletiva da fotografia, sua "trama", por assim dizer. Quando olhamos para uma pintura narrativa, podemos suspender nossa descrença; quando olhamos para uma fotografia narrativa, não podemos. Estamos sempre conscientes da duplicidade da fotografia — da persona imaginária *e* real de cada figura. O teatro pode transcender sua duplicidade, pode nos fazer acreditar (pelo menos durante algum tempo)

210

que estamos vendo apenas Lear ou Medeia. As fotografias de cenas teatrais jamais deixam de ser fotos de atores. O que dá às fotos de Cameron de atores sua qualidade especial — seu status de tesouros da fotografia de um tipo muito peculiar — é sua combinação singular de amadorismo e talento artístico.

A caracterização que Weaver faz de Cameron como gênio não me parece exagerada em relação à compreensão dela das possibilidades oferecidas pela fotografia para a realização formal transcendente. "Eu desejava captar toda a beleza que via diante de mim", escreveu Cameron em seus *Annals*. Todo fotógrafo amador conhece esse sentimento. Mas apenas alguns amadores (Lartigue é outro) entenderam o que está envolvido nessa captura. Para que a beleza de uma linda criança sobreviva ao olhar fulminante da câmera, exige-se do fotógrafo muita atividade propiciatória. Cameron sabia, por exemplo, que as roupas que as crianças usam normalmente (na época vitoriana não menos do que na nossa) estão entre as armas mais potentes da câmara contra a pedofilia da tia ou da avó que fotografa. Em vez de uma criança linda, a câmera mostrará a competição entre um rosto e um vestido ou casaco de neve, um choque entre a delicadeza e a translucidez da pele jovem e a materialidade grosseira do vestido elegante. Uma sobrinha-neta de Cameron chamada Laura Gurney recordou o dia em que ela e sua irmã Rachel foram

> pressionadas a posar para a câmera [como] [...] dois anjos da Natividade, e para representá-los, ficamos seminuas, e cada uma de nós recebeu um pesado par de asas de cisne nos ombros estreitos, enquanto tia Julia, com mão ríspida, despenteava nossos cabelos para livrá-los do aspecto arrumado.

É óbvio que tia Julia sabia o que estava fazendo para dar à sua visão de beleza infantil a melhor chance possível de ser transposta para a placa de vidro molhado. Seria demais dizer que Cameron escolheu temas religiosos e literários simplesmente como uma fuga do traje vitoriano, mas não há dúvida de que suas cortinas, véus, turbantes, coroas e cotas de malha lhe deram uma vantagem estética considerável em relação aos fotógrafos de estúdio e colegas amadores que pegavam seus modelos como vinham.

Cameron tinha outras estratégias para lançar um véu de romance sobre as coisas absurdas que aconteciam no galinheiro. Em seu ensaio "Cupid's Pencil of Light: Julia Margaret Cameron and the Maternalization of Photography" [O lápis de luz de Cupido: Julia Margaret Cameron e a maternalização da fotografia],* Carol Armstrong faz uma leitura maravilhosa de uma fotografia do idoso sr. Cameron, vestido de Merlin, posando com uma modelo desconhecida vestida de feiticeira Vivien (que aponta um dedo para a cabeça de Charles, como se fosse um pequeno revólver de senhora), como sendo

> uma figuração alegórica da própria Cameron como feiticeira fotográfica, bem mais jovem do que o marido, que dirige o patriarca perplexo para manter a pose, ordena-lhe que fique quieto (e pare de rir) e com o dedo indicador o encanta, transformando-o em Merlin durante toda a bruxaria fascinante da fotografia.

Uma das magias mais potentes de Cameron era o foco suave com que — de início, involuntariamente (é evidente que tinha a lente errada para sua câmera) e depois como projeto — sempre enquadrava suas imagens. Basta imaginar suas fotos de temas de fantasia feitas por Richard Avedon ou pelas lentes impiedosamente nítidas de Annie Leibovitz para compreender o papel que o

---

* *October*, v. 76 (primavera de 1996).

foco suave desempenha na sensação que essas imagens dão de serem vestígios de sonhos impossíveis, em vez de meras tentativas risíveis de enganar o olho. A iluminação de Cameron realça ainda mais o caráter onírico de sua obra. Ela mantinha sua estufa bastante escura, o que prolongava a tortura das sessões, mas lhe permitia pôr em ação o que Quentin Bell chamou de "sua compreensão veneziana do claro-escuro". Uma fotografia chamada *O passamento de Artur*, que foi muitas vezes ridicularizada por seu artificialismo e teatralidade, e que Gernsheim afirma ser uma das piores fotos de temas de fantasia, sempre me provocou uma emoção secreta, a qual me sinto livre agora para confessar. A imagem mostra, na descrição ironicamente vívida de Gernsheim,

> o rei mortalmente ferido [jaz] na imponente barcaça (um barco improvisado simples, com cabos de vassoura como mastro e remo que mergulha nas cortinas de musselina branca que representam a água), descansa a cabeça no colo de uma das rainhas e olha um tanto desconfiado para seu estranho entorno. Infelizmente, o barco é pequeno demais para conter as três rainhas de luto, de modo que as outras duas têm de ficar de pé, atrás dele. Meia dúzia de moradores da aldeia, abafados em capuzes de monge feitos pelas criadas da sra. Cameron, espreitam no fundo.

Mas a ilustração que acompanha a descrição não dá suporte ao escárnio de Gernsheim. Longe de parecer ridícula, *O passamento de Artur* é uma espécie de coroação da aventura imaginativa de Cameron. Sim, as vassouras e as cortinas de musselina estão lá, mas são insignificantes. Para variar, a verdade simples da sessão fotográfica cede lugar à fantasia romântica de sua diretora. A imagem, uma cena noturna, é mágica e misteriosa. Gernsheim comparava as fotos de tema fantasioso de Cameron a teatro amador ruim. *O passamento de Artur* me faz lembrar o teatro amador bom que já vi e de que lembro com prazer despudorado.

* * *

Consta que Cameron disse, quando declinou do convite para fotografar a esposa de Charles Darwin, que "nenhuma mulher deve ser fotografada entre as idades de dezoito e setenta anos". A firmeza com que Cameron aderiu ao seu programa implacável de preconceito de idade fica evidente na exposição *As mulheres de Cameron*, em que vemos uma sequência de jovens no frescor da juventude. São as "belas mulheres" da monografia da Hogarth Press, que agora reaparecem sem acompanhantes. Sylvia Wolf, ao explicar sua decisão de banir os "homens famosos", diz que acha os retratos de mulheres feitos por Cameron "diferentes de seus retratos de homens — de algum modo, mais complexos e enigmáticos".

No entanto, em um aspecto, pelo menos, os retratos de homens famosos (que são de meia-idade ou idosos) e os de mulheres belas não são diferentes: ambos refletem o amor de Cameron por cabelos. Seus closes de Tennyson, Carlyle, Darwin, Longfellow, Taylor, Watts e Charles Cameron são celebrações de eminências vitorianas tanto quanto de barbas. (No caso de seu notável retrato de sir John Herschel, que não usava barba, Cameron fez o astrônomo de 75 anos lavar os cabelos brancos antes da pose para que eles ficassem esvoaçados e formassem uma espécie de aura de cientista louco ao redor de sua cabeça.) Os cabelos são igualmente importantes nos retratos de Mary Ann Hillier (que era criada de salão de Cameron e posou para ela como Mãe de Deus com tanta frequência que era chamada de Madona em casa), Cyllena Wilson (uma filha adotiva), Alice Liddell (a Alice de Lewis Carroll, agora crescida), Annie Chinery (nora de Cameron), Mary Ryan (outra criada), May Prinsep (uma sobrinha) e Julia Jackson (outra sobrinha e futura mãe de Virginia Woolf), que, entre outras, compõem o elenco da exposição *As mulheres de Cameron.*

Tal como as meninas cujos cabelos eram despenteados para perder a aparência embonecada, as moças desfaziam seus coques para que os cabelos poeticamente caíssem em torno de seus rostos. Um retrato de perfil de Hillier, intitulado *O anjo no túmulo*, em que um grande emaranhado de cabelos recém-lavados ocupa metade do quadro, poderia servir de complemento para o retrato de Herschel. Em dois retratos de Alice Liddell, intitulados, respectivamente, *Pomona* e *Alethea*, ela rompe o limite entre uma densa profusão de folhas e flores e os cabelos longos e soltos da modelo, como se quisesse expressar um prazer ao estilo de Morris com todas as coisas que crescem e se enrolam.

Sua prática de retratar os homens famosos em sua própria pessoa ilustre, enquanto (com algumas exceções) as mulheres belas eram representadas como personagens bíblicas ou literárias, talvez sugira um certo machismo.* Mas as próprias fotos contam uma história mais igualitária. Elas não mostram nenhum indício de que o coração de Cameron batia com menos rapidez quando fotografava sua criada do que quando fotografava um poeta lau-

---

* Uma das exceções foi Julia Jackson, que herdara a beleza das Pattle e que foi obsessivamente fotografada por Cameron — sempre como ela mesma — nos anos anteriores e posteriores ao seu primeiro casamento com Herbert Duckworth. Outra modelo desse tipo foi a filha única de Cameron, Julia Norman — a que lhe deu a câmera —, que Cameron fotografou pouquíssimo. Um retrato raro de Julia Norman aos 28 anos, que foi publicado em *Famous Men and Fair Women* e faz parte da exposição *As mulheres de Cameron*, a retrata como uma mulher de um tipo muito diferente de beleza daquele pelo qual Cameron era habitualmente atraída. Mostra uma mulher morena de traços fortes vestida de preto, com seu rosto triste, quase sombrio, emoldurado por um véu escuro; ela olha para baixo e poderia ser uma das viúvas sem nome que aparecem em fotografias do noticiário de guerra em lugares do Oriente Médio ou do Mediterrâneo. No entanto, era o marido que se tornaria viúvo: ela morreu no parto, em 1873, com 34 anos, deixando seis filhos. Nenhum dos biógrafos de Cameron se deteve na relação entre mãe e filha, em torno da qual paira uma certa atmosfera de embaraço.

reado. Talvez ela ousasse menos com os homens no quesito de desarrumação dos cabelos e troca de roupas (embora tenha conseguido jogar um cobertor cinza sobre os ombros de Tennyson e, possivelmente, até mesmo despentear seus cabelos quando tirou a fotografia que veio a ser conhecida como o retrato do *Monge sujo*). Mas a intensidade da relação fotógrafa-modelo não era menor no caso da criada do que no do grande homem.

Em 1864, seu colega fotógrafo amador Lewis Carroll visitou a ilha de Wight e escreveu para a irmã sobre uma "exibição mútua de fotografias" que tivera com Cameron. "As dela são todas tiradas propositalmente fora de foco — algumas são muito pitorescas, algumas são meramente hediondas —, porém, ela fala delas como se fossem triunfos de arte." Com certeza, Cameron nunca duvidou de si mesma. Em seus *Annals* ela achou "cômico demais" que Tennyson preferisse um retrato dele feito por um fotógrafo de estúdio chamado Mayall ao seu retrato *Monge sujo*. Ela desconsiderou uma crítica devastadora de seu trabalho no *The Journal of the Photographic Society of London*, ao dizer: "[Isso] teria me desanimado muito se eu não tivesse dado àquela crítica o valor que ela merece. Ela foi impiedosa e claramente injusta demais para eu lhe dar alguma atenção".

Sylvia Wolf incluiu muitas fotografias notáveis em sua exposição, mas não sei se fez a justiça feminista a Cameron que acredita ter feito. Como em qualquer reunião só de mulheres ou só de homens, há certa artificialidade e constrangimento na mostra. (Dois homens fantasiados estão presentes — Henry Taylor como o rei Assuero em uma foto de grupo e como Frei Lourenço em outra, e um modelo anônimo como Lancelot —, mas eles são pouco dominantes, como os acompanhantes masculinos nas fotos de moda feminina.) Os retratos de homens famosos talvez tenham sido outrora supervalorizados, mas sem eles o mundo da fotografia de Cameron fica reduzido. A beleza que Cameron encontrou e, em um número surpreendente de casos, foi capaz de captar, entre os homens de meia-idade ou idosos do mundo literário e artístico vitoriano, é uma pedra angular de sua façanha. (Sua recusa em fotografar mulheres de mais idade e idosas é uma medida óbvia de sua compreensão da misoginia da biologia.) De acordo com Gernsheim, certa vez Cameron levou um visitante a um quarto de sua casa onde Charles se recolhera e estava dormindo. "Apontando para ele, disse: 'Contemple o mais belo homem idoso do mundo!'. Depois de sair do quarto, o estranho perguntou: 'Quem é ele, é um modelo?'. Ao que a sra. Cameron orgulhosamente respondeu: 'É meu marido'." O banimento dos homens idosos bonitos, tal como a proibição das histórias engraçadas, não passa certamente de uma obstrução temporária no caminho da força vivificante do renascimento de Cameron.

Boas fotos
2004

1

Em 7 de janeiro de 1971, Diane Arbus entrevistou possíveis alunos de uma aula magna de fotografia que ela daria naquele inverno — o último de sua vida — e escreveu sobre os entrevistados:

> Um após o outro, eles desfilaram nesta sala vazia como se eu fosse um produtor de teatro burlesco ou um cafetão [...] a maioria de suas fotos me entediou e tive uma ligeira sensação de que não sabia o que havia de errado com elas, não eram afinal tão diferentes de fotos boas, exceto que havia aquela coisa misteriosa. [...] Eu não queria olhar para elas, como se pudessem ser contagiosas e eu acabasse aprendendo com os alunos a tirar apenas fotos chatas como aquelas.*

Se a ameaça de tirar fotos chatas paira sobre todo fotógrafo ambicioso, Diane Arbus foi, talvez, mais consciente disso do que

* Carta para Allan Arbus e Mariclare Costello, 11 jan. 1971.

qualquer outro fotógrafo. Suas fotografias nos dizem sempre quão interessantes são; elas nos desafiam a desviar o olhar. Se não é nossa coisa preferida no mundo olhar para fotos de gente esquisita ou monstruosa, travestis, nudistas e retardados mentais, Arbus está se lixando. Ela nos obriga a reconhecer que suas fotos não são imagens desagradáveis comuns do refugo da sociedade. São fotografias que somente Diane Arbus poderia ter tirado. A questão de saber se são também grandes obras de fotografia permanece indeterminada trinta anos após sua morte. Arbus não é universalmente amada como, digamos, Walker Evans. Curiosamente (e muito a propósito), ela não gostava de Evans. Sobre a retrospectiva dele feita em 1971 pelo Museu de Arte Moderna de Nova York, ela escreveu: "Primeiro, fiquei totalmente impactada por ele. Tipo, ESTE é um fotógrafo, era tão interminável e puro. Depois, na terceira vez que vi, me dei conta de como ele me aborrece para valer. Não suporto a maior parte do que ele fotografa".*

Há aqueles que não suportam a maior parte do que Arbus fotografa. Escrevendo na *New York Review of Books*, em 1984, o falecido Jonathan Lieberson reclamou que "suas fotografias chamam muita atenção para ela, somos lembrados demais de que seu sucesso como fotógrafa consiste em ela se 'imaginar' numa situação estranha, e por demais instados a perguntar como ela fez a foto". Comparando "a elegância fria e morta" de Arbus com o naturalismo confuso de Weegee, Lieberson concluía que "há nela alguma coisa que nega a vida, de qualquer modo, não muito humana, que a impede de ser totalmente de primeira linha". Mais recentemente, Jed Perl escreveu em *The New Republic*:

> Se a franqueza é a glória da fotografia, ela também é passível de ser manipulada, usada como uma espécie de dispositivo retórico mul-

---

* Carta para Allan Arbus e Mariclare Costello, 31 jan. 1971.

tiúso, até que a própria franqueza se torne uma forma de obscurecimento ou rebuscamento — o que é uma descrição justa, penso eu, da obra de Diane Arbus.

Perl descreve Arbus como "uma daquelas artistas boêmias inescrupulosas que celebram as excentricidades de outras pessoas e engrandecem o tempo todo sua visão de mundo narcisicamente pessimista", e observa que "a mulher e seu trabalho exercem uma atração tão forte hoje quanto na época da retrospectiva póstuma no Museu de Arte Moderna, em 1972".

A ocasião para o calmo desdém de Lieberson foi a publicação da biografia não autorizada de Arbus escrita por Patricia Bosworth. A aspereza excitada de Perl foi desencadeada pela publicação de um novo e enorme livro de fotos de Arbus intitulado *Revelations*, que acompanha uma retrospectiva no Museu de Arte Moderna de San Francisco e está gerando uma aura irritante de sucesso. Dois excelentes ensaios simpáticos a Arbus — um de Judith Thurman, na *New Yorker*, e o outro de Arthur Lubow, na *New York Times Magazine*, confirmaram a sensação de se tratar de um evento cultural notável, assim como o fizeram muitas notícias positivas mais curtas. O novo livro acrescenta muitas fotografias novas à obra de Arbus e apresenta uma versão autorizada de sua vida. Ele acrescenta, como cabe a essas publicações, grande brilho à figura de Arbus e faz dela uma espécie de instituição. Mas também, sem querer, e talvez de forma inevitável, embaça o radicalismo de sua produção, que fez de sua vida um objeto de ávido interesse.

A biografia de Bosworth, em grande parte baseada em entrevistas que fez com contemporâneos da fotógrafa — homens pouco cavalheirescos, que não resistiram a se gabar de ter dormido com Arbus, e mulheres infiéis, que mal podiam esperar para trair confidências de Arbus —, foi quase universalmente mal recebida. "Uma nuvem obscena paira sobre o livro", escreveu Lieberson, lamentando o retrato de Arbus, que emerge como "taciturna, mórbida e sexualmente perversa, ligeiramente absurda ao perguntar aos amigos se conheciam 'pessoas espancadas' ou 'aberrações' que ela pudesse fotografar".

Embora nunca mencione o livro de Bosworth, *Revelations* contém uma óbvia correção dele na forma de um relato biográfico intitulado "Uma cronologia", escrito por Doon Arbus, filha mais velha de Diane, e Elisabeth Sussman, uma das curadoras da exposição de San Francisco. Aqui, no lugar do metal falso do boato não confiável, movido por interesses próprios, temos o ouro maciço de cartas, anotações de diário e composições escritas pela própria Arbus. São citações extensas, acompanhadas por um grande número de fotografias de familiares, amigos e da própria Arbus. E adivinhem? Arbus emerge igualmente taciturna, mórbida, sexualmente perversa e absurda. Onde Bosworth, por exemplo, apresentava relatos de segunda e, por vezes, terceira mão de orgias sexuais de que Arbus participou e fotografou, a "Cronologia" mostra de fato uma fotografia de Arbus nua, deitada no colo de um homem negro seminu. Do mesmo modo, citações das cartas às quais Bosworth teve o acesso negado corroboram a impressão de nocividade de criança abandonada que o livro de Bosworth dá. "Eu preciso ser solitária e anônima para ser verdadeiramente feliz", Arbus escreve a um amigo em 1967, e, escrevendo de Londres, em 1970, ela diz: "Ninguém parece miserável, bêbado, aleijado, louco ou desesperado. Eu finalmente encontrei algumas coisas vulgares nos subúrbios, mas nada sórdido ainda". No posfácio, Doon Arbus escreve que a "Cronologia" "equivale a uma espécie de autobiografia". Mas não equivale a nada disso. A autobiografia é a arte de escolher o que você quer que o mundo saiba sobre você. Arbus não foi mais consultada sobre o que seria citado de suas cartas e diários do que sobre o que seus contemporâneos tagarelariam diante de um gravador.

Em um artigo de 1972 na revista *Ms.*, Doon relembra os combates de luta livre que tinha com a mãe na cama:

> Ela sempre ganhava. Todas as vezes. E quando penso nisso agora, tenho a sensação de que ela me enganava para me fazer perder. Eu estava sempre preocupada em não ser muito rude com ela [...] e sempre, penso eu, um pouco envergonhada com o entusiasmo dela pela disputa, de modo que eu começava a rir, rir demais para me concentrar, e tudo acabava comigo presa de costas e ela sorrindo placidamente para mim.

As posições estão agora invertidas. Doon está sorrindo para Arbus. Doon conquistou fama graças ao controle draconiano que exerceu como executora da herança de Arbus. Ela não deu permissão de reprodução de fotos de Arbus a escritores que se recusaram a submeter os textos à sua aprovação ou se negaram a fazer as mudanças que ela propôs. Em outubro de 1993, a revista *October* publicou um box para explicar por que não havia ilustrações no ensaio sobre Arbus escrito por Carol Armstrong. *October* havia submetido o texto a Doon e recebera uma carta de cinco páginas em espaço simples propondo mudanças que interferiam no conteúdo e que eram obviamente inaceitáveis. Treze anos antes, Ingrid Sischy, editora da *Artforum*, também tinha escolhido abrir mão de imagens em um artigo de Shelley Rice sobre Arbus. "A permissão seria concedida somente sob a condição de que o artigo fosse lido antes de tomar uma decisão sobre a permissão. *Artforum* não está disposta a aceitar estipulações comprometedoras", escreveu Sischy na nota do editor. Doon defende seu obstrucionismo no posfácio de *Revelations*:

[Diane Arbus] estava se transformando em um fenômeno e esse fenômeno, embora não representasse nenhuma ameaça para ela, começou a pôr em perigo as imagens. Ela havia conseguido uma forma de imunidade, mas as fotografias não. As fotografias precisavam de mim. Bem, elas precisavam de alguém. Alguém para tomar conta delas, protegê-las — por mais que fosse sem sucesso — de um ataque de teoria e interpretação, como se traduzir imagens em palavras fosse a única maneira de torná-las visíveis.

É um sinal do poder que Doon exerce no mundo de Arbus que ninguém tenha ousado protegê-la contra a declaração tão incrivelmente tola por escrito. A teoria e a interpretação, longe de ameaçar as obras de arte, as mantêm vivas. Até mesmo interpretações negativas, como as de Lieberson e Perl, são homenagens à vitalidade de Arbus. Doon vê perigo onde não existe e deixa de vê-lo onde ele está. Os fotógrafos não precisam ser protegidos das palavras dos críticos, mas da plenitude da fotografia. Para que as realizações de um fotógrafo não sejam enterradas sob uma avalanche de imagens, suas oferendas ao mundo devem ser drasticamente podadas. Como as candidatas a boas fotos são extraídas de folhas de contato, do mesmo modo o trabalho extraordinário de um fotógrafo precisa ser escolhido de seu trabalho meramente bom.

Revelations não é a primeira coletânea a ilustrar o truísmo de que, em fotografia, mais é menos. Os livros volumosos de fotografias de Cartier-Bresson, posteriores ao livro pequeno e perfeito de suas fotografias das décadas de 1930 e 1940, publicado pelo Museu de Arte Moderna em 1947, estão entre os exemplos mais flagrantes desse tipo de desorientação editorial. Mas que a guardiã do ouro do Reno da fotografia de Arbus tenha feito cálculo tão errado assim é surpreendente. Doon fez a coisa certa trinta anos antes, quando editou e projetou, em colaboração com Marvin Israel, amigo de Arbus, o livro *Diane Arbus: An Aperture Monograph* [Diane Arbus: uma monografia de abertura]. As oitenta imagens dessa coletânea incomparável constituem o corpo de trabalho pelo qual Arbus foi conhecida e julgada. Quase todas elas são um exemplo do estilo de Arbus em seu aspecto mais essencial e inimitável, e o livro como um todo representa a publicação de fotografias em seu aspecto mais ilustre.

A ordem em que as oitenta imagens aparecem não é cronológica nem determinada pelo assunto, mas tem uma lógica brilhante, misteriosa. Ao folhearmos o livro, somos atraídos para o mundo de Arbus do modo como somos atraídos para o mundo de um romance. O fato de todas as fotografias estarem nas páginas à direita, tendo ao lado páginas da esquerda em branco, exceto pelo título e data, dá a elas um peso e uma força que certamente não teriam em um arranjo mais econômico. Lemos as fotografias mais devagar e, ao fazê-lo, captamos com mais firmeza sua engenhosidade. O conteúdo das fotos de Arbus é mais comentado do que sua forma, mas o conteúdo não seria o que é sem a forma. Ela simplesmente não saía e fazia flagrantes de aberrações, travestis e nudistas. Como *Aperture Monograph* destaca com sua série repetitiva de retratos frontais, ela fazia com que posassem para ela, e sempre que possível os colocava contra um fundo liso. Arbus não é a primeira fotógrafa a ter entendido o valor estético do fundo neutro, mas sua sobreposição desse recurso formalista ao tema que era o domínio tradicional da fotografia documental informal é seu gesto característico. Na visão dos admiradores de Arbus, a "elegância fria, morta" de suas fotos, longe de ser motivo de reclamação, é precisamente o que lhes dá seu poder fascinante.

A novidade de *Aperture Monograph* e, talvez, o lance mais astuto dos editores é a ausência de prefácio crítico. Em vez disso, há quinze páginas de pequenos fragmentos de falas e escritos de Arbus — tirados, em grande parte, de uma gravação feita por um dos alunos da turma de 1971, bem como de entrevistas e cartas — dos quais Arbus surge com a vivacidade (e alguns dos maneirismos de fala) de um personagem de Salinger. A Arbus que se depreende desses fragmentos é tão brilhante, simpática, divertida e descentrada quanto um membro da família Glass. Eis o que ela diz das pessoas que fotografa:

> Na verdade, eles tendem a gostar de mim. Sou extremamente simpática com eles. Acho que sou meio duas caras. Sou muito insinuante. Isso meio que me aborrece. Sou do tipo um pouco agradável demais. Tudo é Ooooo. Eu me ouço dizendo "que fantástico", e tem essa mulher fazendo uma careta. Eu realmente quero dizer é fantástico. Não quer dizer que quero ter essa aparência. Não quer dizer que eu gostaria que meus filhos tivessem essa aparência. Não quer dizer que na minha vida particular quero te beijar. Mas quero dizer que é incrivelmente, inegavelmente alguma coisa.

E sobre aberrações:

> Aberrações são uma coisa que eu fotografei muito. [...] Há um lado de lenda em relação às pessoas anormais. Como alguém em um conto de fadas que te para e exige que você responda a um enigma. A maioria das pessoas passa pela vida com medo de que terá uma experiência traumática. As pessoas aberrantes nasceram com seu trauma. Elas já passaram por seu teste na vida. São aristocratas.

E sobre sua própria obra:

> Sinto que tenho um leve domínio de algo que diz respeito ao atributo das coisas. Quer dizer, é muito sutil e um pouco embaraçoso para mim, mas eu realmente acredito que há coisas que ninguém veria se eu não as fotografasse.

Tudo isso é muito cativante (que golpe retórico inteligente é esse "um pouco embaraçoso para mim") e paira sobre as imagens. Uma fotografia pode valer mil palavras, mas uma fotografia com algumas palavras — as palavras certas — vira uma combinação imbatível. Olhar para as fotos de Arbus de pessoas aberrantes à luz de sua observação sobre o teste que elas passaram na vida é olhar para elas com outros olhos.

Revelations, em contrapartida, nos faz olhar para a obra de Arbus com olhos cansados. O livro me faz lembrar um alpendre que conheço com uma bela vista para um vale, mas onde ninguém jamais fica porque ele está repleto, do chão ao teto, de colchões, cadeiras quebradas, televisores, pilhas de pratos, caixas para transporte de gatos, carrinhos de bebê, implementos agrícolas, projetos de marcenaria inacabados, caixas de edições antigas de *Popular Mechanics*, sacos plásticos pretos cheios com vai saber o quê. *Revelations*, seguindo uma tendência recente de gigantismo das publicações que acompanham exposições de fotografias em museus,* é igualmente sobrecarregado. Além das 104 páginas da "Cronologia" (também repletas de ilustrações) e do posfácio de Doon, há um longo ensaio de Sandra S. Phillips, a outra curadora da exposição em San Francisco, também muito ilustrado; um pequeno ensaio sobre a técnica de câmara escura de Arbus escrito por Neil Selkirk, que trabalhou com Arbus e imprimiu suas fotografias depois da morte dela; onze páginas de notas bio-

---

* Por exemplo: o modesto livro de fotografias que acompanhava a exposição de Walker Evans no MoMA em 1971 (aquela que Arbus achou tão chata) continha um único ensaio de John Szarkowski; o grandioso livro que acompanhava a exposição de Walker Evans no Metropolitan Museum em 2000 continha seis ensaios.

gráficas escritas por Jeff L. Rosenheim, curador adjunto de fotografia no Metropolitan Museum, sobre as pessoas que aparecem na "Cronologia"; catorze páginas de notas de rodapé; a carta obrigatória do diretor Neal Benezra do Museu de San Francisco; e uma declaração do patrocinador escrita por Charles Schwab.

Mas o que distingue o livro de outros SUVs recentes das publicações de fotografia, e que torna as fotos inofensivas na comparação, é a forma como estão apresentadas. Não há um lugar no livro dedicado à obra. Em vez disso, alguém teve a ideia horrível de misturar as fotos de Arbus com os vários textos. Você olha para algumas páginas de fotografias de Arbus e então dá de cara com um dos textos. Depois, há mais fotografias de Arbus, e, em seguida, outro choque. Isso não é maneira de olhar fotografias. Tampouco as fotografias deveriam sangrar para a página ao lado, de tal modo que cinco centímetros são cortados. Algumas das imagens mais conhecidas de Arbus — os anões russos em casa, a árvore de Natal em uma sala de estar em Levittown, o casal nudista no bosque — são maltratadas desse jeito. As novas fotografias, com poucas exceções, só diminuem nossa admiração por Arbus. A coletânea parece inflada. Sua capa entulhada, que mostra uma dupla exposição do rosto de Arbus sobreposta a uma vista noturna de Times Square, pressagia o atulhamento interno. *Aperture Monograph*, com sua imagem de capa serena e misteriosa de gêmeas em vestidos de veludo escuro colocadas contra um fundo branco, está garantido em seu status canônico.

2

Arbus vinha de uma família abastada — seu pai, David Nemerov, era dono da loja de departamentos Russeks, na Quinta Avenida —, mas não era, evidentemente, o tipo de família rica que partilha a riqueza com os filhos depois que eles crescem. Diane casou com Allan Arbus aos dezoito anos e, até eles se separarem e se divorciarem amigavelmente, no final dos anos 1960, o casal, com dois filhos, se sustentou fazendo fotografia de publicidade e moda. Eles trabalhavam em equipe: Allan fotografava e Diane mexia com as roupas dos modelos e tinha as ideias (um tanto convencionais, de forma alguma no estilo Arbus) para as fotografias. Ela começou a tirar suas próprias fotos e, aos poucos, passou a trabalhar para revistas como *Esquire* e *Harper's Bazaar*.

Em 1963, em busca de uma recomendação para uma bolsa Guggenheim, ela levou algumas de suas fotografias para John Szarkowski, diretor do departamento de fotografia do Museu de Arte Moderna, que não se impressionou. Como Szarkowski disse a Doon Arbus, em 1972:

> Eu realmente não gosto delas. Não achei que fossem fotos para valer. Mas eram muito fortes. Percebia-se que se tratava de alguém extremamente ambiciosa, muito ambiciosa. Não de uma maneira vulgar. Da maneira mais séria. Alguém que não ia se contentar com sucessos menores.

Szarkowski logo passou a ter um conceito melhor a respeito do trabalho de Arbus e, em 1967, incluiu trinta de suas fotografias em uma exposição no museu chamada *Novos documentos*, com dois outros fotógrafos inovadores, Lee Friedlander e Gary Winogrand.

Mas apesar de seu grande sucesso como ungida de Szarkowski, além de ter ganhado duas bolsas Guggenheim (uma em 1964 e outra em 1966), Arbus teve de lutar para se sustentar depois que ela e Allan fecharam o negócio de fotografia comercial e seguiram por diferentes caminhos. Para aumentar sua renda, ela foi às vezes obrigada a pôr a ambição artística de lado e fazer trabalhos que simplesmente rendessem dinheiro. Um desses projetos nascidos da necessidade foi uma encomenda particular, em dezembro de 1969, para fotografar um rico e bem-sucedido ator e produtor teatral de Nova York chamado Konrad Matthaei, sua esposa Gay e seus três filhos, Marcella, Leslie e Konrad Jr., em sua mansão do East Side durante uma reunião familiar de Natal. Arbus gastou 28 rolos de filme no projeto de dois dias e recebeu um honorário fixo, bem como honorários pelas cópias que a família encomendou a partir de folhas de contato e impressões provisórias que ela apresentou. Nada se sabia dessas fotos até o outono de 1999, quando Gay e a filha mais velha Marcella ofereceram emprestadas dezenas de cópias e 28 folhas de contato ao Museu de Arte do Mount Holyoke College para exibição pública (Gay Matthaei era ex-aluna de Holyoke). Dessa oferta nasceram a exposição e um livro que a acompanhou, chamado *Diane Arbus: Family Albums*, originalmente no Mount Holyoke e agora na Grey Art Gallery, na Universidade de Nova York.

O título deriva de um rabisco na margem de uma carta que Arbus escreveu em 1968 para Peter Crookston, um editor do *Sunday Times* de Londres, sobre um livro de fotografias que queria produzir, mas "que continuo adiando". "O título provisório [...] é *Álbum de Família*", disse ela a Crookston, e continuou: "Quer dizer, não estou trabalhando nisso, exceto fotografando como eu faria de qualquer modo, então tudo o que tenho é um título e uma editora, e uma espécie de doce desejo pelas coisas que quero pôr nele". Na mesma carta, Arbus se entregou em sua famosa frase: "Acho que, sob certo aspecto, todas as famílias são repulsivas".

Nos ensaios perceptivos que escreveram para o livro que acompanha a exposição, tanto John Pultz, professor associado de história da arte na Universidade do Kansas, como Anthony W. Lee, professor associado de história da arte no Mount Holyoke, começam citando o rabisco na margem de Arbus e depois escrevem o que provavelmente escreveriam de qualquer maneira, abordando temas como (Pultz) a cultura de revistas das décadas de 1950 e 1960 e (Lee, em um ensaio mais longo) a identidade judaico-americana no pós-guerra, a cultura da Guerra Fria, a influência sobre Arbus de Walker Evans e August Sander e a promoção da fotografia por John Szarkowski como forma de arte modernista. Os esforços deles para conectar tudo o que dizem ao tema do álbum de família — à ideia de que o trabalho maduro de Arbus reflete uma obsessão especial pela família — são engenhosos, mas nem sempre convincentes. Nós todos não temos famílias e não somos todos obcecados por elas em algum nível?

Há duas partes na exposição e no livro *Family Albums*. A ideia original era mostrar somente as fotos dos Matthaei. Mas isso foi considerado "limitador demais" (como me disse a diretora do museu da Mount Holyoke, Marianne Doczema) pelas editoras universitárias contactadas para fazer o livro, e assim agregou-se um grupo extra de fotos — de Mae West, Bennett Cerf, Marguerite Oswald, Ozzie e Harriet Nelson, Tokyo Rose e Blaze Starr, entre outros, que Arbus fez para a revista *Esquire* na década de 1960. Ao contrário das fotos da família Matthaei, as imagens da *Esquire* não são desconhecidas. Foram publicadas em um livro chamado *Diane Arbus: Magazine Work* (1984), editado e projetado por Doon Arbus e Marvin Israel, embora dessa vez sem arte. O que nunca foi visto antes são as folhas de contato de onde foram selecionadas as fotografias publicadas na revista.

É fascinante espiar as muitas fotos que Arbus tirou de cada celebridade e ponderar, e até mesmo questionar, as escolhas feitas por ela (ou pelos editores). Mas infelizmente só se pode fazê-lo ao visitar a exposição, pois quando o livro estava indo para o prelo, o Arbus Estate tomou uma de suas medidas características de repressão. Lee e Pultz foram obrigados a tirar do livro as folhas de contato das fotos da *Esquire*. (A exposição está fora do alcance dos herdeiros, lá as folhas de contato de *Esquire* permaneceram.)

Como se esse pepino não bastasse, Leslie, a filha mais nova de Matthaei, decidiu de repente que não queria que as fotos dela fossem publicadas. Isso obrigou Lee e Pultz a remover do livro todas as fotos e imagens de contato em que ela aparecia, sozinha ou em grupo. Nesse ponto, talvez até com mais urgência do que com os contatos da *Esquire*, é aconselhável ver a exposição, pelo que revela sobre a prática fotográfica de Arbus.

Na seção de seu ensaio dedicada à encomenda de Matthaei, Anthony Lee, talvez com um pouco de crueldade, discorre sobre a celebridade de que Konrad Matthaei gozava quando Arbus foi fotografá-lo com sua família, em dezembro de 1969. Conforme Lee, Matthaei "estava se tornando um enorme motor e agitador da cena teatral de Nova York, era íntimo dos atores e atrizes de teatro mais famosos da cidade e até mesmo do país, e era considerado um astro em rápida ascensão cuja boa sorte estava apenas começando". Sua casa na cidade, Lee observa, estava cheia de mobiliário francês do século XVIII e pinturas de Monet e Renoir; ele e Gay apareciam habitualmente nas colunas sociais de jornais e revistas. Lee não consegue resistir e cita um recorte que o inocente Konrad foi buscar em seus arquivos:

> O sr. Matthaei usa um terno com paletó trespassado feito sob medida por Pierre Cardin, marrom com um xadrez roxo, e a camisa e gravata cor de lavanda. "Eu era muito influenciado por Paul Stuart", ele observa com ironia, "antes de descobrir Cardin."

As folhas de contato sem cortes das fotos da família Matthaei contam diretamente a história dos dois dias de luta de Arbus com a encomenda. Reuniões familiares não são lugar para fotógrafos, inclusive os de menor ambição. As fotografias que produzem são necessariamente confusas, informes, feias. As fotografias que Arbus fez dos Matthaei e seus parentes na mesa de jantar e em brincadeiras decorosas na sala de estar não são diferentes das fotografias tiradas com as câmeras Instamatic de hoje, que tornaram desnecessária a contratação de fotógrafos profissionais. Arbus tentou pôr um pouco de ordem em suas fotos, fazendo os membros da família posar em linha num sofá acima do qual pendia o quadro de Monet, ou em grupos, numa das janelas com cortina ornamentada. Mas essas imagens também são indistinguíveis dos instantâneos sem valor algum que um parente chato sempre tira no Natal e no Dia de Ação de Graças. Finalmente, Arbus começou a levar as pessoas sozinhas ou em pares para outras partes da casa para fotografar contra fundos simples. Tirou algumas fotos de uma mulher mais velha vestida de menina — a mãe de Konrad — que em outras circunstâncias poderia ter sido boa para o seu projeto em andamento de documentar, como ela mesma disse, "o ponto entre o que você quer que as pessoas saibam sobre você e o que você não pode evitar que as pessoas saibam sobre você". Mas a idosa sra. Matthaei não era obviamente a pessoa para levar adiante essa investigação perigosa. Quando ela posou sozinha, Arbus simplesmente aceitou a ideia da sra. Matthaei de si mesma de uma mulher com um belo sorriso e boas pernas. Restaram as crianças. Com elas, Arbus conseguiu finalmente resolver o enigma de como agradar a família e não se desonrar como artista. Suas vítimas foram as duas filhas. Ela já tinha usado um rolo de filme com Konrad Jr. vestido de terno de veludo e posando para ela em seu cavalo de balanço sem nunca deixar de parecer banalmente bonitinho. Marcella e Leslie, de onze e nove anos, em seus vestidos de festa brancos, representavam a maior promessa de fotos que não causariam ofensa, mas poderiam ser *boas*.

Quando fui ver a exposição no Mount Holyoke, procurei naturalmente as fotos ausentes de Leslie e logo entendi por que ela não quis que fossem conservadas em livro. Leslie, garota atraente, é a filha inconveniente, a Cordélia das filmagens. Em quase todas as fotografias, ela está amuada, crava os olhos, franze a testa, parece tensa e sombria e, às vezes, até abertamente maldosa. Em sua análise das fotos da família Matthaei, Lee cita um relato que Germaine Greer fez para Patricia Bosworth sobre uma sessão fotográfica com Arbus que

> se transformou numa espécie de duelo entre nós, porque eu resistia a ser fotografada daquele jeito: close-up com todos os meus poros e rugas à mostra! Ela não parava de me fazer todos os tipos de perguntas pessoais e me dei conta de que ela só ia fotografar quando meu rosto estivesse mostrando tensão, preocupação, tédio ou aborrecimento (e havia muito disso, pode crer), mas, porque ela era uma mulher, não a mandei cair fora. Se ela fosse um homem, eu teria chutado seu saco.

Lee diz que, "ao contrário de Greer, nem Gay nem Marcella Matthaei lembram de querer chutar Arbus no saco", mas Leslie talvez tenha uma lembrança diferente: sua resistência ao projeto de Arbus é evidente. A gentileza demasiada de Arbus não funcionou como de costume com essa menina espinhosa. Leslie odiou cada momento de ser fotografada. Em um único momento excepcional, Arbus extraiu um sorriso relutante da garota. Ela está de pé ao lado de sua irmã, que também parece se divertir, em uma pose relaxada, com as mãos enfiadas nos bolsos de seu vestido de cetim branco curto. Algo agradável se passou entre as meninas e Arbus.

Mas Arbus não estava atrás de imagens de meninas bonitas e sorridentes. Marcella deu a Arbus o que Leslie lhe recusou. Os dois retratos de Marcella que Lee e Pultz reproduzem no livro são fotografias de Arbus de verdade. Elas têm a estranheza e excepcionalidade presentes nas suas melhores obras. Pertencem ao grupo das fotos do homem vestido de sutiã e meias, das gêmeas com vestidos de veludo, da engolidora de espadas albina e do casal nudista. Tal como esses modelos, Marcella colaborou involuntariamente com o projeto de estranhamento de Arbus. Seus retratos — um de corpo inteiro até os joelhos, o outro de cabeça e tronco — mostram uma menina com cabelos longos e uma franja que desce sobre os olhos que está de pé, tão ereta e olhando tão diretamente para a frente, que poderia ser uma cariátide. A seriedade feroz de seus traços fortes realça ainda mais a sensação de pedra. Seu vestido branco de crochê curto e sem mangas, que poderia parecer cafona em outra garota, nela parece uma indumentária de mito. Contrastar as fotos da pequena e birrenta Leslie com as da monumental Marcella é compreender alguma coisa da natureza fictícia do trabalho de Arbus. As imagens de Leslie são fotos que ilustram o realismo pronto da fotografia, seu apetite por fatos. Eles registram a verdade literal da fúria e do sofrimento de Leslie. As imagens de Marcella mostram a derrota do literalismo da fotografia. Elas nos levam para longe da reunião familiar — com efeito, de qualquer ocasião que não seja aquela do encontro entre Arbus e Marcella em que a ficção da fotografia foi forjada.

Como Arbus conseguiu que Marcella tivesse aquela aparência (que nenhuma menina de onze anos da vida real tem), como extraiu dela o magnífico grotesco que marca o retrato, continua a ser seu segredo de artista. A partir de entrevistas e correspondência com Gay, Konrad e Marcella Matthaei, Lee concluiu que o comportamento de Arbus com a família foi "agradável, mas reticente", e que "ela não interrogou nem interagiu com seus modelos — de fato, mal falou com eles". O close-up de Marcella está reproduzido na capa de *Family Albums* e nos vários anúncios relacionados com o livro e a exposição. A famosa ideia de Walter Benjamin, exposta em seu ensaio "A obra de arte na era de sua reprodutibilidade técnica", de que as obras de arte perdem sua aura depois que se torna possível reproduzi-las, não se aplica à própria fotografia. Ao contrário, cada vez que uma fotografia é reproduzida, ela adquire aura. Até mesmo uma fotografia de nenhum mérito em especial assumirá aura se for reproduzida muitas vezes. O memorável retrato de Marcella, escondido da vista do mundo por trinta anos, brilha no universo fotográfico de Arbus como uma nova estrela.

As mulheres de Edward Weston[*]
2002

Em 1975, escrevi uma crítica da retrospectiva das fotografias de Edward Weston no Museu de Arte Moderna para o *New York Times*. Foi-me permitida uma ilustração, mas a que eu escolhi — o conhecido nu em forma de pera, um estudo puramente abstrato do traseiro de uma mulher — foi considerada atrevida demais pelo *Times* daquela época e fui obrigada a aceitar um substituto sóbrio: um nu feminino sentado em que a modelo havia disposto de tal modo seu corpo que não mostrava nada, exceto pernas, coxas e braços dobrados e o topo de uma cabeça inclinada. Alguns anos mais tarde, tive a oportunidade de olhar novamente para aquela foto sóbria e me divertir ao notar algo que eu e, obviamente, o *Times* não tínhamos visto em 1975: observada bem de perto, veem-se na interseção das coxas da mulher alguns tufos de pelos púbicos. Fui levada a essa descoberta pela modelo da

[*] *Margrethe Mather and Edward Weston: A Passionate Collaboration*, de Beth Gates Warren; e *Through Another Lens: My Years with Edward Weston*, de Charis Wilson e Wendy Madar.

fotografia, Charis Wilson, a segunda mulher de Weston, que escreveu um texto no livro de nus do fotógrafo publicado em 1977, no qual lembrou, em relação a essa imagem, que

> ele nunca ficou feliz com a sombra sob o braço direito, e eu nunca fiquei feliz com a parte do cabelo torcido e os grampos. Mas quando vejo a foto subitamente, lembro-me mais de Edward examinando a cópia com uma lupa, para decidir se os poucos pelos pubianos visíveis o impediriam de enviá-la pelo correio.

A fotografia foi tirada em 1936. Em 1946, quando o Museu de Arte Moderna fez a primeira retrospectiva de Weston, ainda era contra a lei enviar pelo correio nus que mostrassem pelos públicos, e o museu debateu seriamente se deveria mostrar qualquer nu de Weston. (O museu finalmente criou coragem e os expôs. Nada aconteceu.) Ben Maddow, biógrafo de Weston, cita a carta satírica de Weston para Nancy e Beaumont Newhall, do departamento de fotografia do museu "ref. 'pelos públicos'" (como ele gostava de chamá-los):

> Sem dúvida, informem ao seu Conselho de Administração que P. P. constituíram definitivamente uma parte do meu desenvolvimento como artista, digam-lhes que foi a parte mais importante, que eu gosto deles pardos, pretos, vermelhos ou dourados, crespos ou lisos, de todos os tamanhos e formatos. Se isso não comovê-los, me avisem.

A brincadeira amarga de Weston contém uma verdade evidente para qualquer pessoa familiarizada com a sua história. As atividades eróticas e artísticas de Weston estão tão entrelaçadas que é impossível escrever sobre uma sem a outra. Sabe-se (pelos diários de Weston) que a maioria das mulheres que posaram para seus nus e retratos — possivelmente suas melhores obras — dormiu com ele (geralmente após a sessão de fotos) e foi fonte para ele de enorme energia criativa.

Margrethe Mather, a primeira dessas modelos da mais alta importância, era, como Maddow a descreve, "uma mulher pequena, muito bonita e excepcionalmente inteligente, [...] principalmente, embora não totalmente, lésbica", e um objeto de desejo misterioso, esquivo:

> Edward Weston ficou perdidamente apaixonado por ela. Os filhos [de sua então esposa Flora] se lembram de irromper ruidosamente na câmara escura do estúdio em busca do pai e encontrá-lo abraçado a Margrethe; mas ela não deixaria que as coisas fossem além disso, e essa relação semiplatônica o atormentou por quase dez anos.

Na época, Weston morava num subúrbio de Los Angeles chamado Tropico, ganhava a vida como fotógrafo de retratos de estúdio e lutava, com o seu trabalho após o expediente, para fazer nome no mundo da fotografia artística. A delicada beleza à la Garbo e a expressão definitivamente triste de Mather faziam dela um modelo ideal para o estilo pictorialista de foco suave no qual Weston então trabalhava. Seu desejo por Mather — que foi finalmente satisfeito de uma forma bastante desconcertante na véspera de sua viagem de dois anos para o México com outro amor — tem sido uma constante nos textos sobre Weston, assim como a questão da influência dela em sua obra. ("É [...] difícil confirmar a influência indiscutivelmente forte sobre as ideias fotográficas de Edward Weston de uma mulher muito brilhante e neurótica, a qual ele não só fotografou, como fez dela sua parceira de estúdio", escreve Maddow sobre Mather.) Infelizmente, o documento que poderia ter esclarecido essas questões — um diário mantido por Weston durante os anos de sua associação com Mather — foi destruído por ele em 1923, num momento de desgosto consigo mesmo. Poucos meses depois, Weston arrependeu-se de seu ato, escrevendo em um novo diário:

> Eu [...] lamento ter destruído minha agenda anterior ao México: embora mal escrita, registrava um período vital, toda a minha vida com MM, a primeira pessoa importante na minha vida, e talvez até agora, embora o contato pessoal tenha acabado, o mais importante. Será que poderei alguma vez escrever em retrospecto? Ou haverá algum dia um contato renovado? Eram uma vida e um amor loucos, mas lindos!*

Quando conheceu Weston, Mather também era uma fotógrafa pictorialista, no mínimo do mesmo nível dele. Mas, enquanto Weston continuou a tirar fotos e fazer experiências com novas formas e estilos, para se tornar uma das grandes figuras da fotografia, Mather parou de fotografar na década de 1930 e, assim, tornou-se uma mera personagem da história de inovações artísticas e encontros heroicos com P. P. de Weston. *Margrethe Mather and Edward Weston: A Passionate Collaboration* [Margrethe Mather e Edward Weston: uma colaboração apaixonada], de Beth Gates Warren, é um lembrete triste do breve tempo de atenção dos deuses da reputação. Se um artista não continua produzindo, se permanece fora de vista por demasiado tempo, ele cai no esquecimento. As ilustrações do livro demonstram a excelência do trabalho de Mather — 22 placas de Weston são intercala-

---

* *The Daybooks of Edward Weston*, v. 1, *Mexico*, editados por Nancy Newhall (Aperture, 1973), p. 145.

das com 66 placas de Mather, e o trabalho da fotógrafa obscura não sofre de nenhuma maneira com a comparação. Como pictorialista, Mather se defende muito bem. Ao folhear o livro sem olhar para as legendas, é possível identificar com certeza as fotos de Weston somente quando Mather aparece nelas. Ambos executam magistralmente o programa da fotografia artística do início do século xx, com seu amor pela névoa, a escuridão e a sombra e todas as coisas japonesas. Mas, depois de 1930 (houve uma única e breve onda de atividade renovada em 1931), Mather deixou que a chama de seu talento diminuísse e depois se apagasse.

O início da história de Mather, saído de um romance de Dreiser, como Beth Gates Warren conta no texto breve de seu livro, faz com que nos perguntemos como a chama chegou a se acender. Ela nasceu com o nome de Emma Caroline Youngren, em Salt Lake City, e com três anos, após a morte de sua mãe, foi morar com uma tia que era empregada de um homem chamado Joseph Cole Mather. Quando Emma atingiu a maioridade, adotou o nome de Margrethe Mather, mudou-se para a Califórnia e virou prostituta. Mesmo depois de se tornar fotógrafa, boêmia e militante política (ela entrou para um círculo de discípulos de Emma Goldman), continuou a fazer programas para complementar sua renda. A fonte dessa informação impressionante é um livro de memórias muito esquisito de um homem chamado William Justema, um designer de padrões, cuja falta de confiabilidade Warren reconhece ("Pesquisas recentes fizeram ressalvas a uma boa parte das informações registradas informalmente, sem documentação e altamente legíveis da narração que Justema faz da história dela"), mas a cuja narrativa ela não consegue resistir. Conforme a lei da biografia de Gresham, as boas histórias expulsam as verdadeiras. A verdadeira história aqui é que não sabemos se Mather era de fato prostituta ou se Justema (ou a própria Mather) inventou maliciosamente essa história.*

Mather e Justema se conheceram por volta de 1921, quando ele tinha dezesseis anos e ela, 35, e logo depois começaram o que ele chama de "uma existência conjunta de austeridade excepcional e decadência" (Ele se mudou para um quarto do lado oposto da rua do estúdio dela, onde dormia, mas passava dias e noites com ela). Ela era o "nosso ganha-pão e minha mãe substituta", e ele era vai saber o quê. Nessa época, Mather estava trabalhando como parceira de Weston no estúdio de Tropico, mas pelo relato de Justema (e Warren), os movimentos dela entre Weston e Justema são difíceis de descobrir ou imaginar. Ela e Justema faziam dietas estranhas e drásticas, frequentavam o teatro chinês, vendiam desenhos pornográficos feitos por Justema e, em 1931, colaboraram numa exposição notável de fotos de objetos dispostos em arranjos por Justema e fotografados por Mather. O que Mather fazia como parceira e colaboradora de Weston não está claro até hoje. Mather passou os últimos vinte anos de sua vida com, na caracterização de Warren, "um homem tagarela e beberrão chamado George Lipton", ajudando-o em seu negócio periclitante de antiguidades. Ela morreu de esclerose múltipla em 1952, aos 66 anos.

A pesquisa de Warren levou-a aos muitos prêmios que Mather ganhou entre 1915 e 1925 nos salões pictorialistas e aos clubes de fotografia a que se associou (ela fundou um chamado os Pictorialistas da Câmera de Los Angeles), mas não ao início de seu envolvimento com fotografia — ao momento em que a garota que pegava homens de negócios em saguões de hotel pegou uma câmera. Isso continua a fazer parte da névoa em que Mather

---

* O livro de memórias de Justema aparece em um catálogo de 123 fotografias de Mather publicado em 1979 pelo Center for Creative Photography da Universidade do Arizona.

permanece obscurecida. Warren está preparando uma biografia completa de Mather e Weston, e talvez venha a penetrar na neblina. De seu relatório inicial — bem como das memórias malucas de Justema —, temos uma impressão clara da desordem da vida de Mather, mas somente uma vaga e confusa ideia da própria Mather. Um vislumbre raro e muito atraente dela — e da pobre Flora Weston — escapa de uma carta que ela escreveu em 1922 (citada por Maddow):

> Ela [Flora] ficou por aqui chorando a uma da manhã [...], culpando-se por segurar Edward — eu disse a ela [...] que ela era responsável pelo sucesso de Edward — sem o equilíbrio dela e das crianças — a responsabilidade forçada — Edward teria sido como o resto de nós — sonhando — morando em sótãos — levando uma vida livre (Ó Deus!) etc. etc., sem crescer e produzir como havia feito. [...] Flora pareceu grata por minhas palavras, mas logo as esqueceu.

Charis Wilson, em *Through Another Lens: My Years with Edward Weston* [Através de outra lente: meus anos com Edward Weston], escreve sobre um encontro casual com Mather, em 1937, quando ela e Weston estavam caminhando pela rua, em Glendale, Califórnia. Wilson, que era 28 anos mais moça do que Weston e modelo de alguns dos seus nus mais brilhantes, ficou curiosa a respeito da primeira de suas antecessoras:

> Aproximamo-nos de uma mulher de meia-idade que havia parado diante de uma loja de móveis usados. [...] Enquanto ela e Edward conversavam, procurei algum vestígio da jovem mulher que Edward conhecia desde 1912 e de quem fizera retratos e nus no início dos anos 1920 — aquela mulher de mistério e romance que enfeitiçara o jovem Edward Henry Weston.

Mas ela conclui: "Não pude detectar provas daquele passado". O que Wilson se abstém delicadamente de dizer, uma pessoa mais cruel — o fotógrafo Willard Van Dyke (citado por Maddow) — não tem remorso em relatar: "Encontrei Margrethe Mather apenas uma vez. Naquela época, ela era gorda e não muito atraente, e estava vivendo com um homossexual. [...] Não restava nada daquela beleza, e sua mente não era nada atraente".

Mas mesmo a escritora mais gentil, então uma bela jovem em seus vinte e poucos anos, não pode se libertar (e quem de nós pode?) da ideia de que a beleza excepcional na juventude é uma característica definidora, cuja perda é uma depreciação tanto da aparência da pessoa como de seu interior. E assim, apesar de todos os esforços de Warren para assegurar a reputação de Mather como fotógrafa e atribuir significado a sua história de vida triste e vaga, a excepcional beleza de Mather, imortalizada pelas fotografias de Weston (bem como de Imogen Cunningham), continuará provavelmente a ser o motivo pelo qual ela é conhecida. O que Helena de Troia fazia em seu tempo livre e como ela era "realmente" não são perguntas que nos torturam. Eu disse antes que as fotografias pictorialistas de Mather não sofrem com a comparação com as de Weston; mas elas o sofrem em um aspecto: nenhuma de suas fotografias retrata uma pessoa tão linda como ela mesma.

O gosto amplamente eclético de Edward Weston por P. P. não se estendia a outras partes da anatomia; ele era tão exigente em relação aos rostos e formas de seus modelos femininos quanto o era a respeito das cascas e formatos de pimentões e repolhos. (É claro que em seu trabalho comercial ele não podia ser exigente, e suas agendas estão repletas de observações sobre as "bruxas obesas e enrugadas" que iam ao seu estúdio e cujos retratos ele desdenhosamente retocava.) As agendas de Weston também estão repletas de referências a suas conquistas. "Por que essa onda de mulheres? Por que vêm todas ao mesmo tempo? Aqui estou eu, isolado, sem quase sair das minhas salas de trabalho, mas elas vêm, elas me procuram — e cedem (ou sou *eu* que cedo?)", escreve ele em 10 de fevereiro de 1927 e, de novo, em 24 de abril:

> O que eu tenho que faz essas muitas mulheres se oferecerem para mim? Eu não me esforço atrás delas — não sou um macho viril e robusto que exala sexo, nem sou o tipo do poeta romântico e sonhador que algumas amam, nem o arrojado donjuán empenhado na conquista. Agora é B.*

Mas, embora atendesse todas as mulheres que o procuravam, isso não significa que fotografasse todas elas. Os nus pelos quais Weston é conhecido retratam um grupo pequeno e seleto, do qual a maioria de suas amantes está excluída. Com efeito, seus nus podem ser caracterizados como "colaborações apaixonadas", em que a paixão de Weston por certo tipo de beleza e uma mulher que encarnava essa beleza se uniam com um estrondo quase audível.

Charis Wilson é a mais importante dessas colaboradoras e, ao contrário de Mather, ela chega até nós muito bem descrita, com uma primeira aparição vistosa na biografia de Maddow. Ele diz:

> Charis era um novo tipo de pessoa, comum na Europa da época, mas apenas começando a florescer nos Estados Unidos: rica, instruída, rápida, franca, aristocrática, mas grosseira e aberta em relação ao sexo e às funções menos interessantes.

Wilson e Weston se conheceram num concerto em Carmel, na Califórnia, em 1934, quando ela tinha vinte anos e ele, 48. Em seu

---

* *The Daybooks of Edward Weston*, vol. 2, *California*, editados por Nancy Newhall (Aperture, 1973), pp. 4 e 18.

diário de 9 de dezembro de 1934, Weston escreve sobre o encontro: "Eu vi aquela garota alta, linda, com um corpo primorosamente bem-proporcionado, rosto inteligente com muitas sardas, olhos azuis, cabelo castanho dourado até os ombros — e tive de conhecê-la". Em breve, Wilson estava posando para ele e dormindo com ele. Weston descreve assim a transição de uma atividade para a outra:

> Os primeiros nus de C. estavam facilmente entre os melhores que eu já tinha feito, talvez os melhores. Eu estava definitivamente interessado agora e sabia que ela sabia que eu estava. Senti uma reação. Mas eu sou lento, mesmo quando me sinto seguro, especialmente se estou muito emocionado. Não esperei muito para fazer a segunda série, que foi feita em 22 de abril, um dia para lembrar para sempre. Eu já sabia o que ia acontecer; os olhos não mentem e ela não usava máscara. Mesmo assim, abri uma garrafa de vinho para ajudar a reforçar meu ego. Veja, eu realmente queria C., daí a minha hesitação.
>
> E trabalhei com hesitação; a fotografia estava em segundo lugar. Fiz uns dezoito negativos, adiando sempre adiando, até que, por fim, ela estava deitada embaixo de mim esperando, prendendo meus olhos com os dela. E eu me perdi e estou perdido desde então. Um novo e importante capítulo na minha vida começou na tarde de domingo, 22 de abril de 1934.
>
> Depois de oito meses, estamos mais próximos do que nunca. Talvez C. venha a ser lembrada como o grande amor da minha vida. Já atingi certas alturas que não alcancei com nenhum outro amor.

Em suas memórias, Wilson reverentemente reproduz (como Maddow havia feito antes dela) essa miscelânea de vaidade masculina e banalidade de literatura juvenil. Ela se contenta em ser lembrada como o grande amor de Weston. Estava apaixonadíssima por ele. O impulso para escrever um livro de memórias veio do "choque doloroso" que sentiu ao ler a biografia de Maddow, que, segundo ela, "faz de Edward uma espécie de fanático, sem humor e narcisista". Ao passo que "a verdade é que Edward adorava piadas, troças e histórias absurdas em geral, e não ligava para as noções convencionais de dignidade". (De forma alguma Maddow mostrara um Weston antipático, como Wilson acredita que ele havia feito; seu retrato é complexo e, portanto, inaceitável para uma pessoa íntima.) Wilson começou a fazer anotações para um livro de memórias que corrigisse a imagem de seu ex (ela e Weston se divorciaram em 1945) que adorava brincadeiras, mas foi somente na década de 1990, quando estava com mais de oitenta anos e uma amiga mais jovem lhe ofereceu ajuda, que esse livro de memórias foi finalmente escrito. Portanto, não é o que teria sido se escrito por Wilson em seu auge e sem ajuda, embora a voz que surja dele não seja de forma alguma débil ou desinteressante.

Wilson acredita que boa parte dos problemas do retrato que Maddow fez de Weston é que ele confiou demais no diário subsistente de Weston, que o próprio Weston achava pouco confiável. "Acho que tem reclamações demais; é pessoal demais, e um registro de uma pessoa não muito simpática", escreveu ele para Nancy Newhall em 1948. "Eu escrevo geralmente para desabafar, então o diário dá uma imagem unilateral de que não gosto." Mas o diário da própria Wilson — o registro que fez durante suas viagens com Weston graças a duas bolsas sucessivas da Guggenheim — põe outro obstáculo no caminho de nossa compreensão de Weston. Wilson não é uma escritora entediante, mas sua dependência obstinada do diário faz dela uma chata. Em boa parte do livro, ela relata o progresso dia a dia das viagens — cada área selvagem que visitaram, todas as pessoas com quem ficaram, cada árvore ou montanha que fotografaram, cada transtorno que sofreram. À medida que a massa de informação desinteressante cresce, Weston sai de vista.

Apesar disso, Wilson atinge pelo menos um pouco de seu objetivo de retratar Weston como amável e de transmitir o prazer e a emoção de sua vida com ele. Era uma vida de simplicidade ao mesmo tempo deliberada e (por causa da Depressão) imposta. Weston criou um fetiche em torno da ideia de viver em oposição aos costumes burgueses, e Wilson, que tivera uma infância infeliz em uma mansão, estava contente por acompanhá-lo em sua vida californiana de refeições de vegetais crus, frutas e nozes e alojamentos equipados somente com uma cama coberta com um poncho vermelho. Ela era tão solene em relação ao sexo quanto ele. As pessoas eram assim naquela época.

Sua crença na grandeza de Weston era absoluta, e a abnegação de sua dedicação à carreira dele é comovente. É também surpreendente — contradiz a descrição que Maddow faz dela como "um novo tipo de pessoa" e não está de acordo com a impressão que temos dela a partir das fotografias de Weston. Nelas Wilson mostra uma tranquilidade corporal, quase um langor, e uma expressão de "dane-se" no rosto que são dificilmente características de uma esposa de artista que se sente explorada. Tal como nas fotos que fez de Mather, as que Weston fez de Wilson tomam muito de seu brilho especial da beleza e presença deslumbrante da modelo. O livro de 1977 de nus, muitos deles de Wilson, provocou, diz ela, "uma onda de atenção em minha direção".

De repente, eu era uma fonte principal — e um assunto principal. Parecia que, para onde me virasse, veria outra imagem de mim mesma, sentada na soleira da porta, ou esticada na areia, ou empoleirada numa plataforma de modelo. Certa vez, saí de uma estação do metrô de Nova York e dei de cara com uma parede suja repleta de cartazes de mim do jeito que eu era cinquenta anos antes, sentada encostada numa rocha da High Sierra, com a cabeça embrulhada para proteger dos mosquitos, com uma expressão de cansaço no rosto — desde então identificada pelos críticos como "sensualidade".

Essa fotografia, por mais que Wilson se lembre das circunstâncias em que foi batida, é realmente sensual, provavelmente a mais sexy de todas as fotos que Weston fez dela. Wilson está sentada com as pernas abertas e as mãos cruzadas sobre o lado interno das coxas. O fato de ela estar de calças e botas de cano alto com cadarço só contribui para a sensualidade — poderíamos até dizer indecência — da imagem. O rosto, envolto em um lenço à maneira de um beduíno, olha para o espectador e para além dele. É um rosto muito jovem, talvez um pouco tristonho, que certamente não desconhece o caráter provocativo da pose, mas se recusa a registrá-lo. Os olhos do espectador vão e vêm entre as mãos e o rosto, alternando entre sentido descendente das mãos e o olhar para a frente do rosto. Não sei de outra fotografia que faça nossos olhos repetir essa trajetória.

Ela foi tirada em 1937, no lago Ediza, na região selvagem de Yosemite, durante a primeira viagem com a bolsa Guggenheim. Em *Through Another Lens* [Através de outra lente], Wilson conta como Weston quase não conseguiu a bolsa. Depois de trabalhar por vários dias em sua proposta para a subvenção, ele jogou fora tudo o que havia escrito e limitou-se a esta declaração concisa: "Desejo continuar uma série épica de fotografias do Oeste, iniciada por volta de 1929; isso abrangerá de sátiras sobre publicidade à vida na fazenda, de grandes algas da praia às montanhas. A publicação desse material parece assegurada".

Uma pessoa da Fundação Guggenheim que gostava de Weston lhe informou que a comissão de juízes ficaria desconcertada e, possivelmente, até mesmo se sentiria insultada por seu laconismo cordeliano e o mandou consertar o texto. Ele assim o fez. Tal como outros artistas do período da Depressão que precisavam desesperadamente de ajuda, ele não podia se dar ao luxo de ser teimoso. Com a ajuda de Wilson, escreveu o ensaio de cinco páginas, cheio de fanfarrice, que essas ocasiões exigem. Mas antes de se entregar à tarefa, e como forma de explicar sua reticência inicial, ele dá uma justificativa maravilhosa:

> Eu senti necessidade de concisão e simplicidade porque me dei conta de que qualquer análise que fizesse em palavras do meu ponto de vista, dos objetivos e da maneira de trabalhar, seria necessariamente incompleta, porque são essas mesmas coisas que só posso expressar plenamente através do meu trabalho — em outras palavras, é por isso que sou fotógrafo.

Na verdade, a foto do lago Ediza é uma das poucas imagens memoráveis produzidas na viagem da Guggenheim. Assim como achamos lamentável o diário de Wilson dessa aventura, nos perguntamos se a própria viagem não foi um erro — se Weston não deveria ter ficado em casa e tirado fotos modestas mas fascinantes de Wilson, em vez das grandiloquentes mas muitas vezes desinteressantes que fez da natureza. Mas por outro lado, se tivesse ficado em casa, não teríamos a fotografia do lago Ediza e, com certeza, uma fotografia extraordinária vale mais do que mil insignificantes.

Nus sem desejo
2002

Em meados da década de 1960, uma solução muito diverti-da de um mistério biográfico foi proposta por Mary Lutyens. O mistério dizia respeito ao casamento não consumado de seis anos de duração de John Ruskin e Effie Gray, que foi anulado em 1854, depois que Effie revelou a seu pai que Ruskin ainda não havia "[feito] de mim sua esposa". "Ele alegou várias razões", es-creveu ela:

> Ódio a crianças, motivos religiosos, desejo de preservar minha beleza e, finalmente, no ano passado, ele me contou seu verdadei-ro motivo, [...] que ele havia imaginado que as mulheres eram muito diferentes do que viu que eu era, e que a razão pela qual não me fez sua esposa era porque ficara enojado da minha pessoa na primeira noite, em 10 de abril.

Em uma declaração que escreveu para seu advogado durante o processo de anulação, Ruskin corroborou o relato de Effie:

Pode-se julgar estranho que eu tenha me abstido de uma mulher que para a maioria das pessoas era tão atraente. Mas embora seu rosto fosse bonito, sua pessoa não estava feita para estimular a paixão. Ao contrário, havia certas circunstâncias em sua pessoa que a freavam completamente.

O que Ruskin viu em sua noite de núpcias que lhe provocou tanta repulsa? Quais foram as "circunstâncias" do corpo despido de Effie que o levaram a evitá-la durante seis anos? Mary Lutyens propôs engenhosamente que

> Ruskin sofreu um choque traumático em sua noite de núpcias quando descobriu que Effie tinha pelos pubianos. Nada o preparara para isso. Ele nunca estivera numa escola de arte e nenhuma das pinturas e estátuas em exposição pública na época retratava nus femininos com pelos em qualquer parte de seus corpos.*

"Em sua ignorância, ele acreditou que ela fosse a única desfigurada", disse Lutyens em outro texto sobre o assunto.**

A reconstrução imaginativa que Lutyens faz da terrível noite do casamento — o autor de *The Seven Lamps of Architecture* [As sete lâmpadas da arquitetura] olhando com horror petrificado para os pelos púbicos de sua noiva — toma sua força tragicômica de nossas memórias compartilhadas de todas as vulvas marmóreas que vimos em museus e em livros como *The Nude* [O nu], de Kenneth Clark. A crença de Ruskin de que sua esposa era anormal não vinha menos de sua ignorância da anatomia feminina do que de seu conhecimento da arte ocidental. *Ele imaginara que as mulheres eram bem diferentes.* Se nunca tivesse visto uma pintura ou

---

* Mary Lutyens, *Millais and the Ruskins* (Vanguard, 1967), p. 156.
** *Young Mrs. Ruskin in Venice*, editado por Mary Lutyens (Vanguard, 1965), p. 21.

uma escultura de mulher nua, as "circunstâncias" do corpo de Effie talvez não parecessem tão estranhas, tão parecidas com uma traição. Poderiam ser até excitantes. Evidentemente, Ruskin não foi o único jovem com pretensão artística cuja vida sexual foi descarrilada por visitas precoces a museus. O próprio Clark exibe uma aversão ao corpo humano em *The Nude* — ele se refere a modelos de escolas de arte "disformes, lamentáveis", à "lamentável inadequação da carne", ao "inerente caráter lamentável do corpo" — que só poderia ter vindo da experiência formativa da arte. "Em quase todos os detalhes, o corpo não é a forma que a arte nos levou a acreditar que deveria ser", observa Clark com certa ingenuidade, como se a primeira visão que um menino ou uma menina tem do corpo nu de sua mãe, seu pai ou de uma babá fosse naturalmente precedida pela visão da *Vênus de Urbino* de Ticiano ou do *Hermes* de Praxíteles.

A fotografia, da qual se esperava que chegasse à cena como uma espécie de missão de resgate do corpo, empenhada em restaurá-lo ao seu estado natural nu, na verdade apenas perpetuou e refinou as estilizações e expurgos da arte. Ao folhearmos os primeiros livros de fotografia de nus, como *Victorian Erotic Photography*, de Graham Ovenden e Peter Mendes, e *Early Erotic Photography*, de Serge Nazarieff, ficamos impressionados com o erotismo das fotografias só num segundo momento; o que chama muito mais nossa atenção é sua dívida para com a pintura. O fato de que muitos desses daguerreótipos e calótipos foram feitos como estudos de figura para pintores — e em vários casos podem ser ligados a quadros reais aos quais serviram secretamente de base — só complica o enredo da relação entre arte e fotografia. Isso não muda o fato de que os primeiros fotógrafos de nus dispunham seus modelos, montavam seus cenários e tiravam suas fotos com a pintura de salão ditando todos os seus movimentos.

Uma das mais conhecidas fotografias ligadas a uma pintura é o estudo de nu de Julien Vallou de Villeneuve, feita por volta de 1850, de uma mulher nua que se cobre parcialmente com um pano, de pé ao lado de uma cadeira, com a cabeça virada; acredita-se que é a fonte da mulher nua que se cobre com um pano e ocupa o centro de *O ateliê*, a obra-prima de Gustave Courbet, e que olha por cima do ombro do pintor sentado enquanto ele trabalha. Na comparação entre os dois nus, especialmente quando vemos ambos em preto e branco, como Aaron Sharf os reproduz na página 131 de seu livro *Art and Photography* (1968), ficamos impressionados com o fato de a pintura parecer muito mais real, até mesmo mais fotográfica do que a foto. Villeneuve era pintor e litógrafo antes de se tornar fotógrafo, com um gosto por "cenas eróticas anêmicas de intriga e desespero feminino, ou de aspirantes a amantes escondidos em *boudoirs*", como Sharf caracteriza suas litografias das décadas de 1820 e 1830. Quando se voltou para a fotografia, ele simplesmente continuou seu programa sentimental. Na fotografia associada a *O ateliê*, Villeneuve trabalha dentro de convenções bem conhecidas da pintura narrativa — seu nu poderia ser uma Susana escondendo sua nudez dos anciãos ou uma ninfa surpreendida por um deus ou um sátiro. Em outro aspecto — na maneira um tanto desesperada com que segura o pano e tenta esconder seu corpo com ele —, ela poderia ser uma figura alegórica que representa o medo da fotografia da realidade sem mediação. Em contraste, o realista Courbet a encara com destemor pungente. Seu modelo nu, na intensidade de sua absorção na atividade do pintor, permite que o pano escorregue de seu corpo, que é retratado de perfil e mostra uma barriga protuberante, uma nádega saliente e um seio redondo inteiro. Trata-se de uma mulher muito vital, real e sexy. Seu corpo, embora não idealizado, não é "disforme" nem "lamentável". Ela segura o pano mais por hábito do que por pudicícia; ela é modelo de um artista, uma mulher trabalhadora (o pano é uma de suas ferramentas de trabalho), acostumada à nudez. A contribuição da fotografia de Villeneuve para a obra-prima de Courbet foi certamente menor; ela talvez tenha dado ao pintor uma referência sobre como pintar o ângulo dos ombros e da cabeça da modelo. O que quer que os fotógrafos do nu do século XIX tenham dado à arte daquela época, eles tiraram dela muitíssimo mais, em sua dependência abjeta dela.

No século XX, os fotógrafos do nu continuaram a tomar emprestado da arte — principalmente da pintura e escultura simbolista, pós-impressionista e modernista —, mas de forma menos abjeta. Eles acreditavam que também estavam fazendo arte, e alguns realmente conseguiram isso. Edward Weston abordou o gênero com mais assiduidade e, penso eu, com mais brilhantismo do que qualquer outro profissional. Seus primeiros nus, feitos no primeiro decênio do século e no início dos anos 1920, dão a impressão de que ele estudou as pinturas de Whistler e Munch, bem como as fotografias dos fotossecessionistas. Em meados da década de 1920, seu olhar deslocou-se para a Europa e a arte abstrata que a Armory Show de 1913 havia introduzido na América provincial e que o mal-humorado, mas presciente Stieglitz continuou a expor em sua Galeria 291. Em 1927, Weston escreveu em seu diário sobre sua busca "por formas simplificadas [...] no corpo nu". Um ano antes, em um ato que seu biógrafo Ben Maddow considera fundamental para o trabalho abstrato que faria mais tarde, Weston fotografou o vaso sanitário de seu apartamento na Cidade do México. "'A forma segue a função' — quem disse isso, não sei — mas falou bem", escreveu Weston, e continuou:

Estive fotografando nosso vaso sanitário — aquele lustroso receptáculo esmaltado de beleza extraordinária. [...] Os gregos jamais

alcançaram uma consumação mais significativa de sua cultura —
e ele me lembra, de algum modo, na glória de suas castas convo-
luções e em seu movimento para a frente intumescente e majesto-
so de belos contornos progressivos, a *Vitória de Samotrácia*.

Maddow observa discretamente que "nesse novo caminho,
[Weston] estava seguindo um precedente que talvez estivesse escondido no fundo de sua memória: o famoso mictório que Marcel Duchamp enviou para a histórica Armory Show [...] que
fora fotografada por Stieglitz na época". Qualquer que seja sua
etiologia, *Excusado* (como Weston intitulou a fotografia) é uma
obra de notável presença e força. Por sua beleza de forma e complexidade de textura, pode-se até dizer que ela supera os nus
abstratos — o famoso nu em forma de pera, por exemplo — que
vieram depois. Seja como for, os nus de Weston do final da década de 1920 e dos anos 1930 — seus estudos de membros, seios
e nádegas que lembram as formas simplificadas da escultura
modernista e do design funcionalista — estão entre as obras fotográficas que sustentam suas reivindicações artísticas de maneira mais convincente. Eles não apenas imitam, mas são obras
de arte modernista.

"Seus nus são, de fato, exemplos de uma forma rigorosa, mas
maravilhosa", diz Maddow, e acrescenta: "Mas a função — e não
há necessidade de especificar qual função — se recusa a desaparecer, permanece inseparável nas fotografias, e nunca pode ser totalmente afastada pela teoria, até mesmo pelo fotógrafo que as
fez". No primeiro capítulo de *The Nude*, Clark estende a "função"
para todas as representações artísticas do corpo desnudo e diz
que "nenhum nu, por mais abstrato, deve deixar de despertar no
espectador algum vestígio de sentimento erótico, mesmo que seja
apenas a mais tênue sombra dele". Mas, no final do livro, Clark é
obrigado a criar uma categoria chamada de "convenção alternati-

va" para acomodar os corpos envelhecidos, gordos e flácidos (representados por Dürer, Rembrandt, Rouault, Cézanne, Rodin, entre outros) que não o excitam e, assim, zomba do que disse antes. O fato de Clark permitir que essa contradição (e várias outras) permanecesse em seu texto talvez não seja mera desatenção. Pode ser uma sinalização de seu reconhecimento de que o assunto é mais rebelde e complexo do que ele previu e do que seu elegante tratado pode dar conta.

Duas exposições de nus fotográficos de Irving Penn — uma no Metropolitan Museum e a outra no Whitney — trazem mais provas da resistência do gênero à generalização fácil. Com efeito, ambas as exposições têm uma atmosfera de dificuldade e desconforto, em desacordo com a confiança clara dos respectivos ensaios publicados nos catálogos. Os cinquenta nus da exposição do Met foram selecionados a partir de fotografias feitas em 1949-50, mas não mostradas até 1980, quando a galeria Marlborough exibiu 76 delas sob o título de *Corpos mundanos*. (O Met manteve o título.) A exposição da Marlborough foi um evento no mundo da fotografia: nus como aqueles nunca antes tinham sido vistos. Rosalind Krauss, que escreveu o ensaio do catálogo da Marlborough, enfrentou valentemente a estranha originalidade das fotografias e apresentou um argumento original e estranho que relacionava o trabalho (e toda a fotografia) com a colagem. Pouca coisa a mais se escreveu sobre os nus. Uma espécie de silêncio reverente baixou em torno deles. Em seu ensaio de catálogo, Maria Morris Hambourg se contenta em assumir a grandeza da obra e nos dizer quão adorável é o fotógrafo de 82 anos de idade. "Um homem gentil que fala como quem sussurra, Penn é invariavelmente polido", escreve ela, e continua:

Vestido como qualquer americano de calça jeans e tênis, ele tem a modéstia despretensiosa do homem simples que gosta de pensar que é, ou de um monge. Embora evite conversas desnecessárias, ele é um ouvinte extraordinário. [...] Ele está completamente presente e parece ter todo o tempo do mundo para você. Essa sensibilidade requintada junta-se a uma mente muito analítica e decisiva e a uma conduta profissional meticulosa e rigorosa. [...] Sob essa face pública existe uma alma extremamente terna, protegida, como um irmão mais moço, por uma vontade de absolutista.

Mesmo quando pego no pé de Hambourg, me solidarizo com sua situação difícil. Os nus de Penn são escorregadios. Quase nos forçam a falar sobre tudo e qualquer coisa, exceto sobre eles. E nisso talvez esteja sua singularidade. As fotografias levantam imediatamente questões sobre a sua criação. Não é possível assimilá-las e só depois perguntar como ganharam o aspecto que têm. Essas fotos (na maioria dos casos) sofreram intervenções — e as sofreram de maneiras tão marcantes que a imagem ocupa um segundo plano em relação à técnica pela qual foram produzidas. Como os nus do período clássico de Weston, os nus de Penn são fragmentos sem rosto do corpo que evocam as formas da arte moderna. Mas, enquanto Weston apresentou seu modernismo através de meios fotográficos comuns, Penn divulgou suas imagens somente depois de submetê-las a uma provação extraordinária na câmara escura. O primeiro passo foi obliterar a imagem pela superexposição do papel de impressão, a tal ponto que ele ficou completamente preto no revelador. O segundo passo foi pôr o papel preto em uma solução branqueadora, que o deixou branco. O terceiro passo foi pôr o papel branco em uma solução que trouxe de volta a imagem, mas apenas até certo ponto — o ponto em que os corpos mundanos exibem uma palidez sobrenatural e, em certos casos (como a foto da capa do catálogo), uma abstração uniforme que os corpos humanos assumem apenas na arte primitiva e modernista.

Outra diferença entre os nus de Penn e os de Weston está no tipo de corpo que mostram e na relação do fotógrafo com suas modelos. Weston fotografou mulheres jovens flexíveis com as quais raramente não dormiu. Penn fotografou mulheres pesadas (na maioria dos casos), das quais (em todos os casos, inclusive no de algumas mulheres esbeltas que posaram para ele nos primeiros dias de seu projeto) ele manteve uma distância monacal. As mulheres eram estranhas, modelos contratadas por artistas. "A relação entre nós foi profissional, sem um pingo de reação sexual. Qualquer outra coisa teria tornado impossíveis fotos como essas", relatou Penn em seu livro *Passage: A Work Record* [Passagem: um registro de trabalho] (1991). O fato de Weston ter dormido com suas modelos é uma informação não surpreendente, mas irrelevante — as fotografias são obras completamente realizadas que não suscitam questões biográficas. Os nus de Penn, ao contrário, têm um caráter não resolvido e enervante — "experimental", se poderia dizer — e, assim, convidam à especulação biográfica. Saber da falta de desejo de Penn por seus modelos faz com que percebamos a inclemência de muitas das imagens. A ideia parece ser a de fazer belas fotos de corpos feios.

A série a que pertence a foto da capa, de uma figura ereta, é o exemplo mais extremo dessa tendência. A estilização radical que Penn obtém com sua magia da câmara escura não obscurece, na verdade realça a deselegância do corpo, que é enquadrado das coxas até a cintura e apresenta uma grande barriga que se derrama sobre o triângulo púbico. Em outras versões, o enquadramento sobe para incluir os seios, que fazem eco à queda estilizada da barriga.

Hambourg liga essas imagens radicais a um nu mais convencional de Penn feito em 1947 (*Nu 1*, no catálogo) e, em seguida, estabelece sua conexão com uma escultura pré-histórica de deusa da fertilidade, conhecida como a Vênus de Willendorf. ("Tendo visto ou não uma reprodução da pequena estatueta em Viena, o fato é que ele estava em contato com o mesmo instinto do escultor do neolítico que invocara aquela Vênus — o reconhecimento de que o poder misterioso, procriador do corpo feminino é de tal majestade que simbolizou a criatividade desde os primórdios da arte", ela escreve sobre o bom sujeito de calça jeans.) Mas o nu de 1947, embora apresente certa semelhança com a escultura primitiva em sua frontalidade monumental, tem um caráter totalmente diferente dela e dos nus da série 1949-50. O *Nu 1* remonta ao século XIX, às imagens escuras, pictóricas da Fotossecessão, e só acentua o caráter decisivo da entrada no século XX que Penn fez dois anos depois.

Até mesmo as mais conservadoras (por assim dizer) das fotos de 1949-50, que utilizam adereços comuns da fotografia do século XIX — um robe de veludo preto e uma cadeira de veludo —, refletem a urgência do desejo do fotógrafo de conquistar seu lugar entre os criadores da arte modernista e se distanciar de seus precursores fotográficos. A brancura austera e a ausência de relevo do corpo produzidas pela solução de branqueamento são desencadeadas pela tatilidade escura do robe de veludo, que misteriosamente resistiu aos insultos da câmara escura e envolve a cintura, os quadris e as coxas de maneira a ressaltar sua semelhança com as formas que Matisse, Arp e Schlemmer, entre outros, inscreveram no mapa de nossas associações. Mas Penn não para por aí. A originalidade dessas imagens reside em sua perversidade. Desprovido de desejo, Penn evita as poses desenvolvidas pela arte clássica para exibir a beleza do corpo; ele está interessado em poses que testemunhem o grotesco do corpo. Em várias das fotografias com o robe de veludo, por exemplo, o modelo posa de tal modo que cria um enrugamento excêntrico da barriga em um dos lados. As amplas curvas do corpo branco, as formas abstratas, as referências artísticas, tudo isso recua diante da protuberância anormal, que se parece com um terceiro seio e prende nosso olhar como uma mancha de molho num vestido branco. O olhar de Penn não é hostil. Se as modelos de escola de arte não despertam seu desejo, tampouco provocam seu desprezo. Ao contrário, pode-se quase ler uma espécie de gratidão nas fotografias, uma espécie de saudação aos corpos pesados pela oportunidade que ofereceram a um jovem fotógrafo de moda de romper fileiras — e fazer arte.

A exposição de nus de Penn no Whitney, intitulada *Dançarina*, é produto de quatro sessoes de 1999, quando uma dançarina corpulenta da companhia de dança Bill T. Jones/ Arnie Zane chamada Alexandra Beller foi ao estúdio de Penn e posou e dançou para ele nua. No ensaio publicado no catálogo, Anne Wilkes Tucker, curadora do Museu de Belas-Artes de Houston, que também apresenta a exposição, não consegue resistir a mostrar um pouco de vantagem. Ao comparar a dançarina com suas rivais em exposição no Met, Tucker escreve: "Beller é compacta e musculosa, enquanto as modelos anteriores eram flácidas e transbordavam gordura". Mas há uma diferença mais significativa entre as mulheres no Met e a que está no Whitney: enquanto as primeiras foram retratadas como fragmentos sem rosto, a última é fotografada em sua totalidade.

Por uma boa razão, as obras clássicas do nu fotográfico do século xx — de Stieglitz, Weston, Callahan, Cunningham — são sem rosto. Não parece haver maneira alguma de uma pessoa nua diante de uma câmera deixar de trair o seu sentimento, conforme o caso, de tolice ou páthos da situação. Seja o objetivo do exercício fotografia de arte ou pornografia, o modelo não sabe o que fazer com o seu rosto. Os exemplos mais cômicos de perplexidade facial encontram-se provavelmente em fotografias de homens que exibem ereções e, é óbvio, os mais patéticos em exemplos de pornografia infantil. Mas as expressões no rosto dos modelos de fotografias artísticas ambiciosas não são menos problemáticas. O fotógrafo não pode inventar a expressão no rosto, como um pintor ou escultor. O mistério de quem riscou os rostos de alguns dos nus de E. J. Bellocq se resolve facilmente à luz dessa discussão. O próprio Bellocq deve ter feito as marcas selvagens quando viu sua foto estragada pela expressão totalmente errada no rosto da modelo. Mas, em outros casos, Bellocq tirou fotos da cabeça aos pés de prostitutas nuas de New Orleans que escapam totalmente ao problema do rosto. Ao analisarmos essas imagens, tentando explicar o estranho sucesso de Bellocq, percebemos os sorrisos nos rostos e captamos um vislumbre da diversão que fotógrafo e modelo estão tendo. Eles estão de brincadeira. A tolice da situação, longe de vazar sem remédio da foto, é reconhecida, é o seu tema. É o que dá a essas fotografias calor e vida.

Os nus de Penn no Whitney são outra exceção — rosto e corpo não brigam entre si —, mas a dançarina de Penn não tem nada em comum com as prostitutas descontraídas e brincalhonas de Bellocq. No que diz respeito a esse encontro fotográfico, é somente o espectador que tem dificuldade para manter a cara séria. Enquanto Beller, com as pálpebras abaixadas ou olhar desviado, assume uma postura absurdamente teatral após a outra, Penn a fotografa com uma solenidade quase religiosa. Em seu livro *Worlds in a Small Room* [Mundos em um quarto pequeno] (1974), Penn comenta sobre os anciãos da aldeia marroquina que fotografou: "Eles são pessoas simples, mas seus albornozes e turbantes de lã branca são impecáveis". Eu senti uma condescendência similar —

um "mas" não dito — emanar das fotos ponderosas que Penn fez dessa mulher assertiva e atarracada que é tão estranha para ele quanto os árabes incrivelmente limpos.

As últimas oito fotografias, tiradas numa sessão final, têm um caráter diferente das dezenove anteriores. Elas mostram a dançarina em movimento e têm um misterioso pictorismo borrado. Foram tiradas com exposições de três segundos e, portanto, registram os movimentos da modelo como pós-imagens fantasmagóricas. Em um exemplo, a modelo adquiriu asas e duas cabeças, como se fosse uma criatura mitológica numa pintura simbolista. Em outra, em que a cabeça é empurrada para trás e o movimento do corpo é registrado pela duplicação borrada de seus membros, temos a sensação de uma dança extática. Essas imagens evocam o século XIX, mas de maneira nenhuma voltam a ele; elas tremeluzem com novidade e estranheza. Mas não conseguem mudar a impressão geral desanimadora da exposição. Em 1950, quando Penn mostrou a série Corpo Mundano para Alexander Liberman, ele não ficou impressionado, e a mesma reação teve Edward Steichen quando Liberman levou-lhe o trabalho para se certificar de que estava certo. Demorou trinta anos para que Penn ousasse provar que Liberman e Steichen estavam errados. Mas os Liberman e Steichen nem sempre estão errados. Nem todo trabalho experimental funciona, e às vezes a rejeição é uma forma de proteção. As primeiras dezenove imagens de *Dançarina* ilustram os perigos da fama. Alguém deveria ter ousado proteger Penn.

A garota do *Zeitgeist*
1986

O loft de Rosalind Krauss, na Greene Street, é um dos lugares mais bonitos para morar em Nova York. Sua beleza tem um caráter escuro, vigoroso, obstinado. Cada peça de mobiliário e cada objeto de uso ou decoração tiveram evidentemente de passar por um teste severo antes de serem admitidos nessa sala desdenhosamente interessante — um longo retângulo levemente ensombrecido, com janelas altas em ambas as extremidades, uma área *sachlich* [prática] de cozinha branca no centro, um estúdio e uma varanda para dormir. Uma disposição geométrica de poltronas azul-escuras em torno de uma mesa de café compõe a sala de estar do apartamento, que também conta, entre outras raridades, com uma poltrona antiga de largos pés esculpidos e estofada com um tecido escuro de William Morris; uma peça minimalista assertiva toda preta, moldada sob pressão; uma estranha fotografia em preto e branco da água do mar; e um relógio de mesa art déco de ouro em forma de coruja. Mas talvez ainda mais forte do que a aura de originalidade imponente da sala é a sensação de ausências, sua evocação de todas as coisas que foram excluídas, foram consideradas insuficientes, não conseguiram captar o interesse de Rosalind Krauss — e que são a maioria das coisas do mundo, as coisas de "bom gosto", da moda e do consumo, as coisas que vemos em lojas e nas casas dos outros. Ninguém pode sair desse loft sem se sentir um pouco repreendido: a nossa própria casa parece de repente confusa, rudimentar, banal. Da mesma forma, a personalidade de Rosalind Krauss — ela é rápida, aguda, brava, tensa, revigorantemente derrisória, destemidamente desalmada — faz com que nossa "polidez" pareça de alguma forma deprimente e anacrônica. Ela infunde nova vida e significado à velha expressão a respeito de não suportar os tolos de bom grado.

Fui ao seu loft para conversar com ela sobre a história da revista *Artforum*. Estou escrevendo um artigo sobre a atual editora da revista, Ingrid Sischy, e tenho falado com alguns membros da velha guarda, as pessoas que estavam na revista no início dos anos 1970, quando ela era uma tremenda força crítica no mundo da arte, a tal ponto que deu origem à expressão "máfia da *Artforum*". Na época, o editor era Philip Leider, seguido por John Coplans, e do conselho editorial faziam parte, ao lado de Krauss, Annette Michelson, Lawrence Alloway, Max Kozloff, Barbara Rose, Peter Plagens, Robert Pincus-Witten e Joseph Masheck. Em 1975, Krauss e Michelson deixaram a *Artforum* para fundar a *October*, uma revista intelectual eurotrópica que coeditam desde então. Além disso, Krauss é professora de história da arte no Hunter College desde 1975 e escreve sobre arte de vanguarda desde a década de 1960. Seus textos têm uma opacidade densa e contundente; eles são implacáveis, são absolutamente indiferentes aos desprezíveis pedidos de ajuda do leitor. (Outro crítico de arte, Carter Ratcliff, me contou: "Lembro que um dos colaboradores da *Artforum* dos velhos tempos — acho que foi Annette Michelson — disse, com uma espécie de orgulho, que a *Artforum* era a única revista americana que parecia ser traduzida do alemão".) Por isso, fiquei surpresa com a maneira simples e divertida de Rosalind Krauss falar, sentada na poltrona Morris com o relógio de ouro a seu lado, sobre uma mesinha — uma Minerva com sua coruja. Ela é uma mulher bonita, morena, elegante em seus quarenta e poucos anos, que relembra, com uma espécie de prazer rabugento, o clima ruim que existia entre os editores contribuintes da *Artforum* nos anos 1970: "Lawrence Alloway estava sempre zombando de mim e Annette por sermos formalistas e elitistas e não compreendermos a missão social da arte. Havia também algo de desagradável que emanava de Max Kozloff. Ele estava sempre muito ocupado em ser superior, nunca entendi o porquê disso. Ele também tinha uma postura de que o resto de nós não estávamos conscientes da alta função social da arte. Annette e eu não aceitávamos essa oposição simplista que eles criaram entre invenção formal e missão social da arte. Nossa posição era que o destino, a responsabilidade social — tanto faz — da arte não está necessariamente em guerra com algum tipo de inteligência formal pela qual a arte pode agir, e que montar esse tipo de oposição é inútil. É burro. Lembro de ter discussões estúpidas com Lawrence, dizendo coisas como 'Antes de mais nada, por que você se interessa por arte?'. E ressaltava que, presumivelmente, quem se envolve com essa forma particular, um tanto esotérica de expressão é porque teve algum tipo de experiência poderosa com ela — e que, supostamente, essa experiência poderosa dá então vontade de seguir em frente, pensar sobre ela, aprender sobre ela e escrever sobre ela. Mas é preciso que se tenha sido em algum momento arrebatado, seduzido, enganado. E essa experiência é provavelmente aquilo que se chama de experiência estética. E provavelmente não tem muito a ver com a mensagem".

Rosalind Krauss serve o chá, que está num bule de vidro transparente com design da Bauhaus, em delicadas xícaras de porcelana branca, e me pergunta se eu ouvi falar da "história da Lynda

Benglis". Ouvi. É um incidente famoso. Na edição de novembro de 1974 da *Artforum* saiu um anúncio de página dupla e colorido que fez os leitores não acreditarem no que estavam vendo. Ele mostrava uma jovem nua — a artista Lynda Benglis — com cabelos bem curtos e óculos escuros de armação branca estilo "gatinho", de pé, com os seios projetados para fora, a mão esquerda desafiadoramente no quadril e a outra mão segurando um enorme vibrador contra a vagina. O anúncio não só causou rebuliço entre os leitores da *Artforum*, como levou cinco dos editores — Krauss, Michelson, Masheck e (dessa vez alinhados com Krauss e Michelson) Alloway e Kozloff — a escrever uma carta, publicada em um número posterior, na qual declaravam que queriam se dissociar publicamente do anúncio, protestar contra a sua "extrema vulgaridade" e sua subversão dos objetivos do movimento de libertação feminina, e condenar a cumplicidade da revista com um ato de exploração e autopromoção. Um artigo sobre Lynda Benglis, escrito por Pincus-Witten, fora publicado no mesmo número do famigerado anúncio. A carta dos cinco editores dizia:

> A sra. Benglis, sabendo que a revista publicaria um ensaio sobre sua obra, apresentou sua fotografia em cores para ser incluída na reportagem da revista, propondo-a como uma "página central" e se oferecendo para pagar as despesas dessa inserção. O editor John Coplans recusou corretamente essa solicitação, afirmando que a *Artforum* não vendia seu espaço editorial. A inserção da foto na revista foi, portanto, como anúncio pago, por algum acordo entre a artista e sua galeria.

Rosalind Krauss volta a cruzar seus pés lindamente calçados, que estão esticados sobre a mesa de café diante dela, e diz: "Nós achamos que a posição representada por esse anúncio era degradada demais. Nós a interpretamos como se dissesse que os críticos de arte são prostitutas".

Eu tinha ouvido falar que, além do caso Benglis, houvera uma briga entre Coplans e alguns de seus editores sobre a questão da arte "desmercantilizada" no que dizia respeito à publicidade. Muitos dos artistas mais avançados da década de 1970 — as pessoas que faziam arte conceitual, performances, múltiplos, cinema e videoarte — estavam deliberadamente criando obras que tinham pouco, se tanto, valor de mercado. A obra deles constituía uma espécie de protesto contra o fato de objetos de arte únicos, singulares, possuidores de uma "aura", que poderiam ser comprados e vendidos por grandes quantias de dinheiro — ou seja, commodities —, ainda poderem ser feitos em nossa "era da reprodutibilidade técnica" (como Walter Benjamin definiu em seu ensaio clássico). Para alguns, Coplans, que se tornara editor em 1972 e tentava manter a revista financeiramente à tona (quando ele assumiu, a *Artforum* mal pagava a conta da gráfica), estava se vendendo aos anunciantes por recusar artigos sobre filmes, performances e arte conceitual (não comercializáveis) em favor de artigos sobre pintura e escultura (comercializáveis).

"Sim, era o que achávamos", diz Rosalind Krauss. "E uma das coisas que Annette e eu fizemos com *October* foi nos libertar disso. Nunca tivemos um único anúncio de galeria. Mas nossa teoria sobre o namoro de John com marchands e galeristas, que foi certamente o motivo de Annette e eu pensarmos que vários projetos nossos não eram aceitáveis para John, essa teoria estava errada, levando-se em conta o que John fez depois. Porque as diretrizes de John nos seus últimos anos de chefia alienaram todos os anunciantes. Ele aceitou a posição de Max e foi em frente de uma maneira que tinha a ver com se tornar esse — que sei eu — esse tipo de *Novi** esquerda, insultando o mercado da arte e atacando-o de toda forma em seus artigos, e dirigindo a revista de uma maneira absolutamente contrária aos interesses dos marchands e anun-

---

* Novo em russo. (N. T.)

ciantes, a tal ponto que o proprietário, Charlie Cowles, simplesmente o demitiu."

Pergunto a Rosalind Krauss o que ela pensa da atual *Artforum*. Ela responde: "Acho tão chata que parei de assinar. Simplesmente não olho para ela. Não estou interessada. A sensibilidade de Ingrid não me interessa".

Pergunto o que ela achou da crítica de Thomas McEvilley da exposição sobre primitivismo organizada por William Rubin e Kirk Varnedoe no Museu de Arte Moderna, cujo catálogo de dois volumes contém um ensaio seu sobre Giacometti. O controvertido artigo de McEvilley foi publicado no número de novembro de 1984 da *Artforum*.

"Achei muito estúpido", diz ela. "Acho que Tom McEvilley é um escritor muito estúpido. Acho que ele é pretensioso e muito ruim. Seu artigo parecia sobretudo uma tentativa — Tom McEvilley parece estar sempre fazendo essa tentativa — de se apresentar como uma espécie de especialista, ao mesmo tempo que deturpava o que o museu estava fazendo."

"Você leu a correspondência entre Rubin, Varnedoe e McEvilley?"

"Li. E devo dizer que achei muito desagradável, porque não se pode dizer qual o lado mais horrível. De um lado, havia Rubin e Varnedoe parecendo uns babacas e, do outro, havia McEvilley fazendo sua coisa hedionda. Nunca consegui terminar um artigo de McEvilley. Ele parece um outro Donald Kuspit. É um escritor pouco melhor do que Donald Kuspit. Mas suas lições sobre Platão e coisas assim — elas me deixam louca. Eu penso, meu Deus! E simplesmente não consigo suportá-las."

O loft de John Coplans, na Cedar Street, tem a aparência de um lugar habitado por um homem que não mora mais com uma mulher. As áreas de estar e de trabalho estão mal definidas (depois de ter sido demitido da *Artforum*, Coplans tornou-se fotógrafo, e o loft serve de estúdio e quarto escuro, além de moradia), pontuadas por montes desordenados de coisas sobre os quais um gato listrado se empoleira com ares de proprietário. A mobília é escassa, simples e moderna. Coplans é um homem de 66 anos, com cabelos grisalhos encaracolados e sobrancelhas pretas que dão às suas feições uma espécie de olhar feroz. Ele fala com sotaque britânico de uma forma vigorosa e incisiva, quase militar. (Fiquei sabendo depois que ele foi de fato oficial do Exército britânico.) Ao mesmo tempo, há algo de insinuante e autodepreciativo em seu jeito. Coplans me conduz a uma mesa cheia de papéis e livros, traz uma garrafa de água com gás e dois copos e fala sobre o início da história da *Artforum*, na Califórnia.

Ele conta que a revista foi fundada em San Francisco em 1962 por John Irwin, um vendedor de uma gráfica que desejava criar uma revista de arte — "um sujeito gentil, ingênuo, de seus trinta e poucos anos, que tinha pouquíssima ideia do que estava fazendo". Coplans chegara recentemente a San Francisco — frequentara a escola de arte em Londres, depois de deixar o Exército, e se tornou pintor e professor ocasional de arte — e participou da revista desde o início, como assessor do inocente Irwin e autor de resenhas e artigos. Mas a pessoa mais importante que Irwin trouxe para a revista foi um jovem extremamente inteligente chamado Philip Leider, que largara a escola de direito e havia sido por pouco tempo diretor de uma galeria de San Francisco que exibira as pinturas de Coplans e era agora assistente social da cidade. Poucos meses depois de entrar para a revista, Leider foi convidado por Irwin para ser seu diretor editorial (e único funcionário pago) e, depois, seu editor, cargo que ocupou nos sete anos seguintes. Mas já em 1964 a revista estava com dificuldades financeiras. Ela foi resgatada no ano seguinte pelo magnata da imprensa

Gardner Cowles e seu enteado, Charles Cowles, que acabara de sair de Stanford e estava à procura de algo para fazer. Charles Cowles tornou-se *publisher*. (A última notícia que Coplans teve de Irwin foi que ele estava tocando um negócio de limpeza a seco, em Cleveland.) "Gardner Cowles deu à revista um subsídio anual e a Charlie, um emprego e uma posição no mundo", diz Coplans. "Mas Phil Leider não suportava Charlie, que estava preocupado com a posição social e o prestígio de ser *publisher*, e não se interessava pelas minúcias cotidianas da publicação. Phil era o tipo de ser humano intenso, capaz de passar cinco anos ao lado de Charlie Cowles num pequeno escritório e jamais lhe dizer uma palavra. Phil vinha de uma família de imigrantes judeus muito pobres, não intelectuais — imigrante judeu no sentido mais tradicional: alta moralidade e muito envolvido com o próprio judaísmo. Ele conseguiu cursar a faculdade escrevendo trabalhos para outras pessoas, a cinco ou dez dólares cada. Fez um mestrado em língua inglesa e depois serviu no Exército, onde trabalhou como datilógrafo — era um dos mais rápidos das Forças Armadas. Mais tarde, foi para a escola de direito, mas largou o curso pela metade. Phil sempre foi precavido, alerta e cético. Não tinha nenhuma ambição pessoal; não era um carreirista no sentido americano. Não queria nada com poder ou dinheiro. Morava com esposa e filhos da forma mais simples. Os móveis eram simples, como os meus — qualquer coisa que se pudesse comprar barato, como mobiliário de escritório. Ele desprezava e odiava decoração, ambição social, carreirismo, ganhar dinheiro. Vestia-se com simplicidade, mas com esmero, de terno preto. Sua vida estava toda voltada para a família. Raramente deparei com um homem tão envolvido com a esposa — eles costumavam ler juntos todas as noites — e com os filhos. Sua única excentricidade era que, todos os anos, ele e a esposa iam de carro a Las Vegas; ele levava talvez cem dólares e jogava o tempo que durasse o dinheiro.

Então voltava para casa: havia se purgado da frivolidade para o resto do ano. Era um homem extremamente articulado e não suportava a falta de articulação nos outros. Sentia-se ofendido por ela, pela estupidez dos artistas. Seus melhores amigos eram o artista Frank Stella e o historiador da arte Michael Fried, dois dos homens mais articulados do mundo da arte americana. Eu simpatizava muito com ele, realmente gostava dele, e ele via em mim alguém profundamente estranho e achava que poderia haver algum diálogo entre nós. Devo dizer que ele não confiava em mim, porque com o passar do tempo ele achou — e talvez tivesse razão — que eu estava interessado demais no poder. Ele via em mim algum aspecto de ambição mundana do qual se afastou.

"Eu sou autodidata. Fui criado na África do Sul e Oriental, numa família russo-judia, e deixei a escola quando tinha dezesseis anos. Entrei para a Força Aérea britânica e, depois, para o Exército britânico, num total de oito anos de serviço militar. Não cursei o ensino superior, mas queria aprender tudo. Era curioso. Tornei-me um historiador de arte. Lecionei história da arte na Universidade da Califórnia em Irvine. Tornei-me curador do museu de arte de Pasadena, escritor, editor. Quando eu era editor da *Artforum*, tinha uma meia dúzia de editores no meu conselho editorial. Eles estavam sempre discutindo uns com os outros. Todos eles se odiavam. Eram pessoas fortes, todos com sólida formação acadêmica, todos extremamente informados e cultos, os escritores e críticos mais experientes dos Estados Unidos, que tinham passado pelas diversas evoluções da arte desde os anos 1950. E agora está aí essa jovem Ingrid Sischy, que tem uns 25 anos e aprendeu tudo no emprego e tenta descobrir o que fazer. Ela não tem nenhuma formação em arte americana — só sabe lidar com o momento artístico atual da arte — e não tem o leque de pessoas que eu tinha. Ela tem um conselho editorial pequeno. Tem Germano Celant, que é europeu, quase nunca está aqui; e esse francês que eu simplesmente não conheço; e Edit DeAk, uma jovem como ela, e Thomas McEvilley, que é de primeira linha, absolutamente de primeira linha; e um editor de livros que é peso leve."

Enquanto Coplans fala, meu olho é atraído para uma grande fotografia em preto e branco, pendurada na parede oposta, de um torso e órgãos genitais masculinos. Ela faz parte de uma série de fotografias que Coplans fez de seu próprio corpo nu, que serão expostas em breve na galeria Pace/ MacGill e já foram exibidas em Paris. Coplans se levanta e me mostra as outras fotos da série: exames brutais de um corpo envelhecido, sedentário, hirsuto, que se referem tanto à escultura antiga como à arte e à fotografia do século xx e têm uma aparência de monumentalidade e solenidade que quase obscurece seu exibicionismo subjacente e perturbador. Por isso, não me surpreendem as lembranças impenitentes que Coplans tem do incidente Lynda Benglis:

"O anúncio foi uma reação à fotografia que Robert Morris fez de si mesmo como alemão macho, usando um capacete de aço e correntes de ferro sobre músculos nus, que ele usou como cartaz de uma exposição de seu trabalho na galeria Castelli/ Sonnabend. Aquilo foi a mensagem dela para ele. Ela queria publicá-la na *Artforum*, e eu lhe disse: 'Veja, não podemos interferir de forma alguma no conteúdo editorial da revista. Não permitimos que qualquer artista tenha um papel no que é publicado. Sinto muito, mas você não pode ter isso na revista'. Então ela perguntou: 'Bem, posso fazer um anúncio?'. Eu disse: 'Tem um *publisher*, você vai ter de perguntar a ele. Eu não interfiro no trabalho dele, e ele não interfere no meu. Pergunte a Charlie Cowles'. Então Charlie veio até mim e perguntou: 'O que eu faço?'. Eu disse: 'Charlie, tome uma decisão. Não serei posto na posição em que você não toma uma decisão. Você tem de encarar o mundo da arte e dos artistas. Não estou dizendo nada. Tome uma decisão'. Depois de uns três dias de transpiração intensa, Cowles me disse: 'Eu não posso *não* publicá-lo. Eles me odiariam'. Eu disse: 'É isso mesmo, Charlie'. Então ele disse: 'Tudo bem, vamos publicá-lo'. Eu fiz a revista e a mandei para a gráfica, e a gráfica se recusou a imprimir o anúncio. Então, Charlie me disse: 'Está resolvido. Estou livre desta'. E eu disse: 'Não, Charlie, você não está livre desta. As gráficas não têm o direito de se recusar a imprimir, e nosso advogado vai lhes dizer isso. Elas não podem escolher o que vai sair na revista'. Então fui à gráfica, e o dono dela era um ex-general de brigada do Exército americano, e eu também sou ex-oficial do Exército, e eu disse: 'Sem essa, general, você sabe que não pode fazer isso'. Ele era um cara legal, na verdade. Eu disse: 'Nós temos um contrato com você. Não vamos parar na justiça'. Então o general disse: 'Tudo bem'. Voltei para Charlie e disse: 'Charlie, a revista vai ser impressa. Eu insisti que tinha de ser impressa por uma questão de princípio'. Então, eu estava obviamente interessado em ver o anúncio publicado. Minha posição era que toda mulher tinha o direito de fazer sua escolha individual a respeito de como ela encarava sua feminilidade. Tratava-se de uma artista, e ela tinha feito essa escolha, e eu estava decidido a proteger sua escolha. Annette Michelson, Ros e Max acharam que era obsceno, que era sexualmente explícito demais. Eles foram totalmente contra mim. Se eu estava certo ou errado, não sei."

Robert Pincus-Witten é um homem baixo, de rosto jovem e visual elegante e bem cuidado que parece ter menos que seus cinquenta e tantos anos e que fala com o sotaque daquele país europeu aristocrático não existente do qual tantos rapazes livrescos de Nova York emigraram. Pincus-Witten é professor de história da arte no Queens College e dá aulas na City University Graduate School. Ele fez parte da gangue de editores adjuntos de Coplans e, nos últimos dez anos, tem escrito uma coluna para *Arts* na forma de diário. Falei com ele pela primeira vez em um encontro de artistas, colecionadores, curadores, editores de revistas de arte e críticos no apartamento de Marian Goodman, depois de uma abertura de Anselm Kiefer na galeria Goodman, e guardo uma imagem dele ligeiramente inclinado sobre a mesa do bufê, com um ar sério, responsável, quase sacerdotal, enquanto se servia da comida deliciosa e cara. Mais tarde, conversamos durante um almoço em um restaurante japonês perto da escola de pós-graduação. Ele fala de Rosalind Krauss, que é sua colega na escola, com uma familiaridade ranzinza: "Ros é professora catedrática e faz beicinho para conseguir o que quer. Ela é extraordinariamente considerada na academia. Dá somente dois cursos por semestre, em vez dos três que o resto de nós dá. Ela é uma pessoa muito atraente, e muitos dos estudantes aparentemente melhores — não sei se são realmente os melhores — são atraídos por seu glamour. O que acontece é que ela tende a tratar com ares de superioridade, embora sem crueldade, os alunos que não julga intelectualmente desejáveis, por isso os alunos acabam nos procurando. Eles não são intelectualmente indesejáveis, mas andam por aí com esse sentimento de rejeição e menosprezo intelectual. Rosalind tende a atrair um certo tipo de estudante com estilo intelectual. Alguns deles não estão particularmente bem preparados. Eu, de minha parte, estou mais interessado em conhecimento de cultura geral do que nas habilidades interpretativas da nova ordem, sob a qual a verdade de Derrida, a verdade de Saussure — o que você quiser — está substituindo a verdade de Greenberg. Os garotos que são capazes de levar esse papo de desconstrução estão fazendo nos anos 1980 o equivalente do papo formalista greenbergiano dos anos 1950. Isso me perturba. Quando eu os analiso, vejo que eles têm muito pouco conhecimento geral. Eles têm metodologia, mas não conhecem os monumentos. Acontece que eu me interesso por monumentos. Quando se apoia uma determinada posição radical, deve-se conhecer a posição conservadora que se está rejeitando. O que me preocupa é a adoção de uma postura radical não analisada. Essa garotada ainda acredita em luta de classes sem perceber que fizeram um juízo a priori de que o capitalismo e seus frutos são maus. Eu não estou feliz com isso, então sou considerado um ultraconservador. E isso me choca, porque se trata de garotos privilegiados".

Pergunto a Pincus-Witten se ele sente afinidade com a Nova Direita.

Ele responde: "Não, eu sinto afinidade com uma coisa muito mais antiga: a aristocracia do intelecto, a aristocracia da sensibilidade. Os outros são apenas rotarianos. Eles são equipes de boliche, sejam times de boliche da direita ou da esquerda. Sei que vou ser sempre um outsider. Sinto uma alienação fundamental que não é materialista ou de classe, e é por isso que não me junto com ninguém. Ingrid Sischy é outra pessoa que não pertence a nenhum grupo ou partido, e é por isso que há um fio de identificação entre mim e ela. Ingrid é muito anárquica, e é por isso que alguns setores da comunidade artística não gostam dela. Sua relutância em adotar uma linha partidária é vista como uma forma *retardataire* de privilégio burguês e faz dela alvo de uma forma datada de crítica que parece vir de cinquenta anos atrás. O fato de ela ter interesse por algum estilo que possa ser considerado envolvido com a mercantilização — ou o que seus críticos imaginam ser mercantilização — faz dela, na cabeça deles, inimiga da luta de classes. Acho espantoso que pessoas que adotam essas teorias escolares não tenham problemas em ser donas de cooperativas ou cobrar direitos autorais de seus textos. Elas estão numa situação paradoxal, que torna seu absolutismo ridículo. Ingrid é esquisita. Ela pode ter *idées fixes* curiosas. Ela está muito interessada em cultura popular. Lembro uma conversa que tive com ela e algumas pessoas bastante glamorosas, quando ela estava nos contando sobre a tragédia de um cantor pop extremamente popular — aquele que usa uma luva. Sua tragédia foi a substituição de seu prestígio por outro cantor pop extremamente popular chamado Prince. E era simplesmente impossível para mim pensar naquilo como tendo alguma coisa a ver com a esfera da tragédia. Ela via a tragédia em conexão com algumas questões da cultura popular, e eu a via em termos de, você sabe, húbris, nêmesis, a crueldade ociosa dos deuses. O que havia de interessante na conversa era que, em algum nível, Ingrid estava mais perto do verdadeiro tema da conversa do que eu com minhas altas cavalarias. Quando conheci Ingrid, fiquei impressionado com sua juventude e como não tinha uma beleza convencional — ela não se parecia com Gloria Steinem. Conheço Ingrid há seis anos e nunca a vi se comportar mal, com frieza ou de forma brusca. Tampouco a vi mal-humorada. Nunca a vi se comportar mal — jamais".

O loft de Barbara Rose, na Sullivan Street, com as paredes cheias de espelhos, carpetes cinza suave, sofá preto curvo, mesa de centro com tampo de espelho, arte abstrata oriental e cama coberta de pele, se parece mais com um apartamento da Park Avenue do que com um espaço de moradia em *downtown* Manhattan, e a própria Barbara Rose — uma mulher magra, bonita, um pouco nervosa, com cerca de cinquenta anos, cabelos cor de damasco, vestido de lã azul-claro elegante e sapatos de salto alto — tem um aspecto decididamente *uptown*. Quando chego, ela está falando ao telefone, e durante toda a minha visita o telefone (que ela deixa na secretária automática) toca com frequência, com um som eletrônico discreto, rascante. O modo de falar de Barbara Rose me põe no ritmo da tradução simultânea: ela fala muito rápido e um pouco distanciada, como se lidasse com o texto de outra pessoa. Desde que deixou a *Artforum*, lecionou história da arte em várias universidades, foi curadora de museu e escreveu crítica de arte para *Partisan Review, Art in America* e *Vogue*. "Hoje, o mundo da arte não é sério", diz ela. "A arte de hoje é um aspecto da decoração, do entretenimento. É como comida gourmet. Na década de 1960, eu convidava as pessoas — naquela época, eu estava casada com Frank Stella — e havia brigas violentas. Claro, pessoas como Barnett Newman e Ad Reinhardt estavam vivas. Eles eram grandes intelectuais. Atualmente, não há ninguém como eles. Existem uns poucos artistas que são intelectuais, mas a maioria se tornou profissional. São como fabricantes de roupas — fazem esse produto, é a coisa que eles fazem. Não se trata mais da agonia e do êxtase, ou o que quer que seja; é classe média, é burguês. Costumava haver uma demarcação nítida entre o mundo burguês e o mundo da arte. O mundo burguês era o Outro, seus valores eram o Outro. Você não tinha nada a ver com essa gente; você não os via socialmente, certamente não jantava com eles. Mas agora é o que todos os artistas querem fazer — serem convidados para restaurantes chiques e discotecas. E tem toda essa gente dos subúrbios de classe média. Como conseguiram uma base em Manhattan? Eles se envolvem com arte. Estão lá em Nova Jersey e Long Island, colecionando Grandes Obras. E todas aquelas senhoras circulando com — você sabe — com as pastas e os slides. As pessoas que falam sobre arte hoje são aquelas que, há vinte anos, falavam... sobre o que essa gente falava vinte anos atrás? Falavam sobre carros grandes. Acho que hoje o mundo da arte é muito parecido com o subúrbio, e eu não estou interessada nos valores dos subúrbios, em seu estilo de vida ou suas aspirações. Deixei o subúrbio há muitos anos e não quero voltar.

"Na *Artforum*, nos anos 1960 e 1970, conversávamos uns com os outros e falávamos com um grupo de artistas que nos entendiam — Robert Morris, Donald Judd, Claes Oldenburg, Jasper Johns, o resto dos expressionistas abstratos. Eram pessoas de alto calibre intelectual — falo de grandes intelectuais, não de múmias. Fomos todos formados pelo mesmo processo educacional. Éramos todos historiadores da arte qualificados e tínhamos todos formação em filosofia e estética. Sabíamos do que estávamos falando. Annette, Max e eu fomos alunos de Meyer Schapiro na Columbia, e Michael Fried e Rosalind estudaram em Harvard. Frank e Michael, colegas de graduação na Universidade de Princeton, foram ver uma palestra de Clement Greenberg e se converteram imediatamente à doutrina de Greenberg porque oferecia uma maneira coerente de olhar para a arte. Nada mais fazia isso. Harold Rosenberg escrevia, mas ninguém sério o levava a sério — era sociologia, não era crítica de arte. Não tinha nada a ver com a estética, não tinha base na história da arte, era improvisação. Era bom para o público em geral, mas para as pessoas que tinham formação em estética e história da arte parecia muito oco e não tinha nada a ver com o verdadeiro olhar para a arte. Enquanto Greenberg olhava para a arte. Agora, ele era um formalista inflexível, mas realmente brilhava na comparação com Harold, especialmente naquela época. Estávamos todos muito impressionados com Wittgenstein e a filosofia anglo-americana, pela análise linguística e o princípio da verificação — por aquela escola de filosofia que se encaixava perfeitamente com a maneira de Greenberg de pensar —, e Harold simplesmente não parecia ter qualquer base filosófica em seu pensamento.

"Depois de 1967, quando Philip Leider mudou a revista para Nova York, saíamos muito juntos. Tinha-se a sensação de não estar isolado. Conversava-se com outras pessoas. Podiam ser apenas cinco pessoas, mas se estava falando com alguém, e se sabia com quem se estava falando. Eu escrevia um artigo sabendo que o que eu estava fazendo era basicamente ter uma briga com Michael. Éramos um grupo de pessoas que tiveram o mesmo tipo de educação, abordando os mesmos temas de diferentes pontos de vista. A revista tinha coerência, que a cultura também tinha naquele momento. Havia então uma coisa chamada currículo básico, havia uma coisa chamada artes liberais, educação humanista, havia uma coisa chamada formação completa em história da arte. Essas coisas não existem mais. As pessoas envolvidas no mundo da arte não as têm. A nova *Artforum* é uma revista de mídia, é totalmente orientada para a mídia. Ela não publica nenhuma crítica verdadeira, ou quase nenhuma. McEvilley escreve críticas, e John Yau escreve críticas, mas não encontrei nenhuma outra coisa que eu chamaria de crítica na nova *Artforum*. É um tipo de texto — um tipo estranho de texto —, mas não é crítica. É Rene Ricard fazendo o que quer que Rene Ricard faça. Quer dizer, é uma coisa esquisita, e um monte de gente é incapaz de escrever. Eles não têm nenhuma base; eles não conhecem aquilo sobre o que estão falando, se é que estão falando sobre alguma coisa.

"Nós éramos pessoas literárias — pessoas literárias acadêmicas. Não assistíamos televisão. Se estávamos interessados em cinema, como eu e Annette, era pelo cinema de vanguarda, não Hollywood. E não gostávamos de lixo. Não havia esse nivelamento horrível, em que tudo é tão importante quanto o resto. Havia um senso de hierarquia de valores. Achávamos que tínhamos de fazer uma distinção entre Mickey Mouse e Henry James. Há uma geração agora que acha que não se tem de fazer essa distinção. Mickey Mouse, Henry James, Marcel Duchamp, Talking Heads, Mozart, *Amadeus*, vai tudo no mesmo saco, e tudo meio que significa a mesma coisa. Por isso, é preciso agradecer a Andy Warhol. E também acho que Susan Sontag foi muito influente ao permitir às chamadas pessoas educadas assistirem lixo. Seu artigo "Contra a interpretação" dizia que essa ideia de *highbrow* e *lowbrow* não importava mais, podia-se amar tudo o que estava acontecendo, podia-se ser positivo e otimista e adorar tudo aquilo.

"Eu estava acostumada a ganhar a vida como crítica de arte. A *Art in America* me pagava muito bem, porque havia um diferencial, veja: se você fosse um escritor muito popular ou fosse considerado um escritor muito bom, ganhava mais dinheiro. Então, de repente, a grande era da democracia chegou à *Art in America* e eles começaram a pagar a mesma coisa para todo mundo. Então eu disse: 'Esqueçam — tenho experiência demais e não vou escrever pela mesma quantia que vocês pagam aos meus alunos'. Não acredito em democracia na arte. Acho que, quando o elitismo ganhou má reputação neste país, foi o começo do fim para a cultura americana. O único interesse que tem *The New Criterion* é sua pretensão de ser uma revista elitista. Infelizmente, não é. Ela é apenas um estranho tipo de dinossauro. Tem uma linha partidária tão clara que não é uma revista interessante. Na verdade, é extremamente chata. Mas seu objetivo — a reconstrução do que foi outrora um consenso das pessoas instruídas — é correto."

A festa no apartamento de Marian Goodman onde conversei pela primeira vez com Robert Pincus-Witten começou — como diria Pincus-Witten — com uma certa *déconfiture*. Quase todos que estavam lá tinham ouvido falar de, se não presenciado, um confronto que ocorrera entre dois dos convidados da festa uma hora antes, na abertura da exposição de Anselm Kiefer. O vernissage havia sido enorme, com centenas de pessoas bebendo champanhe ruim, e o confronto ocorrera em um nicho fora da imensa sala principal do museu, de tal modo que poucas pessoas o testemunharam. Aqueles que viram — eu entre eles — ficaram espantados com o que irrompeu de repente no meio da conversa. Em um momento, Richard Serra e Ingrid Sischy estavam tendo uma conversação normal; no seguinte, Serra, com o rosto contorcido de raiva, apontava o dedo para a cara de Sischy e a atacava com um fluxo de invectivas. "Acho que ele teria batido em mim se eu fosse homem", disse Sischy mais tarde. "Fiquei muito feliz por não ser." Sischy — uma pessoa baixa, de aparência muito jovem com cabelos curtos, pretos e crespos, rosto redondo e moreno e grandes óculos, que usava calça baggy e uma camisa sob medida — estava de frente para Serra, dizia às vezes uma palavra calma e não mostrava nenhuma emoção, além da vermelhidão do rosto. Como os outros espectadores, fiquei paralisada, captando algumas das palavras mas sem entender o motivo da diatribe de Serra ou o que o havia enfurecido tanto. Era a primeira vez que eu via Richard Serra, e ele não se encaixava na imagem que eu tinha dele. A partir de suas enormes esculturas proeminentes, seus textos difíceis cheios de teoria, sua reputação de grande artista e o próprio nome Serra, eu imaginava um homem grande, moreno, saturnino, uma espécie de tipo conquistador intelectual, emanando um ar de grande e heroica indiferença. O Serra verdadeiro parecia alguém de uma pequena comunidade rural americana: um homem baixo com um rosto enrugado e carrancudo, cabelos grisalhos com entradas e olhos pálidos cercados por cílios claros. Estava com uma camisa preta longa sobre calças pretas e sob uma jaqueta de couro preto — um traje de artista —, mas sua aura era mais de cidade pequena e rústica americana do que de boêmia. Vi homens como ele, de pé ao lado de picapes em paisagens invernais, enfiados numa discussão lenta, obstinada, implacável; ouvi aquela voz, aquela entonação ressentida de obstinação categórica e ameaça, aquela convicção de estar certo e aquela suspeita de estar sendo explorado; eu conheço aquela expressão fechada mas estranhamente dissimulada. Sischy manteve sua posição, deixando o ataque de Serra cair sobre ela sem vacilar, e, por fim, ele se afastou e ela afrouxou os dedos. Dividi um táxi com ela no caminho para a festa de Goodman e finalmente soube o que ela havia dito para provocar a explosão. Tinha a ver com a polêmica do *Arco inclinado*, que estava então no auge.

Em 1979, Richard Serra recebeu uma encomenda de 175 mil dólares do programa federal chamado Arte em Arquitetura — no qual a metade de 1% do custo de um novo edifício se destina à arte pública — para criar uma escultura que seria instalada na praça circular em frente ao edifício federal de 41 andares Jacob K. Javits, feio e reluzente, na Foley Square; em 1981, ele cumpriu o trato ao fixar no pavimento da praça um muro de aço curvo de 73 toneladas, 3,5 metros de altura e 35 metros de comprimento, posicionando-o de tal modo que parecia estar arrogantemente dando as costas para a fonte insípida que era antes o ponto focal da praça e declarando de várias maneiras seu desprezo pelo lugar sem caráter que lhe pediram para embelezar. O *Arco inclinado*, como Serra denominou sua obra, dominou brutalmente a praça e confirmou as piores suspeitas de funcionários federais do edifício quanto à maluquice antipática dos artistas modernos. O muro bloqueava a visão da rua e dividia a praça como uma espécie de Muro de Berlim; com o passar do tempo, sua superfície adquiriu uma pátina de ferrugem, grafite e — a se acreditar numa testemunha de uma audiência pública realizada em março de 1985 — urina, e parecia cada vez menos uma obra de arte para os funcionários federais e cada vez mais com um pedaço esquecido de detrito industrial que alguém acabaria por levar embora. A audiência foi convocada por William Diamond, o gerente regional da Administração de Serviços Gerais, que é a agência de Washington que controla o Arte em Arquitetura; tratava-se de uma resposta um tanto tardia a uma petição apresentada havia três anos por 1300 funcionários federais do edifício Javits e arredores que pedia a remoção da escultura de Serra. Foi dito, e não foi negado, que a audiência era uma espécie de julgamento de Stálin — que a decisão de recomendar a remoção da escultura já havia sido tomada por Diamond e seu painel de quatro homens — e, com efeito, depois de três dias de depoimentos, essa recomendação foi proferida, embora os depoimentos tivessem sido predominantemente a favor da escultura. Além disso, observou-se que o mundo da arte, que parecia apoiar solidamente Serra na audiência, estava na verdade ansiosamente dividido a respeito da controvérsia, cheia de paradoxos, pois não se tratava de um simples caso de hostilidade do público inculto a uma obra de arte que não compreendia. A objeção do público era apenas secundariamente estética. A objeção principal era a forma como a escultura havia entrado na praça e a transformado de um lugar de recreação cotidiana comum, benigna, em uma espécie de terrível jardim de esculturas da Era de Orwell. "A colocação da escultura vai alterar o espaço da praça", Serra havia dito em uma entrevista de 1980. "Depois que a peça for criada, o espaço será entendido principalmente em função da escultura." Evidentemente, a ideia desconcertante de que o público pudesse preferir almoçar e sair para passear, em vez de interagir com uma peça de escultura minimalista, nunca passou por sua cabeça. O que perturbou muitas pessoas no mundo da arte — gente que normalmente teria saltado em defesa da arte de vanguarda contra o ataque filisteu — foi a *razoabilidade* comovente do desejo dos funcionários federais de ter sua praça restaurada para eles. Na audiência, embora algumas pessoas tenham feito as referências históricas obrigatórias à queima de livros nazista, a maioria dos oradores a favor de Serra foi tranquila e ponderada, bem consciente dos perigos e armadilhas que espreitam qualquer posição que ponha as reivindicações da vanguarda artística à frente daquelas de um funcionário ou secretário que queira realizar uma feira de saúde em frente ao prédio onde trabalha.

As coeditoras de *October* e um colega mais jovem, Douglas Crimp, estavam entre os mais delicados defensores de Serra. Annette Michelson apontou a origem operária de Serra e leu uma declaração dele que dizia: "Quando garoto, trabalhei em usinas siderúrgicas [...] e meu trabalho poderia ter algo a ver, no nível pessoal, com o fato de que meu pai foi um operário fabril durante toda a sua vida". (Levando-se em conta somente o depoimento de Michelson, não se suspeitaria de que Serra também frequentou a Universidade da Califórnia, fez pós-graduação em Yale e depois ganhou uma bolsa Fulbright para a Itália.) Ela disse que Serra queria que as pessoas trabalhadoras "se confrontassem com uma arte que [...] não necessariamente confirma suas crenças ou impõe qualidades de segunda classe ou de terceira categoria a eles", e que "o trabalhador e o funcionário de escritório fossem apresentados ao mesmo tipo de desafio que o público de arte de classe média e classe alta achou tão interessante".

Do mesmo modo, Rosalind Krauss fez a todos os espectadores presentes o elogio de falar com eles quase como se estivesse num seminário com seus alunos de pós-graduação. Em sua elegante palestra sobre, como aparece na transcrição, escultura "minibalista" (as grafias fonéticas que saltam das páginas da transcrição — "Grancoozi", "Saint Gordons", "DeSuveral", "DeEppilo", "Modelwell", "Manwhole" — testemunham a distância que existe entre o americano comum *alfabetizado* e o minúsculo grupo de pessoas que constituem o público da arte avançada), Krauss disse ao grupo:

> O tipo de vetor que *Arco inclinado* explora é o da visão. Mais especificamente: o que significa para a visão ser investida de um propósito, de modo que, se olharmos para o espaço, não é apenas um olhar vago que lançamos à nossa frente, mas um ato de olhar que espera encontrar um objeto, uma direção, uma meta. Essa é a finalidade da visão, ou, para usar outro termo, a intencionalidade da visão. Para o espectador do *Arco inclinado*, essa escultura está constantemente mapeando uma espécie de projétil do olhar que começa em uma extremidade da Federal Plaza, e, tal como a personificação do conceito de perspectiva visual, mapeia o caminho que o

espectador tomará através da praça. Nessa varredura, que é simultaneamente visual e corporal, o *Arco inclinado* descreve a relação do corpo ao movimento para a frente — ao fato de que, se nos movemos para a frente é porque os nossos olhos já se estenderam a fim de nos conectar com o lugar para onde pretendemos ir.

Evidentemente, nem todos estavam à altura do desafio inóspito do discurso de Krauss; depois que ela falou, Diamond teve de advertir o público: "Por favor, nada de comentários negativos".

Quanto a Douglas Crimp, que mora a poucos quarteirões do edifício federal, ele disse que, embora considerasse *Arco inclinado* a "escultura pública mais interessante e bonita do meu bairro", tinha de reconhecer que "a minha experiência é evidentemente diferente da de muitas pessoas que vivem e trabalham na área do *Arco inclinado*". No entanto, continuou Crimp, "acredito que esta audiência é uma manipulação calculada do público. [...] O que me faz sentir manipulado é que sou obrigado a defender a arte contra alguma outra função social. Pedem-me para ficar do lado da escultura e contra, digamos, aqueles que estão do lado de concertos ou, talvez, mesas de piquenique".

O que Sischy dissera a Serra na abertura da exposição de Kiefer, que ocorreu algumas semanas após a audiência, foi que ela não estava do seu lado na controvérsia do *Arco inclinado*. Ele começara a falar com ela sobre o caso, crente de que ela estava com seus defensores, e Sischy se sentiu constrangida a desiludi-lo. "Achei que não podia simplesmente dizer sim, sim, é terrível", ela me disse. "Teria sido uma espécie de traição ao meu trabalho me meter em uma conversa onde se supunha que eu pertencia ao grupo das pessoas indignadas. Eu sabia que, se não dissesse nada e depois encomendasse um artigo sobre o tema, me sentiria hipócrita. Como editora, achei que era necessário não alegar neutralidade — não há neutralidade —, mas que a questão ainda estava em aberto. Então eu disse: 'A coisa toda é muito complicada'. Houve um minuto de surpresa de Richard — que não deveria ter havido — e depois ele despejou tudo aquilo em cima de mim. Chamou-me de capitalista, disse que eu bajulava anunciantes, que eu era fascista, porque 'você acredita em assinar petição'. Imagino que ele pensou que eu era fascista porque vi significado no fato de 1300 pessoas terem assinado a petição. Ele disse: 'Você não sabe o que é ter seu trabalho sob julgamento'; como se gente como nós, que tenta fazer alguma coisa ou criar alguma coisa, não estivesse sendo julgada o tempo todo. Ele disse: 'Você não sabe o que é ser traído por seu país. Foi o meu governo, e eu acreditei nele. Eu acreditava na arte e no governo. Você não entende que fui traído?'. Mas como ele ou eu ou qualquer um de nós pode ficar tão irritado com uma traição relacionada com um objeto? A traição não era o Vietnã. Como podíamos ousar ser tão ingênuos e pessoais?

"Tudo na minha cabeça e no meu corpo diz que não podemos sair por aí desfazendo obras de arte porque as pessoas assinaram petições. Mas o que você faz quando as pessoas realmente não querem alguma coisa? Há mais de uma liberdade envolvida nisso. E acho que, se alguma vez chegarmos ao ponto de acreditar que a arte de vanguarda é tão sagrada que não podemos desfazer uma decisão, então está tudo acabado. A pior coisa que podemos fazer é achar que nossas decisões são tão sagradas, que nossas comissões de peritos são tão sagradas e que a arte de vanguarda é tão sagrada, que a própria noção de que algo deve ser debatido nos faz invocar todos aqueles episódios horrorosos e atrozes da história."

Perguntei a Sischy como ela se sentiu durante o ataque de Serra.

"Senti-me bem", disse ela. "*Antes* de ele me atacar, eu estava nervosa e ansiosa, quando ele pensou que eu fazia parte de seu bando, que estava do lado daqueles que diziam que aquilo era igual a uma queima de livros. Eu me senti hipócrita então. Mas depois que eu lhe disse qual era a minha posição, me senti bem. Senti como se tivesse um trabalho a fazer e o tivesse feito. Mas ele não foi capaz de me ouvir. Nunca lhe ocorreu que eu poderia ter algo a dizer. Ele foi extraordinariamente agressivo."

"Era como se ele estivesse gritando não com você, mas com alguma figura de fantasia", eu disse. "Quem você acha que representava para ele?"

"Não era comigo, no sentido que você quer dizer, mas em outro sentido *era* comigo. Você precisa lembrar que eu não tenho sido bem obediente à tirania dessa vanguarda em especial. Acho que fui uma grande decepção para pessoas como Richard. Recusei artigos sobre obras como a de Richard. Essa vanguarda era a estrutura de poder que governava o mundo da arte e nunca foi questionada — uma estrutura de poder enorme, autoritária. Sua regra era que a pintura estava morta — era apenas produção de imagens decadente, o ato regressivo — e tudo que se podia fazer era produzir obras heroicas de abstração, acompanhadas por uma grande quantidade de terminologia. Não havia espaço para mais nada. Meu interesse pela pintura, em particular pela pintura europeia — em oposição a estruturas heroicas — era uma ofensa para eles. Quando publiquei artigos sobre Kiefer, Clemente e Schnabel na *Artforum*, me disseram que artistas como Richard acharam que eu tinha feito uma coisa devastadora. Não se faziam muitas pontes entre a vanguarda e o mundo exterior, e acho que o fato de eu lançar essas pontes deixava — e deixa — gente como Richard Serra louco."

Ingrid Sischy tornou-se editora da *Artforum* aos 27 anos de idade. O cargo lhe foi oferecido por Anthony Korner, um ex-banqueiro inglês de quarenta anos, e Amy Baker Sandback, uma historiadora de arte e editora de livros de arte de 38 anos. Em 1979, eles compraram juntos a revista de Charles Cowles e decidiram substituir o editor que haviam herdado, Joseph Masheck, que sucedera Coplans. Masheck também era historiador de arte e foi provavelmente o mais acadêmico e menos impossível da gangue de editores contribuintes guerreiros de Coplans, e sob sua direção a revista entrou em um período de calma enervação e academicismo seco. Sem os criadores de caso (Krauss, Michelson, Rose, Pincus-Witten, Alloway e Kozloff haviam saído), a *Artforum* parecia ter perdido sua razão de ser; era como se todo o seu ar tivesse vazado lentamente. No momento em que Korner e Sandback a compraram, Sischy estava terminando um estágio de quinze meses em curadoria com John Szarkowski no departamento de fotografia do Museu de Arte Moderna. Antes disso, ela fora diretora de uma organização chamada Printed Matter, criada por um grupo de artistas, críticos e editores — entre eles, Sol LeWitt, Pat Steir, Lucy Lippard e, profeticamente, Amy Baker Sandback — para publicar e distribuir o que eles chamavam de "livros de artistas", para distingui-los de livros de arte. Os livros de artistas eram uma expressão agradável da ideologia da desmercantilização: enquanto os livros de arte são sobre arte, os livros de artistas são eles mesmos uma espécie de arte — arte que está consciente de sua responsabilidade social, arte que se recusa a ser uma mercadoria preciosa, arte que é barata, múltipla e sem aura. "Eles tinham uma grande ideia, mas não sabiam como pô-la em prática, e todos tinham outros empregos", disse Sischy sobre os membros do conselho diretor da Printed Matter. Sischy também não sabia — não tinha nenhuma experiência de gestão de um negócio —, mas decidiu transformar a Printed Matter em uma pequena empresa para valer, autossustentável, o que se mantém até hoje. Certa vez, vi Sischy cortar tomates. Ela pegou uma faca pequena de descascar e da maneira mais ineficiente que se possa imaginar, com uma lentidão desesperadora, começou a encher uma tigela, pedacinho por pedacinho, com tomates picados. Obviamente, nunca ninguém lhe ensinou a técnica de cortar legumes, mas isso não a dissuadiu de fazê-lo de qualquer jeito ou a impediu de alcançar seu objetivo. Não conheço ninguém que tenha menos medo de gastar energia desnecessariamente. Quando estava na Printed Matter, a fim de convencer o fisco da legitimidade da reivindicação da organização de ser sem fins lucrativos, ela arrastou vinte caixas de documentos até o escritório do Serviço de Receita. (Eram registros de transações ínfimas: na época de Sischy, a venda média da Printed Matter era de cinco dólares; hoje, é de dez dólares.) Na *Artforum*, ela é capaz de passar uma noite inteira no escritório trabalhando com um autor cujo texto vai para a gráfica no dia seguinte, cuidando dele como uma espécie de enfermeira do turno noturno.

Quando Sischy assumiu suas funções na revista, poucos dias antes do Natal de 1979, o número seguinte da revista deveria estar na gráfica em duas semanas. (Ela não conseguira começar mais cedo em virtude de duas exposições que se comprometera a organizar para o Museu de Arte Moderna.) "Todos estavam prestes a sair para as férias de Natal e, provavelmente, não ficaram muito entusiasmados ao me ver", relembra Sischy. "Acho que as pessoas ficaram chocadas com a ideia de trabalhar para uma mulher jovem de quem nunca tinham ouvido falar, ao invés de um homem acadêmico conhecido. Depois que eles foram embora, eu fiquei lá, olhando para aquele monte de artigos que estavam prontos para entrar na revista, e simplesmente não pude fazê-lo. Pensei comigo mesma: para essa coisa não me engolir, para não me matar, a única maneira de que posso fazê-la, mesmo que isso irrite todo mundo, porque vou ser muito lenta, é dar um passo de cada vez e fazer somente o que sei e faço com segurança. No momento em que você faz algo que não é você mesma, no momento em que publica algo que não suporta, no momento em que responde a alguém mais rápido do que você quer, está tudo acabado. Tenho certeza de que é assim. Então olhei para aqueles manuscritos e disse a Amy e Tony: 'Não acho que possa publicar isto'. Eu falei: 'Se estou chegando e sou uma pessoa nova, tenho de dizer imediatamente quem eu sou e fazer o que tenho de fazer, mesmo que isso seja louco ou estúpido ou signifique dois meses de atraso'. E Amy, com razão, disse: 'Olha, não pode atrasar dois meses. Porque isso faz parte do que eles vão saber sobre você — que você é alguém que não consegue pôr a revista na rua. Tem de sair no prazo'. Então eu disse: 'Tudo bem. Isso faz sentido'. Fomos almoçar na casa de Amy e conversamos sobre o que fazer. As únicas coisas que eu conhecia eram os livros, projetos e fotografias dos artistas. Eu não sabia como lidar com oitenta textos de historiadores da arte, mas eu conhecia a arte contemporânea e conhecia artistas. Então eu disse: 'Por que não fazemos um número inteiro sobre a nova arte? E não vamos pegar artistas famosos, que vão fazer uns rabiscos — vamos atrás de quem tem um verdadeiro compromisso com a página impressa'. Então fizemos listas. Disseram-me que tínhamos de ter uma pilha de material pronto em duas semanas. Eu também sabia que precisava ser bastante bom. Não achava que tinha de ser excelente. Quer dizer, eu já ficaria feliz se pudesse descobrir como fazer o compositor tipográfico atender ao telefone. Eu nem sabia o que era um compositor. A única coisa que eu tinha era capacidade de me relacionar com as pessoas. Então liguei para as pessoas e lhes disse o que eu queria que fizessem, e elas disseram: 'Ótimo! Para quando você quer?' — pensando que eu diria em um mês, e eu disse: 'Para daqui a uma semana'. Alguma coisa deve ter acontecido nessas conversas telefônicas, porque todas deram certo."

Quando a revista chegou às bancas, em fevereiro de 1980, causou uma grande agitação. Era totalmente diferente de qualquer número anterior da *Artforum*. Entre os colaboradores estavam o fotógrafo William Wegman, os artistas conceituais ingleses Gilbert e George, o artista conceitual alemão Joseph Beuys, a artista performática Laurie Anderson, as editoras da revista feminista radical *Heresies* e os editores da revista de arte *Just Another Asshole*, e a coisa toda tinha um ar insolente, agressivamente relaxado, improvisado, mas estranhamente equilibrado.

Sischy assumiu a direção da *Artforum* exatamente no início da nova década, e o surgimento de uma mulher muito jovem desconhecida, inexperiente, não livresca no comando de uma revista cujos três editores anteriores haviam sido homens mais velhos e eruditos, e cuja atmosfera, mesmo em sua recente manifestação menos bem-sucedida, era a de um clube masculino poderoso e exclusivo (não obstante suas colaboradoras, que possivelmente até contribuíram para essa atmosfera), foi uma espécie de presságio dos surpreendentes desdobramentos da arte que a década de 1980 iria testemunhar. Na transformação abrupta do formato da *Artforum*, de uma previsível austeridade da arte elevada para uma imprevisível ostentação e desarrumação, com a cara da imprensa underground, podem ser lidas as mudanças que transformariam o mundo da arte nova-iorquino tranquilo e estável dos anos 1970, com suas estrelas minimalistas e pós-minimalistas rodeadas por constelações conhecidas de artistas conceituais, performáticos, de vídeo e cinema, no universo pós-moderno de hoje, inquietante e incoerente. Não podemos esquecer, é claro, que todo presente é desordenado, que a história da arte é um artefato do tempo e que certos temperamentos toleram o caos melhor do que outros. Barbara Rose, por exemplo, achava o presente tão ameaçador há vinte anos quanto o julga hoje. O trecho seguinte, de um artigo de Rose intitulado "Como matar uma vanguarda", foi publicado na *Artforum* em novembro de 1965:

Hoje não há uma "cena". Embora as revistas acetinadas tenham inventado uma cena fictícia para consumo público, o artista experimental está mais sozinho do que tem sido desde os anos 1930. Há muitos sinais preocupantes: entre estudantes de arte, percebe-se uma mentalidade de "fazer sucesso", condicionada por descrições da imprensa de massa da boa vida artística. [...] Há outros maus presságios. À medida que o ritmo se torna mais frenético e as distinções são borradas, os valores são igualmente obscurecidos. [...] Textos de pseudoarte em revistas de massa confundem questões, imputam motivos aos artistas enquanto supostamente os homenageiam. [...] Tendo perdido o propósito comum de ser aceito no establishment, e agora perdendo rapidamente o seu centro, à medida que galerias, museus e exposições proliferam, é de admirar que os artistas de vanguarda estejam passando por uma crise de identidade?

A capa do primeiro número editado por Sischy era uma reprodução da capa do primeiro número de uma revista de vanguarda dos anos 1940 chamada *VVV*, que se apresentava como uma revista de "poesia, artes plásticas, antropologia, sociologia, psicologia" e tinha entre seus colaboradores André Breton, Max Ernst, André Masson, William Carlos Williams, Claude Lévi-Strauss, Harold Rosenberg, Arthur Cravan e Lionel Abel. A capa de *VVV*, criada por Max Ernst, era um projeto ernstiano de figuras e diagramas misteriosos de alguma ciência oculta inventada, que cercavam os três *V* em preto, sobre um fundo verde. Sischy pegara emprestada a capa original de David Hare, ex-editor da *VVV*. Alguém que não viesse do departamento de fotografia de John Szarkowski talvez não ficasse tão feliz como Sischy com a queimadura de cigarro e as manchas de líquidos que a marcavam, mas ela avaliou corretamente a beleza surreal que esses traços fantasmagóricos de uma vida passada assumiriam quando fotografados, e também o sentido de citação que eles ajudariam a conferir à noção de uma capa sobre uma capa. Havia ainda uma adequação pessoal especial na aparência sem retoques, gasta, com orelhas, na primeira capa de Sischy. Entre as pessoas em posições de poder nas instituições culturais desta cidade — editores de livros, diretores de revistas, executivos de jornais, diretores e curadores de museus, produtores de teatro —, desenvolveu-se um estilo de lidar com as equipes que é conhecido por sua informalidade, franqueza e simplicidade. O chefe arrogante e pomposo que estabelece uma distância glacial entre ele e seus subordinados, o pequeno tirano que se cerca de secretárias intimidadas, é tão raramente visto hoje em dia que é quase um anacronismo cativante (no establishment de classe média alta da qual falamos, bem entendido). Nesse contexto, o modo de Sischy dirigir sua revista como "uma espécie de kibutz" (nas palavras do crítico Donald Kuspit) não é tão notável. Embora existam algumas coisas que Sischy faz e editores de outras revistas não fazem — como sair correndo do escritório várias vezes ao dia para ir à lanchonete do outro lado da rua e pegar café e doces para seus funcionários —, suas relações com seus empregados são, em geral, apenas um pouco mais igualitárias do que a norma.

A extravagância de Sischy está em sua preocupação obsessiva, quase fetichista, com as questões de ética. Ela vê dilemas morais em toda parte e, é claro, há dilemas morais em toda parte, só que a maioria de nós prefere não vê-los como tal e simplesmente aceita as pequenas evasivas, os equívocos e as concessões que suavizam o tecido da vida social, que azeitam as máquinas da vida e do trabalho, que fazem da realidade uma luta menos constante conosco e com os outros. Sischy, no entanto, se regozija na luta, ela é como alguém que caminha por um campo minado depois de ter feito um curso de detecção de minas. Ela efetivamente gosta de olhar para o abismo e recuar na hora certa. Uma vez, na Printed Matter, ela recebeu um telefonema de um curador de museu que queria comprar um exemplar de *The Xerox Book*, uma coletânea do trabalho de sete artistas conceituais, publicada em 1968, que foi um grande sucesso e se tornou uma espécie de item de colecionador. "Nosso último exemplar tinha acabado de ser encomendado por alguém", Sischy me contou. "Então, eu disse ao curador: 'Lamento, mas acabou'. E o curador disse: 'Ingrid, pagaremos muito por um exemplar'. Nós estávamos realmente com problemas financeiros na ocasião e o museu estava falando, acho eu, em pelo menos mil dólares. Mas, pensei, como se atrevem? E disse a eles que tinha acabado de vendê-lo por 25 dólares, o primeiro a chegar é o primeiro a ser servido, e desliguei o telefone."

Na presença de uma retidão tão cintilante, nós, vermes que somos, só podemos sentir um pouco de rancor. Podemos até, se formos longe nessa linha cínica de pensamento, sentir um pouco de comiseração por Richard Serra. Quem ela pensa que é? Por que ela tem sempre que se comportar melhor do que todos os outros? Há momentos em que as heroínas dos romances de Henry James provocam esses pensamentos grosseiros, momentos em que o fio da atenção simpática se rompe e nós nos perguntamos por que essas moças têm de ser sempre tão ridiculamente finas. Mas, se a imaginação moral de Sischy tem um caráter febril que invoca os espíritos de Fleda Vetch e Milly Theale, sua atmosfera é muito diferente daquela que cerca essas inteligências requintadas e tensas. Ela tem uma naturalidade e uma cotidianidade incompatíveis, quase mediterrâneas. A irritação momentânea que sentimos com ela quando achamos que está montando seu cavalinho de pau ético de forma exagerada (lembro-me de uma vez em que estava com ela num aeroporto italiano assistindo irritada a todo mundo pegar um táxi, enquanto nós, por insistência dela, honrosamente esperávamos a nossa vez atrás de dois japoneses totalmente perplexos) é varrida pela afabilidade cativante de sua companhia. Sua capacidade para sentir prazer nos comove. Ela é uma espécie de princesa judia ao contrário: atravessa a vida aceitando com gratidão os prazeres e comodidades com que depara, e se não são os prazeres e comodidades específicos que ela encomendou — bem, tanto melhor. Sua relação com o mundo dos objetos de consumo é muito fraca, de uma forma quase estranha. (Se existe uma pessoa que poderia ser comparada a uma obra de arte desmercantilizada, Sischy seria essa pessoa.) Ela não tem cartão de crédito, empréstimo, poupança (até o ano passado, não tinha conta corrente), carro e carteira de motorista; ela não tem sequer uma bolsa, e enfia o dinheiro e os minúsculos pedaços de papel que lhe servem de caderneta de endereços em uma carteira abaulada, que carrega desajeitadamente na mão, como uma garota a caminho de um show. Não usa maquiagem e usa as mais simples das roupas: calça de malha e camisa são seu uniforme. Ela não tem posses de que se possa falar: nunca comprou uma pintura, uma escultura, uma fotografia, um objeto decorativo, um móvel ou joia. Todos os seus pertences (principalmente livros e papéis) cabem em um baú que ela levou para a casa da mulher com quem vive quando se mudou para lá há quatro anos, e que ainda não abriu.

O baú ainda fechado é uma metáfora apropriada para Sischy. Quando criança, ela foi duas vezes desterrada — primeiro da África do Sul, com a idade de nove anos, depois da Escócia, com quinze anos. Nasceu em 1952 em Johanesburgo, a caçula de três filhos (ela tem dois irmãos, um é médico e o outro, advogado) de uma família de profissionais liberais judaica. Seu pai, Benjamin Sischy, é médico, e sua mãe, Claire Sischy, é fonoaudióloga aposentada. A família emigrou em 1961 para Edimburgo, após o massacre de Sharpeville, e de novo em 1967, para Rochester, Nova York, onde o dr. Sischy aceitou um posto de pesquisa oncológica no Highland Hospital. Em Edimburgo, Ingrid frequentou uma famosa escola particular para meninas, o George Watson's Ladies' College; em Rochester, foi para a escola pública; em 1973 formou-se no Sarah Lawrence College. Nos três lugares tornou-se líder com muita rapidez e facilidade. "Minha capacidade de adaptação virou piada de família: mudávamos para um novo país e dentro de seis meses — no máximo um ano — eu já era representante da turma e, finalmente, representante da escola", ela me contou quase com tristeza.

Sischy fala de seus pais com carinho e aprovação, quase reverência; uma vez, ela me contou como conseguiu, sendo filha de uma família de tanta consciência social, reconciliar-se com o trabalho aparentemente inútil, do ponto de vista social, que faz agora. "Para os meus pais, arte era uma coisa que se faz depois do dia de trabalho. Cresci com a suposição de que teria uma profissão como a deles, que faz algum bem social todos os dias. Quando aceitei este trabalho, percebi que, para mim, a única maneira de fazê-lo era como se eu estivesse indo para a faculdade de medicina. Eu trabalhava dezesseis horas por dia, do jeito que vi meu pai trabalhar, e do jeito que vi meu irmão trabalhar quando fez residência, e ainda trabalho dessa maneira. Ainda estou fazendo minha residência." Ela continuou: "Eu costumava ter a fantasia de que faria esse trabalho por alguns anos e depois pararia e dedicaria o resto da minha vida à África do Sul. Mas aos poucos comecei a entender que editar uma revista de arte atualmente é participar de todos os discursos sociais, econômicos e políticos de hoje. Em nenhum lugar isso ficou mais claro para mim do que na exposição do primitivismo".

O ataque de Thomas McEvilley, na edição de *Artforum* de novembro de 1984, à grande exposição no Museu de Arte Moderna *"Primitivismo" na Arte do Século XX: A Afinidade do Tribal e do Moderno* causou um impacto extraordinário no mundo da arte. Havia alguma coisa no artigo que foi reconhecido de imediato como mais ameaçador para o status quo do que o habitual para uma crítica de exposição em museu — e ninguém estava tão consciente da ameaça quanto William Rubin, o curador da mostra e também diretor do Departamento de Pintura e Escultura do museu. O artigo tinha uma espécie de lustro perigoso, e essa qualidade também estava presente nas duas respostas que McEvilley, um classicista que se tornou historiador e crítico de arte, escreveu para as cartas que Rubin se sentiu impelido a enviar à editora de *Artforum*. (Kirk Varnedoe, o outro curador da exposição, entrou na briga na primeira rodada da correspondência e prudentemente se retirou da segunda.) O artigo de McEvilley era como o bater na porta que teme o mestre construtor de Ibsen — o som da geração mais nova chegando para esmagar a mais velha — e ancorava sua força tanto na urgência de seu subtexto edipiano quanto no poder de persuasão de seu argumento evidente. Outros comentários tão críticos e bem argumentados quanto os de McEvilley — o devastador de Arthur Danto em *The Nation*, por exemplo — não exasperaram Rubin como os de McEvilley. (Com uma exceção: um artigo de Michael Peppiatt, publicado anteriormente em *Connaissance des Arts*, fez Rubin ameaçar com um processo a revista — que manteve a calma — quando ela se recusou a publicar sua longa réplica, acompanhada por catorze ilustrações coloridas.) O que também pode ter contribuído — com efeito, deve ter contribuído — para a atmosfera especialmente carregada do artigo de McEvilley foi a intensa pressão sob a qual foi produzido: foi escrito, revisado e preparado para publicação em apenas onze dias. Sischy me contou como isso aconteceu. Ela e McEvilley foram juntos à abertura da exposição, com o entendimento de que ele escreveria sobre ela se se sentisse movido a fazê-lo depois da visita. "Enquanto caminhava pela exposição, tive uma sensação realmente assustadora de que ali, mais uma vez, estava um caso de dois objetos com a mesma aparência, mas não com o mesmo significado", disse-me Sischy. "Comecei a sentir que mais uma vez o Outro estava sendo usado para nos servir. Mais uma vez. Havia praticamente uma tese na legenda sob uma obra de Brancusi, mas era o suficiente dizer, da escultura primitiva a seu lado, que era 'Do norte da África'. Toda a pesquisa havia sido feita em torno de Brancusi, enquanto a outra coisa estava sendo usada de novo para a afirmação de nossos valores. Uma suposta honra se concedida à obra primitiva — a honra de dizer: 'Ei! É tão boa quanto a arte! Vamos até chamá-la de arte'. Mas agora sabemos que é preciso fazer outras perguntas sobre o modo como assimilamos outras culturas. Tom teve as mesmas sensações, talvez ainda mais fortes. Então fomos para o Plaza e tomamos uns cinco drinques, e depois das bebidas Tom disse: 'Olha, podemos pôr a crítica no próximo número?'. Eu disse: 'Tom, o número está todo pronto. Vai para a gráfica em quatro dias'. Ele insistiu: 'Bem, o que você acha?'. Eu disse: 'Seria incrível sair com o artigo enquanto a exposição ainda é tão nova. Deixe-me pensar sobre isso'. Tomei mais um drinque e disse: 'Já pensei sobre o assunto'. Fui ao escritório no dia seguinte e perguntei a Amy e Tony se seria possível abrir a revista e acrescentar um artigo uma semana depois, o que é uma coisa maluca de se fazer. Mas Tony e Amy concordaram que, neste caso, seria uma ótima coisa a fazer. Então Tom escreveu o artigo em quatro dias, depois ficou no meu escritório durante sete dias e sete noites trabalhando nele."

O artigo, intitulado "Doutor Advogado Chefe Indígena: *'Primitivismo' na arte do século XX*, no Museu de Arte Moderna, em 1984", não só partia para cima do etnocentrismo do qual Sischy (entre outros) estava tão dolorosamente consciente ("Esta exposição mostra que o egotismo ocidental ainda é tão desenfreado quanto nos séculos de colonialismo e souvenirismo."), como negava que ainda fosse interessante ver pinturas e esculturas modernistas justapostas a objetos tribais com os quais apresentavam semelhanças formais. Esse tipo de coisa, dizia McEvilley, ficava bem em 1938, quando Robert Goldwater publicou seu texto clássico *Primitivism in Modern Painting* [Primitivismo na pintura moderna], mas, hoje, essa maneira de pensar é um anacronismo lamentável. Ao chamar o MoMA de "o templo do modernismo formalista", McEvilley caracterizava a exposição do primitivismo como uma espécie de última trincheira do museu contra as incursões do pensamento avançado:

> A estética [do modernismo formalista] era considerada o critério mais elevado pelo qual outros estilos eram julgados, mas agora, em setores bastante respeitáveis, ela começa a ser vista como apenas mais um estilo. Durante algum tempo, como os pré-rafaelitas ou a Escola de Ashcan, ela serviu a certas necessidades e exerceu hegemonia; essas necessidades tendo passado, sua hegemonia também passou. Mas o acervo do Museu de Arte Moderna é predominantemente baseado na ideia de que o modernismo formalista jamais vai passar, nunca perderá seu poder de autovalidação. Não sendo uma coisa relativa, condicionada, sujeita a causas e efeitos transitórios, ele deve estar acima da rede de mudanças naturais e culturais; esta é a sua suposta essência. Após vários anos de ataque sustentado, esse credo precisa de um defensor e de uma nova defesa. Como é brilhante tentar revalidar a estética modernista clássica saindo de seu domínio habitual de discurso para estabelecer uma relação com um vasto setor externo do mundo. Ao demonstrar que a criatividade "inocente" dos primitivos expressa naturalmente uma sensação estética modernista, pode parecer que foi demonstrado mais uma vez que o próprio modernismo é inocente e universal.

Ele prosseguia dizendo que Rubin fez "afirmações extremamente inadequadas sobre as intenções das culturas tribais sem lhes dar a palavra, exceto através da presença muda de seus objetos religiosos não explicados, que são enganosamente apresentados como objetos de arte". E continuava:

> Em seus contextos nativos, esses objetos eram investidos de sentimentos de reverência e medo, não de enobrecimento estético. Eram vistos geralmente em movimento, à noite, em espaços escuros fechados, à luz bruxuleante de tochas. Seus espectadores estavam sob a influência de sentimentos de identificação comunais e rituais e, com frequência, do álcool ou drogas; acima de tudo, eram ativados pela presença, dentro ou entre os próprios objetos, do xamã, pondo em ação o poder geralmente aterrorizante representado pela máscara ou ícone. O que estava em jogo para o espectador não era a apreciação estética, mas a perda do eu na identificação com a performance xamânica e no apoio a ela. As obras modernistas da exposição têm funções completamente diferentes e foram feitas para serem percebidas de uma postura completamente diferente. Se você ou eu fôssemos um artesão ou espectador tribal nativo andando pelos corredores do MoMA, veríamos uma exposição totalmente diferente do que vemos como nova-iorquinos do século xx. Não veríamos principalmente forma, mas conteúdo, e não arte, mas religião ou magia.

O desafio lançado por McEvilley foi aceito por Rubin em uma longa resposta que *Artforum* publicou em seu número de fevereiro 1985, junto com uma resposta mais curta de Varnedoe. Rubin começava por cumprimentar McEvilley por ser "imparcial" e por manter "um alto nível de discurso", mas logo passava a dizer que "não obstante as boas intenções evidentes, sua resenha está entrelaçada com equívocos suficientes, inconsistências internas e simples erros de fato que, dada a sua gravidade, não devem passar em branco". O principal erro de fato de que Rubin acusava McEvilley — uma acusação que se transformou numa das disputas mais dolorosamente específicas já publicadas sobre uma questão de significado duvidoso — dizia respeito ao número de objetos em um par de vitrines do Centro Pompidou, em Paris. McEvilley, para ilustrar sua afirmação de que a exposição do primitivismo "não é, no mínimo, nova ou surpreendente", citava (entre outros exemplos) uma exposição de "cerca de cem objetos tribais" do Musée de l'Homme, que o Centro Pompidou havia colocado em proximidade significativa de sua coleção de arte moderna, logo após a sua abertura, em 1977, e assim a deixou por cerca de cinco anos. Rubin contestou o número de peças. Ele disse que "uma verificação rápida revela que [...] as duas vitrines do Centro Pompidou jamais contiveram juntas mais do que uns vinte objetos". Pouparei meus leitores do que os leitores da *Artforum* tiveram de suportar para saber finalmente que nenhum dos números apresentados era exato: numa das dezesseis notas de rodapé que Rubin anexou a sua segunda resposta, ele confessou que, de acordo com uma lista que acabara de receber do Musée de l'Homme, eram 52 os objetos expostos nas vitrines. Como uma das leitoras que não ficou pelo caminho na batalha das vitrines, posso informar que, apesar do tédio das particularidades do debate, continuei lendo pela intensidade apaixonada com que ele foi conduzido. Era óbvio que cada um deles tinha mais em jogo do que estar certo ou errado a respeito de um número. O número se tornara uma espécie de correlato objetivo da ansiedade que cada homem sentia em relação à sua posição. Rubin me disse honestamente mais tarde: "McEvilley fez um grande esforço para mostrar que a exposição era coisa velha, e uma vez que eu tinha gastado cinco anos e um monte de dinheiro com ela, me ofendi. Alguns membros de nosso conselho diretor são leitores da *Artforum*. Eu não queria que eles pensassem que eu tinha feito todo aquele esforço e gasto apenas para fazer uma repetição de algo que já havia sido feito". Por sua vez, McEvilley sentiu que sua posição de desafiante do establishment estava ameaçada pela insinuação de que ele era incapaz de apresentar fatos corretos, então mostrou uma raiva como a do jovem que é corrigido por um velho. (Na verdade, McEvilley não é tão mais jovem — tem 47 anos, enquanto Rubin tem 59 —, mas no psicodrama de seu encontro com Rubin ele caiu facilmente no papel do impetuoso jovem Jack, o Caçador de Gigantes, assim como Rubin, por posição e temperamento, assumiu naturalmente o papel do gigante.)

Em sua resposta a Rubin e Varnedoe, McEvilley adotou um tom informal provocante. "Eu sou o único que latiu para tirar esses ursos ranzinzas da floresta, então imagino que tenho de ouvir seus uivos e ranger de dentes", escreveu ele. "Em certo sentido, é uma oportunidade única. Raramente vemos esses ursos em campo aberto, especialmente o grande." McEvilley despachou rapidamente o urso pequeno, como chamou Varnedoe:

> O oitocentismo fictício do pensamento de Varnedoe se revela numa demonstração de ignorância cômica. Ele diz que eu uso o termo "intencionalidades" e observa entre parênteses que se trata de "uma palavra que [McEvilley] prefere em substituição da mais simples 'intenções'". Ele evidentemente não percebe que "intencionalidade" é um termo técnico na filosofia de Edmund Husserl e em todo o movimento fenomenológico.

Rubin, em sua segunda carta, viu uma oportunidade de vingar a honra de Varnedoe e alegremente a agarrou:

> Só posso invejar a autoridade de McEvilley em história da arte, antropologia, linguística, fenomenologia e teoria literária e me solidarizar com sua necessidade de zombar da ignorância cômica dos menos talentosos do que ele. Infelizmente, como um pobre historiador de arte, só posso esperar que, depois de uma vida pro-

fissional nesta área, eu saiba alguma coisa sobre *isso*, pelo menos [...] McEvilley nos pede para considerar que "o auriga de Delphi, *c.* 470 a.C., por exemplo, era visto de forma totalmente [sic] diferente na Grécia clássica da maneira como o vemos agora. Ele não estava sozinho naquela nobre serenidade autossuficiente de brancura angelical, transcendental, que vemos". Talvez eu devesse ficar menos ofendido por ver minhas ideias serem transformadas de forma irreconhecível por McEvilley ao descobrir que ele também pode de alguma forma transformar esse conhecido monumento de bronze da introdução da história da arte em um mármore.

Receio que quase todas as afirmações de McEvilley relacionadas à história da arte venham da mesma pedreira do auriga de mármore.

Mas o triunfo de Rubin foi de curta duração. McEvilley retrucou:

A hibernação pode ser um método produtivo — pode-se ir para a solidão e voltar com compreensão — ou pode nublar a mente com sonhos de fatos embaralhados, de provas forjadas e aurigas de mármore. "O auriga de Delphi", escrevi, "*c.* 470 a.C., por exemplo, era visto de forma totalmente diferente na Grécia clássica da maneira como o vemos agora. Ele não estava sozinho naquela nobre serenidade autossuficiente de brancura angelical, transcendental, que vemos." A palavra "mármore" é de Rubin, não minha, e surge em sua alegação de que chamei o bronze clássico de obra de mármore — após o que, ele exerce sua sagacidade contra mim, referindo-se "ao auriga de mármore". Rubin nunca enfrenta a questão de por que eu trouxe à tona o auriga. Meu argumento era a respeito da manipulação do objeto por intermédio de seu contexto; hoje vemos a obra sozinha em um pedestal, numa sala branca do museu arqueológico de Delfos, na espécie típica de instalação com a qual nos relacionamos com obras de outras culturas ou épocas, isolando-as de modo que fiquem disponíveis para receber nossas projeções. O auriga é descontextualizado nesse ambiente branco artificial e perde seu sentido em termos de contexto, função e intenção iniciais. Eu fiz a analogia em meu artigo inicial como uma crítica à instalação das obras primitivas no MoMA, onde, da mesma forma, fragmentos de peças complexas foram isolados de maneira a deixá-los sem sentido em seus próprios termos, como se de fato não tivessem termos próprios. Rubin optou por ignorar essa questão, bem como outras que se relacionam com o exemplo do auriga, e preferiu discutir uma questão de detalhe físico que não teria afetado o argumento de qualquer maneira, mesmo que ele tivesse razão.

Rubin não se ajudou ao se envolver nessas escaramuças escolásticas, mas seu maior desserviço para si mesmo foi escrever para a *Artforum*, dando assim a McEvilley uma segunda e depois uma terceira chance de marcar pontos à custa da exposição do primitivismo. A crítica original de McEvilley não era provavelmente tão perfeita quanto poderia ter sido se ele tivesse tido mais de quatro dias para escrevê-la. Mas Rubin lhe concedeu mais tempo, e talvez ainda mais motivação, para brilhar. Levando seu argumento contra uma estética universal para outro nível, McEvilley listou três períodos da história da relação do Ocidente com a arte tribal. No primeiro período, aos objetos primitivos foi "negado o status de arte, como se fosse uma honra que eles não mereciam". No segundo, julgou-se que os objetos primitivos eram "formal e intelectualmente 'bons o suficiente' para serem chamados de arte". E no terceiro, que é o período atual, "é possível começar a olhar para os objetos tribais do ponto de vista de sua própria cultura e perceber que, o que quer que sejam, eles se situam entre as categorias de nossa grade". McEvilley censurava Rubin por estar travado no segundo período; acusava-o de apresentar "um sistema de valores firmemente estabelecido há sessenta anos como se fosse uma nova descoberta fantástica" e de tratar os objetos primitivos da exposição "como se não tivessem nada a ver com quaisquer sociedades vivas, exceto a nossa, como se fossem objetos bonitos e nada mais, que estavam aí para fazermos deles o que bem entendermos". Em sua primeira carta, Rubin reclamou que McEvilley não tinha captado o sentido da exposição, que era estudar obras tribais do ponto de vista dos modernistas pioneiros. "É óbvio que os objetos tribais estão descontextualizados em nossa exposição", retrucou Rubin, acrescentando: "Na verdade, é mais do que isso: eles estão *recontextualizados,* dentro da moldura da arte e da cultura ocidentais. *E é disso que trata nossa história particular.* McEvilley simplesmente se recusa a aceitar o fato de que nossa história não é a respeito do 'Outro', mas sobre nós mesmos". Mas McEvilley insistia teimosamente que, "para ser realmente a *nosso* respeito, a exposição teria de ser sobre a evolução da nossa relação com o Outro". Ele escreveu:

> Já não vivemos em um mundo separado. Nossa visão tribal da história da arte como principal ou exclusivamente europeia ou eurocêntrica se tornará cada vez mais prejudicial, uma vez que nos isola do Terceiro Mundo emergente e nos isola da cultura global que já está em seus estágios iniciais. Devemos ter valores que possam incluir o resto do mundo quando chegar o momento — e o momento está aí. A civilização transcende a geografia e, se a história mantém uma pessoa nesta aldeia global, ela detém outra. Na verdade, se há alguém privilegiado em relação ao outro em termos de história da arte são os chamados fazedores de objetos primitivos, por meio de cujo legado fizemos nossa última grande viagem fora de nosso próprio ponto de vista e a chamamos de arte moderna.

Poucos meses após a publicação da última rodada da correspondência McEvilley-Rubin, telefono para Rubin, em seu escritório no Museu de Arte Moderna. Em sua encarnação de todos os clichês sobre os homens em posições de poder, Rubin é uma figura quase alegórica. Marcar um encontro com ele requer uma conversa prolongada com uma secretária ("O sr. Rubin pediu-me para obter o máximo de informações possível sobre seus telefonemas, para que possa julgar a urgência de retorná-los"), e entrar em seu escritório é experimentar de imediato uma sensação de diminuição, da mesma maneira estranha que entrar em uma catedral gótica nos dá uma sensação de exaltação. Rubin é extremamente bem vestido e bem-arrumado, com um rosto moreno assertivo e atraente; ele fica atrás de uma mesa enorme e imaculada, em uma grande sala branca que tem uma vista espetacular para o jardim de esculturas do museu e um panorama dos edifícios de Nova York, e está equipada com poucos e caros móveis modernos, pinturas abstratas e uma escultura africana. Apesar do dossiê de informações que deixei com a secretária, ele não sabe quem eu sou e por que estou ali. Depois que minha identidade e meu propósito foram restabelecidos, faço-lhe as duas perguntas que motivaram minha visita: ele ficou satisfeito com o tratamento que recebeu da *Artforum*, e ficou satisfeito com seu desempenho em suas duas cartas ao editor?

Rubin responde que sim a ambas as perguntas. "O pessoal da *Artforum* fez um grande esforço para ser justo, embora eu ache que relutaram quando dissemos que queríamos escrever uma segunda carta", diz ele. "Ingrid teria gostado de dizer não, mas fizemos algumas considerações sobre distorções e então ela percebeu que o assunto não poderia ser simplesmente deixado como estava. Tenho certeza de que os estudantes e outras pessoas que lerem essa correspondência daqui a dez anos vão ficar do nosso lado. Se não achasse isso, eu teria de aceitar críticas que poriam cinco anos de trabalho em questão. Não que não existam coisas na minha exposição que eu teria feito de forma diferente. Claro que há. E não estou dizendo que todas as críticas à exposição estavam erradas. Acho que houve boas críticas, até mesmo no artigo de McEvilley. Mas McEvilley queria uma exposição totalmente diferente. Alguém no nosso departamento me disse: 'McEvilley queria ter sido convidado para fazer a exposição'. Esse é o tipo de coisa com que você topa neste trabalho. Uma vez que convidamos pessoas de todo lugar a participar da exposição, a escrever artigos para o catálogo, McEvilley talvez tenha sentido que o museu se esqueceu dele. Talvez tenha sentido como uma ofensa pessoal. Francamente, Kirk e eu achamos as respostas de McEvilley às cartas muito piores do que o seu artigo original. Lamentamos profundamente a ausência de polidez na coisa sobre os ursos."

Poucos dias depois desse encontro, para minha surpresa, Rubin me telefona e diz que gostaria de falar comigo de novo. Evidentemente sob alguma compulsão para fazer tudo duas vezes, ele diz que teve mais algumas ideias durante o fim de semana sobre a correspondência com McEvilley e deseja compartilhá-las comigo. Quando chego ao seu escritório, ele me entrega uma ficha de arquivo em que a lista seguinte foi datilografada:

Ursos
Argumentadores de má qualidade
Pobreza de intelecto
Mentes
do século XIX
Táticas infantis
Arrogância
Tática
mais barata…

Rubin tinha passado o fim de semana revendo sua discussão com McEvilley e, evidentemente, não está mais satisfeito consigo mesmo. Ele me diz que acha que McEvilley o venceu graças a "artifícios retóricos", exemplos dos quais ele datilografou no cartão. "McEvilley reagiu alegando que nunca fez ou disse uma única coisa que estivesse errada", diz Rubin. "Eu, pelo menos, admiti que estava errado sobre o número de objetos nas vitrines, embora não ache que estava tão errado quanto McEvilley acredita. A questão é que esses artifícios retóricos que ele obviamente estudou em algum lugar são para ganhar discussões, não para chegar à verdade. Eu nunca estudei retórica, por isso estou em desvantagem nesse sentido. McEvilley talvez esteja tão ofendido emocionalmente pela própria concepção da exposição que não consegue enxergar direito. E eu acho que ela meio que o chocou, e o feriu, que ele estava sendo questionado em tudo. Parece-me que o tom de sua reação contém não pouca raiva por ter sido chamado para defender. Seu interesse único em vencer uma discussão é como eu explico sua falta de vontade em ver se há uma base comum. Eu sou apenas humano. Se alguém usa invectivas contra mim e técnicas escorregadias para provar que está sempre certo, eu recuarei — também não vou tentar encontrar um terreno comum. Mas acho que *há* um terreno comum. Não acho que McEvilley realmente acredita em metade dessas coisas extremadas que ele diz."

Como um professor que distribui material de leitura para uma turma, Rubin me entrega um pacote de cópias que fez do artigo de McEvilley, de suas cartas e das de Varnedoe, das respostas de McEvilley para eles, de várias outras resenhas da exposição e de uma discussão na *Artforum* em 1967 entre ele e Harold Rosenberg a respeito de um artigo que Rubin escreveu sobre Jackson Pollock, que McEvilley citou em sua segunda resposta. Usando um conjunto de cópias que fez para si e que noto estarem muito sublinhadas, Rubin, como um dos homens obcecados de Borges, começa a rever toda a discussão, ponto por ponto. Ele continua esse rito de justificação de si mesmo pelas duas horas seguintes, tocando mais uma vez nas terríveis vitrines e também na outra exposição que McEvilley citou — a da Coleção Menil no Grand Palais, em 1984. "McEvilley chama nossa exposição de velha porque foi feita antes, na exposição de Menil", ele me diz. "Então eu escrevo para dizer que na exposição de Menil havia apenas dois exemplos justapostos de arte primitiva e arte moderna, e que todo o resto da arte tribal foi exposto separadamente, numa área própria. E como McEvilley responde a isso? Ele responde *cegando o leitor*, com efeito: 'O fato que Rubin não pode afastar com um rosnado nem com o qual pode conviver é que os objetos tribais não foram mostrados *inteiramente* em sua própria área separada', ele escreve. No momento em que você chega a isto, sua cabeça está tonta. Você teria de ser muito mais lúcido do que qualquer pessoa é capaz de ser neste momento para ver que o que ele está dizendo é simplesmente ridículo. É ardiloso e lodoso demais."

O telefone toca e a secretária anuncia o próximo compromisso de Rubin. Ele olha para o relógio e me diz: "Vou repassar rapidamente isso". Então, em um momento de clara incerteza, ele deixa o pacote de cópias cair de sua mão. Tira os óculos, esfrega os olhos e parece estar próximo de ver o absurdo e a inutilidade do processo. Depois, põe os óculos e recolhe resolutamente as cópias.

Em uma tarde de abril de 1985, cheguei deliberadamente tarde ao apartamento do artista Lucas Samaras, no Upper West Side, onde vou encontrar Sischy e Amy Baker Sandback, a presidente da *Artforum*. Quero ter certeza de que não serei a primeira a chegar: não conheço pessoalmente Samaras, mas suas obras agressivas e misteriosas — caixas pretas ameaçadoras forradas com alfinetes, estranhos objetos feitos de fios de cores vivas, peças fantásticas de móveis pintados, fotografias de seu próprio rosto malicioso e corpo nu contorcido —, embora exerçam uma espécie de fascínio assustador, me fizeram sentir instintivamente que se trata de um homem com quem não quero ficar sozinha. Estou atrasada, mas os outros estão mais ainda, e sou recebida na porta por um homem alto, magro, sisudo, na casa dos quarenta anos, com uma barba grisalha, que me introduz no apartamento com um ar resignado e faz um sinal para eu me sentar num sofá cuja almofada é um emaranhado de fios coloridos envoltos em uma capa de plástico. O lugar parece a oficina de um mago, cheio de rolos de tecidos metálicos cintilantes, coleções de taças de vinho quebradas, frascos de strass, varas longas onde estão afixados noivos e noivas de plástico, figuras sinistras de barro, uma parede de colares, uma mesa artesanal de forma esquisita com cadeiras, tudo com a assinatura de Samaras. Mas o lugar é também parecido com um daqueles apartamentos miseráveis, arrumados de maneira inóspita por mulheres idosas de países balcânicos; faltam-lhe apenas os panos bordados e o kitsch religioso para completar sua dissociação fiel do gosto e da moda de classe média. Quando Samaras me diz que é da Macedônia — veio para cá com onze anos —, eu penso: claro, de onde mais? Ele olha para mim sem expressão, mas não com rudeza, e caímos na conversa. Percebo quase imediatamente que a persona terrível que emerge de sua obra e a pessoa real que é Lucas Samaras estão para a relação que existe entre um leão e um gato doméstico. Enquanto a obra cintila com ameaça, ironia e desdém, o homem é apenas acerbo, obstinado e um pouco provocativo. Ele diz que Sischy é única entre os editores que já conheceu. "Todos os outros estão interessados em poder — eles jogam jogos de poder. Se são mulheres, usam sua feminilidade para ganhar poder. Ingrid não está interessada em poder."

Sischy e Sandback chegam com uma história impenitente e vaga sobre um taxista distraído. Sandback está na casa dos quarenta anos e é uma mulher calma, de voz suave, um tanto misteriosa, com o ar de consoladora natural, embora no momento quem precise de consolo seja ela, por causa de um novo corte de cabelo punk profundamente lamentável. Ambas as mulheres estão muito animadas com Samaras. Estou impressionada com a mudança no comportamento de Sischy: como ela está muito mais leve aqui. Comigo ela sempre foi bastante séria e moderada. Agora há um monte de gracejos, risos e brincadeiras. O objetivo da visita é fazer uma seleção das novas pinturas acrílicas de Samaras para uma matéria de oito páginas duplas na edição de verão da *Artforum*. As novas pinturas são um grande retrato coletivo do mundo da arte — uma taxonomia dos marchands, curadores, colecionadores, críticos, artistas, esposas de artistas e artistas fracassados que o habitam. As pinturas são todas telas em madeira de noventa por sessenta centímetros, e todas são de caveiras horrivelmente sorridentes. Os grupos distinguem-se uns dos outros, em grande medida, pela cor e pelo estilo das pinceladas, de modo que cada uma é desagradável de uma forma ligeiramente diferente. Os crânios dos marchands, por exemplo, são feitos em cores cortantes e claras, esboçadas sobre um fundo preto; os críticos são feitos num cinza e branco turvo; e os colecionadores têm pinceladas grossas de cores vivas e *duas* bocas. Durante as duas horas que leva para fazer a seleção e chegar a um acordo sobre como desenhar a matéria, Samaras serve chá e café e oferece chocolates caros; quando Sischy recusa os chocolates porque está de dieta, ele traz três grapefruits, descasca-as habilmente, corta-as em fatias perfeitas e as serve em tigelas com colheres, tudo com o ar triste e irônico de alguém que faz uma performance de vanguarda que pode estar além da compreensão do público. O sarro e a brincadeira continuam enquanto Samaras, Sischy e Sandback olham as pinturas que o artista espalhou, embora exista uma tensão sob a superfície. Sischy e Sandback farão de tudo para agradar o artista até certo ponto, e Samaras, para quem é extremamente vantajoso aparecer na *Artforum*, sabe que terá de avaliar onde está esse ponto e não forçar além disso. No entanto, à medida que a tarde avança, o senso de negociação cautelosa dá lugar a um ritmo de trabalho, a uma onda de interesse pela tarefa em que todos os três estão empenhados — e para a qual até eu, que não tenho nenhum interesse no projeto e que senti inicialmente bastante repulsa pelas pinturas, sou agora atraída.

No apartamento de Samaras, Sischy se comporta como se tivesse todo o tempo do mundo para gastar com o projeto, mas na verdade está extremamente atrasada. Faltam apenas oito dias para que a edição de verão da revista vá para a gráfica, e alguns textos que serão publicados ainda não foram escritos. Thomas McEvilley ainda não terminou um artigo sobre arte conceitual e Rene Ricard, um poeta e colaborador habitual, ainda está trabalhando em um artigo sobre um pintor figurativo desconhecido chamado Bill Rice, cujo tema principal são homens negros homossexuais. A crítica de arte não convencional de Ricard tem sido a causa de grande parte dos resmungos da intelligentsia mais velha do mundo da arte a respeito da falta de seriedade da nova *Artforum*. Eis um exemplo retirado da primeira colaboração de Ricard para a revista, "Não é sobre Julian Schnabel", publicada na edição de verão de 1981:

> Quando escrevi sobre a última exposição de Julian Schnabel na galeria Mary Boone para *Art in America*, fiquei tão enredado em um episódio desagradável com a galeria sobre o meu pedido de uso exclusivo da imagem que eu queria usar como ilustração, que jurei nunca mais escrever sobre qualquer pintor representado por aquela galeria. Ignorei a última exposição de Stephen Mueller, e eu queria muito escrever sobre ela. Agora Julian ascendeu à Leo Castelli — embora esteja dividindo a conta com Boone — e posso

deixar sentimentos pessoais fora do quadro, onde eles pertencem. Enfim, minha responsabilidade não é para com o pintor, o marchand ou comigo mesmo; é para com as pinturas.

Tampouco essa foi a única traição perpetrada por um marchand. Eu queria saber quanto valia um desenho que Brice Marden me dera. Naquele mesmo dia, a pessoa a quem eu perguntara (não em sua galeria atual) contou ao melhor amigo de Brice que eu estava vendendo o desenho dele. Quando encontrei Brice, a primeira coisa que ele disse foi: "Ouvi dizer que você está vendendo meu desenho!". Na verdade, jamais me desfarei dele. Eu só queria saber quanto valia. Para alguém de minha geração, a posse de um desenho de Marden é uma coisa importante. Eu o chamo de meu De Kooning, e eu *tenho* um De Kooning.

Ricard tem 39 anos, publicou um livro de poemas que lembra inevitavelmente a poesia de Frank O'Hara em seu imediatismo emocional (embora suas descrições muito cruas de sexo homossexual estejam além de qualquer coisa que O'Hara ousou ou quis representar) e, numa idade precoce, foi membro da Factory de Andy Warhol. Ele mora num lugar muito ruim, na rua 12 Leste, em um apartamento que ele mantém numa condição de miséria agressiva e desordem. Não tem telefone e não está claro o que faz para se sustentar. Não o faz com a escrita. Sischy falou comigo sobre a grande desigualdade financeira do mundo artístico atual entre os artistas que conquistaram sucesso e os que não conquistaram. "Quanto àqueles de nós que trabalham fazendo reportagem ou crítica, nossas vidas são uma espécie de piada em comparação com o que estamos lidando. Eu tenho sorte. Moro com alguém que possui casa própria. Estou em condições confortáveis. Mas sei que a maioria de nossos colaboradores não tem nada e, quando aceitei este emprego, deixei claro que esperava chegar a um ponto em que escrever sobre arte seria levado a sério o suficiente para que talvez pudéssemos proporcionar alguma renda aos autores. Nossa remuneração vai agora a até oitocentos dólares por artigo — e um autor talvez tenha de trabalhar durante um ano ou mais para ganhar isso. Então, sempre que saio com um colaborador, o mínimo que posso fazer é lhe pagar uma refeição decente. É uma loucura, mas esse é o nível em que estamos."

Nos últimos três dias, Sischy foi ao apartamento de Ricard à noite para trabalhar com ele em seu artigo sobre Bill Rice, lá ficando até duas ou três da manhã, até conseguir arrancar o texto dele. No dia em que terminaram, encontrei-me com ela e Ricard para jantar em um restaurante do East Village chamado Evelyne's. Ricard trouxe junto um amigo chamado George Condo, um jovem artista agradável e baixo que usa uma camisa branca e um suéter vermelho com decote careca sob um terno escuro que é dois ou três tamanhos maior que ele, para indicar que não é um estudante universitário da Ivy League, mas um artista. Condo faz pinturas expressionistas sinistras de cabeças sobre longos pescoços que estão na moda na Europa. Ricard está vestido com um moletom cinza e jeans; ele é magro e rijo, com a testa profundamente enrugada, olhos assustados e boca petulante. Sua voz é estridente e nela não há rancor, autocomiseração, paródia de si mesmo, sedução, falsa inocência ou ansiedade. Enquanto ele fala, gesticula loucamente e estende a mão para te tocar e acariciar. Ele domina a conversa, mas, ao contrário da maioria das pessoas que estão interessadas somente em si mesmas, ele também está ciente do que se passa com os outros, embora de uma forma específica. Certas coisas captam seu interesse: ele comenta sobre aparência, roupas e maneirismos das pessoas. Quando uma mulher na mesa ao lado pega um espelho de bolso e passa batom, ele diz: "Esse é o meu gesto favorito no mundo. Eu amo isso. É tão anos 1920. Não é anos 1920?". Uma mulher bonita e elegante de terno de linho branco imaculado, que Ricard conhece (e, desconcertantemente,

apresenta como "alguém de quem eu estava noivo há oito anos"),
se junta à nossa mesa, o mesmo fazendo quando chega o homem
bonito, curador de um pequeno museu no Colorado, que ela estava esperando no bar. Depois de feitas as apresentações, o curador
pergunta a Sischy o que ela faz. Ela responde: "Eu trabalho no
departamento editorial da revista *Artforum*". Depois que o curador e a jovem saem para a discoteca Danceteria, Ricard vira-se
exasperado para Sischy e pergunta: "Por que você disse isso a ele?".
Ele faz uma paródia refinada de Sischy dizendo "eu trabalho no
departamento editorial da revista *Artforum*" e continua: "Por que
você não disse: 'Eu sou Ingrid Sischy, *a editora da revista* Artforum.
Eu sou muito importante. Eu sou uma pessoa poderosa. Eu sou
isso tudo'? Dizer para ele 'eu trabalho no departamento editorial'!
Ora vamos!". Sischy olha calmamente para Ricard, como a irmã
mais velha de uma criança que está fazendo algo embaraçoso.

O jantar chega e Ricard come avidamente. Ele conta, como se
fosse a primeira vez, a história que contou em "Não é sobre Julian
Schnabel" a respeito da "exclusiva" que perdeu para Mary Boone.
Ele diz que todo mundo sobre quem ele já escreveu ficou milioná-
rio. "É por isso que todo mundo quer uma crítica de Rene Ricard",
explica ele. "É como mágica." Sischy parece incomodada. Condo
reprime educadamente um bocejo. Ricard passa a falar sobre um
leilão em Nova Jersey no dia anterior, onde dois Picabias foram vendidos por duzentos e trezentos dólares respectivamente. "Você me
fez perder esse leilão", diz ele para Sischy em tom acusador, e depois,
para mim: "Ela me fez ficar aqui e trabalhar no meu artigo". Pergunto a Sischy se a história dos Picabias é verdade. Ela responde: "O que
quer que Rene diga é verdade". Mas eu me lembro de um poema
dele sobre maldade, uma ladainha de atos de má-fé, tais como

I've advised people to get haircuts that made them
Look a mess, and poked fun behind their backs.

I've convinced writers to destroy their best work.
I've thrown people out of their own apartments
I've sublet, and never paid the rent.
I've conned young girls into giving me heirlooms to pawn.
I tease people who stutter. I like to talk dirty in front
Of old women.
I've talked nouveau-riches people into letting me throw
A party and then invited derelicts into their home,
*Leaving it in shambles.**

O último verso diz: "*I made a lot of this up, but a lot of it is true*" [Inventei boa parte disso, mas muita coisa é verdade].

Durante o café, a conversa se volta para Henry James, porque Ricard parafraseou uma frase de *Retrato de uma senhora* no artigo sobre Bill Rice, mas não lembra em que lugar do romance ela aparece. Tampouco se importa. Mas Sischy é inflexível a respeito de encontrá-la para que a paráfrase possa ser conferida, e, embora eu não reconheça a alusão, ofereço-me para procurá-la no meu exemplar do livro quando chegar em casa. Condo boceja educadamente de novo. Ricard diz que admira James, mas se sente constrangido a acrescentar: "*Eu* jamais escreveria ficção. É mentir". Sischy escuta, mas não participa da conversa. Ela me disse uma vez que não era livresca: "Todo mundo de quem já estive próxima, que já amei e com quem morei lia o tempo todo. Seria muito bom se eu pudesse dizer o mesmo a meu respeito. Mas a

---

* Em tradução livre: "Aconselhei pessoas a fazer cortes de cabelo que as deixaram/ Um lixo, e ri delas pelas costas./ Convenci escritores a destruir sua melhor obra./ Tirei pessoas de seus próprios apartamentos/ Que subloquei, e nunca paguei o aluguel./ Enganei mocinhas, pedindo heranças para penhorar./ Faço troça de pessoas que gaguejam. Gosto de dizer palavrão na frente/ De senhoras./ Convenci novos-ricos a me deixarem dar/ Uma festa e depois convidei párias para a casa deles,/ Deixando-a numa completa bagunça". (N. T.)

verdade é que nunca fui uma leitora". Entre as coisas que não havia lido, ela confessou surpreendentemente, estava a própria *Artforum*. Até se tornar editora, há sete anos, comprava a revista, mas não a lia. "Mesmo agora, se não fosse obrigada a editá-la, eu provavelmente não leria algumas das coisas que publicamos", disse ela. Essa confissão veio depois que eu mesma confessei que achava boa parte da revista ilegível. Sischy foi compreensiva. "Sempre foi um problema, esses textos problemáticos que imprimimos", disse ela. "A grande questão é: como se escreve sobre arte? É com isso que a revista tem batalhado — no fim das contas, provavelmente de maneira desastrosa — durante 22 anos. Como se escreve sobre uma coisa que é basicamente muda? Qualquer clichê a respeito da *Artforum* é sempre sobre o seu problema com o texto. Esse foi provavelmente o motivo de me contratarem como editora — porque eu mesma achava muita coisa da *Artforum* ilegível. Nunca tive o hábito de lê-la e, quando olho para trás, eu devia estar maluca ao aceitar assumir a tarefa de editar essa coisa que eu não conseguia ler. Era como uma penitência por todos aqueles anos sem a ter lido. E eu ainda tenho o problema, o que pode ser a razão de a revista ser tão nervosa. É por isso que você vê tantos tipos diferentes de texto publicados nela. Uma lição que tenho em mente o tempo todo é a da minha mãe — que é completamente brilhante, sofisticada e complexa, que quer compreender —, que pega a *Artforum* e, em seguida, *fecha* a revista."

Existe um colaborador da edição de verão em relação ao qual Sischy pode ficar tranquila, cujo artigo chegará exatamente na hora certa, não vai exigir uma noite inteira de edição e nunca será menos do que uma obra de prosa primorosa. Trata-se de Carter Ratcliff, que, como Ricard, é identificado como poeta no final de seus artigos na *Artforum*, mas que está o mais distante possível do exibido Ricard. Ratcliff é frio, distante, impassível, reservado, racional, elíptico, gentil a contragosto, pálido — uma espécie de Alan Ladd da crítica de arte. Escreve sobre arte há mais de quinze anos, publicou cinco estudos críticos do tamanho de um livro, cinco monografias e dois livros de poesia, e deu aulas sobre arte moderna e crítica no Instituto Pratt, na School of Visual Art e no Hunter College. Tem 45 anos. Seu apartamento, na Beaver Street, é tão claro, limpo e organizado quanto seu morador. Quando o visito, poucos dias depois do jantar com Ricard, tem a aparência de um lugar para o qual alguém acabou de se mudar e que ainda não mobiliou, mas Ratcliff menciona que ele e a esposa moram ali há um ano. O piso é novo, de madeira clara muito encerada, há dois sofás amarelados, um em frente ao outro, com uma mesa de centro de madeira clara, uma mesa de jantar e cadeiras e nada mais. O escritório de Ratcliff, cheio de livros e papéis, parece mais habitado. Ratcliff não oferece nada para beber e sentamos e conversamos nos sofás, um de frente para o outro.

Ratcliff escreve para *Art in America*, além da *Artforum*, e eu lhe pergunto se há alguma diferença na forma como ele escreve para cada uma delas. Ele responde: "Sim. Meu tom para a *Artforum* é menos formal. Na *Art in America*, há um ideal de texto bem organizado, responsável, moderadamente político, com um tom moderado — uma espécie de estilo padrão de ensaio que sobreviveu até hoje e pelo qual Ingrid simplesmente não está interessada. Às vezes, acho que é irritante, mas a sua influência não é tão ruim assim. Penso, por exemplo, que o artigo que escrevi sobre Frank Stella para *Art in America* era muito mais convincente do que aquele que fiz sobre Andy Warhol para *Artforum*, porque tomei mais cuidado ao defender os argumentos na crítica de Stella, ao passo que na crítica de Warhol me senti mais livre para simplesmente fazer afirmações, ou argumentar a partir de uma atitude, ou ter preconceitos — ao contrário de fundamentar tudo de uma forma responsável. Não tenho certeza de que numa coletânea de meus textos seria possível dizer qual artigo foi escrito para qual revista. Talvez seja possível. Mas quando estou escrevendo para *Artforum*, me sinto livre para escrever de uma forma que é mais direta e que responde mais ao que sinto e menos a algum padrão de racionalidade".

Eu pergunto: "Esse sentimento de permissão para escrever com mais liberdade e menos responsabilidade vem diretamente de Ingrid ou da leitura de gente como Ricard na revista e achar que, bem, se eles podem escrever assim, eu também posso?".

"As duas coisas são verdade", responde Ratcliff. "Só de ler a revista, tem-se a sensação de que Ingrid incentiva as vozes individuais. Mas, também, quando Ingrid fala sobre um projeto com você ou analisa um texto, muitas vezes o que ela quer que você deixe de fora é a comprovação de alguma coisa do ponto de vista da história da arte, ou uma descrição mais longa. Eu sou fascinado por esse absurdo: tentar descrever como é uma pintura. Tanto a descrição da arte como a invocação de evidências históricas são uma espécie de busca da prova: não a prova direta, mas uma tentativa de dar um ar de racionalidade científica ao texto — sabe, todo aquele aparato para parecer que você sabe do que está falando. Mas Ingrid não está interessada nisso. Ela está interessada na afirmação de um ponto de vista, em um tom de voz e na sua sensação sobre as coisas. Quando estávamos repassando o artigo sobre Warhol, lembro de ela dizer que era suave demais. Ela temia que as pessoas não entendessem. O que ela queria fazer na edição era deixar coisas de fora e que fosse um pouco mais agitado — para despertar o leitor, obrigá-lo a dar mais saltos. Acho que ela vê a crítica de arte como algo declamatório e gestual; seu ideal não é o do ensaio bem trabalhado. Ela tem uma sensação de que os leitores do mundo da arte precisam ser sacudidos, que eles não são leitores literários. Não acho que ela veja isso como um defeito por parte dos leitores ou escritores do mundo da arte. É que as coisas são assim, trata-se basicamente de um mundo visual, com preocupações visuais. A própria orientação dela é visual, e isso influencia fortemente a sua ideia do que é aceitável como texto. De certa forma, acho que Rene Ricard é o crítico mais próximo da visão que Ingrid tem da revista. Acho que ela pensa que a função da *Artforum* é estar no local quando surge algo novo pertinente, e penso que ela acha que não é possível apresentar no ato uma argumentação refletida sobre alguma coisa nova. Só se pode dizer coisas que apontam para caminhos interessantes. Você só pode ter posições iluminadoras na proximidade das coisas. Os tipos de coisas em que ela está interessada ainda não são temas para o tratamento responsável que acabarão por ter em outras revistas. Ela acha que *Art in America* é a revista que fica um pouco de lado e tenta obter uma visão racional das coisas, enquanto *Artforum* é mais imediata. Ela acha que não é um problema se alguma coisa parecer bobagem, que a *Artforum* é um lugar onde esse tipo de risco pode ser assumido, onde esse tipo de irresponsabilidade é possível. Quando tudo é novo e está em fluxo, o texto deveria refletir isso. Não que ela cultive a irracionalidade por si mesma; é que ela tenta lidar com as coisas de modo muito intenso e pleno, deixando-as ainda em seu estado imediato.

"Eu pessoalmente não faço isso, por isso suponho que não é a única coisa que a interesse. Mas é o que está no centro da revista. Rene Ricard e Edit DeAk acompanham o mundo da arte para valer. Eles realmente sabem o que está acontecendo. Existem outras pessoas que mantêm um controle obsessivo desse mundo, mas apenas no âmbito desse próprio mundo minúsculo, e são muito chatas. Rene Ricard e Edit DeAk, à estranha maneira deles, estão ligados a muitos outros mundos também — uma desconcertante variedade deles, especialmente no caso de Ricard —, e é daí que vem sua criticidade: de estar fora. Ricard vive em um mundo muito estranho, com todo tipo de gente muito estranha. Ele foi ligado a Warhol, e não sei muito sobre seu mundo. Ele parece ter uma sólida formação em história da arte. E também — é tudo muito excêntrico — está envolvido com o lado do mundo da arte que tem a ver com colecionar. Todas as suas personalidades estão disponíveis ao mesmo tempo, de modo que se tem essa estranha refração. Ao que parece, o que mantém tudo isso junto é o tipo de envolvimento extático, de fã, que ele tem com uma coisa ou outra a cada momento, de tal modo que suas obsessões meio que recapitulam todo o mundo da arte. Ele é impossível, é um caso perdido. É alguém que está sempre ligado a outra pessoa. Costumava ser Warhol; agora é Ingrid."

"Ele é supostamente uma figura importante no mundo da arte", digo. "Mas acho sua importância pouco palpável."

"Sim, muito. Porque nunca se encontra o centro de um artigo de Rene Ricard. Boa parte do tempo, não tenho certeza se sei do que ele está falando. Ele é esse tipo de presença gestual — o espírito da nova pintura. E não é apenas uma questão de alguém chegar e dizer que a nova pintura é ótima, porque outros fizeram isso e não ocupam a posição de Ricard. Esses gestos que ele faz nas proximidades da nova pintura parecem refletir algo a respeito dela, parecem iluminá-la de alguma forma. Ele é uma espécie de mensageiro: nos traz notícias sobre a nova pintura, nos assegura de sua significação, ou pelo menos faz uma afirmação muito forte a favor dela. Acho que ele é importante, porque, se não houvesse esse amor irracional que ele, e talvez DeAk, expressam pela nova pintura — e com "irracional" quero dizer um amor baseado não em argumentos e julgamento sóbrio, mas apenas nesse abraço realmente exuberante —, então as suspeitas das pessoas de que a nova pintura é vazia, calculista e manipuladora talvez fossem mais fortes. Rene Ricard quase me faz balançar. Eu não o conheço, não presto muita atenção nele. Mas paro para contemplar o espetáculo do seu amor louco por essa nova pintura. Eu não vejo tudo isso — quer dizer, acho que em muitos aspectos a pintura de Schnabel é banal e previsível —, mas a presença de Rene Ricard de algum modo põe meu julgamento em questão.

"A outra coisa que acho importante em relação a Ricard é que ele representa um tipo de sordidez que é importante que o mundo da arte acredite ser ainda capaz de ter. Supõe-se que o mundo da arte é alienado, que está na periferia, e não está. Na verdade, está muito integrado à corrente dominante da cultura. Não é que a maioria das pessoas goste de arte, mas que o mundo da arte encontrou um lugar seguro no dia a dia que vai contra todas as reivindicações da vanguarda de ser aventureira e estar em oposição. Num momento em que artistas contratam arquitetos para projetar seus lofts, um personagem excêntrico como Ricard é muito importante. Ele torna mais crível o conceito de que a arte é peculiar, esquisita e contestadora."

Thomas Lawson é outro dos colaboradores mais confiáveis e tranquilos de Sischy — pessoalmente tranquilo, melhor dizendo. Seu texto é difícil, afiado, agressivo, distante. No número de novembro de 1984 da *Artforum*, Lawson publicou um pequeno artigo ironicamente intitulado "Hilton Kramer: uma apreciação" que não tinha nada de bom a dizer sobre Kramer. Em uma de suas passagens mais amenas, Lawson escreveu: "Kramer e o *Times* eram uma combinação formidável. Lá ele podia periodicamente impor a autoridade de suas opiniões sobre aqueles que não podiam ou não queriam pensar por si mesmos; lá sua vigorosa mediocridade encontrou sua casa mais compatível". Antes disso, em artigo publicado na edição de outubro 1981 da *Artforum*, intitulado "Última saída: pintura", Lawson não teve escrúpulos para atacar um colega colaborador da revista:

Rene Ricard, escrevendo nestas páginas sobre Julian Schnabel, fez uma petulante propaganda de si mesmo em nome de um expressionismo reacionário, uma celebração sem fim da importância do autor como defensor da degradação da arte em kitsch, temeroso de que alguma coisa mais exigente possa não ter graça. O texto era principalmente frívolo, mas barulhento, e deve ser considerado uma apologia séria de uma certa elite anti-intelectual.

Lawson é um escocês de 35 anos calmo, de aparência jovem, um tanto corpulento, de olhar muito ponderado, que chegou a Nova York em 1975 para fazer carreira de artista. Durante nossa conversa, pergunto como ele entrou na crítica de arte, e ele responde: "Desespero. Quando cheguei aqui, não havia aparentemente nenhum espaço para artistas mais jovens. Havia uma coisa realmente doutrinária acontecendo. Cada galeria estava vendendo e cada revista estava cobrindo algo chamado de pós-minimalismo. Era uma coisa muito sistemática, preta e de baixa performance, o que era bom, mas a única que rolava na cidade. Conheci então outros artistas jovens que também tinha acabado de chegar e também estavam insatisfeitos; o tecido conjuntivo entre nós era um interesse pela mídia de massa. Achávamos que a televisão, os filmes e a publicidade apresentavam um problema e um desafio para os artistas visuais que os pós-minimalistas estavam evitando. O que fizemos, antes de tudo, foi perversamente negar a nós mesmos originalidade de qualquer tipo — e essa negação percorre a gama de todos os jovens artistas que trabalham hoje. Até mesmo artistas que não estão diretamente envolvidos na apropriação de imagens da mídia de massa — Julian Schnabel, por exemplo — recusam-se a aceitar a ideia de que você tem de inventar. Há algo melancólico em nosso trabalho. Se a pop art representou uma espécie de aceitação otimista da cultura de massa, a nossa é uma espécie de aceitação melancólica. Nunca tivemos coerência como movimento. Por alguma razão, esta geração tem uma incidência particularmente elevada de individualismo extremo e paranoia em relação aos seus pares. Então nunca houve um grupo. Tudo isso aconteceu depois da 'morte da pintura'. Nós todos fomos formados na ideia de que a pintura estava acabada, e a segunda coisa perversa que fizemos foi decidir pintar. Uma vez que há uma falta de vida nas imagens da mídia de massa, havia uma adequação em nossa decisão de trabalhar com um meio sobre o qual não tínhamos muita convicção. Mas, curiosamente, depois que começa a trabalhar nele, você fica cada vez mais convencido por ele. Depois de todos esses anos, a pintura parece interessante em si mesma, em vez de um mero desafio perverso.

"Enfim, comecei a escrever críticas para *Art in America* porque estava muito irritado com a situação. E logo fiquei um pouco conhecido como alguém capaz de escrever em tom bastante ácido sobre a arte mais antiga, que lançaria uma luz negativa sobre o que estava sendo mostrado e que era uma espécie de defensor--participante da arte nova. Então tive um desentendimento com *Art in America*, mas não a ponto de trocar ofensas por escrito. David Salle e Cindy Sherman fizeram exposições sobre as quais eu queria muito escrever, mas não me deixaram, e comecei a me sentir usado, comecei a me sentir um pistoleiro. Eu sou realmente muito bom para acabar com as pretensões acumuladas em torno de um corpo de obras e tinha feito isso com alguns artistas consagrados, o que era obviamente o que eles gostavam na *Art in America*. Mas não era exatamente o que eu queria como carreira. Minha intenção era ser mais construtivo e, de repente, com essas duas exposições sobre as quais eu queria escrever, vi a oportunidade ser negada. Houve um equívoco na *Art in America* a respeito de minhas relações com Sherman e Salle, dos quais eu não era nem amigo nem inimigo. Tenho simpatia pelo trabalho deles e não vejo nada de errado nisso. Eu sou um defensor da crítica partidária. A maior parte do que se escreve sobre arte é de um ponto de vista interno; há muito pouco que mantenha uma distância olímpica. Lembro-me de ter lido uma vez algo sobre Harold Schonberg, o crítico de música do *Times*, a respeito de uma coisa mortal que ele fazia. Ele se proibia de qualquer contato pessoal com os músicos, sob o pretexto de que poderia influenciar seu julgamento. Não deixava que nem mesmo sua esposa, que era musicista, tivesse alguma coisa a ver com eles. Além do horror disso no nível humano, acho que é loucura. Aprende-se muito ao saber o que os músicos e artistas estão realmente pensando e falando, em vez de fingir que se cai do céu."

Do seu trabalho com Sischy, Lawson diz: "Ela é quase um camaleão. Quando falo com ela, parece que estamos em completo acordo. Mas depois sai um número da *Artforum* e...". Lawson faz um gesto que indica seu sentimento de ser traído. Ele passa a descrever uma estranha noite que passou no antigo escritório da *Artforum*, na Mulberry Street (a revista mudou-se recentemente para a Bleecker Street), trabalhando com Sischy até tarde em um artigo prestes a descer para a gráfica, extremamente consciente da presença de Rene Ricard em outra sala. Sischy era como uma médica indo e voltando entre cubículos de pacientes. "Ela passava meia hora comigo, sendo extremamente prestativa e solidária, e depois se levantava e dizia que tinha de 'ver como Rene está se saindo', e presumo que ela seria igualmente prestativa e solidária com ele", conta Lawson. "Não havia comunicação entre mim e Rene. De qualquer modo, nós mal podemos falar um com o outro, somos muito opostos em nossas opiniões e nossos estilos de vida. Mas Ingrid era capaz de ir e vir entre nós durante toda a noite com tranquilidade. Estava acontecendo a Festa de San Gennaro naquela noite, e todo aquele barulho da feira do lado de fora — fogos de artifício, os ambulantes e vendedores — só acentuou a sensação de irrealidade que aquela noite com Rene teve para mim."

Nos últimos sete anos, Lawson tem publicado sua própria revista de arte, chamada *Real Life*, com doações do National Endowment for the Arts e do Conselho de Artes do Estado de Nova York, que reflete, em seu formato simples e seu conteúdo crítico radical, o vanguardismo sem frescuras de seu editor. O seguinte trecho de uma entrevista feita por Rex Reason com Peter Nagy e Alan Belcher, os diretores da galeria Nature Morte, no East Village, dá uma ideia do tom de *Real Life*:

RR Vocês são tão modernos. O que vocês procuram em um objeto? Que qualidades?

AB Neste momento, gostamos de preto, branco ou cinza ou cor genérica.

PN Somos bastante anticor.

RR Por genérico você quer dizer vermelho "vermelho", em vez de modulações dele?

AB Isso.

PN Muita gente nos traz slides que são exatamente como Salle, Basquiat ou Roberto Juarez. Esses pobres garotos vão às galerias e dizem: "Isto é o que eu preciso fazer para ter uma exposição". Então eles correm para casa e pintam. Nós não queremos isso, queremos coisas que nunca vimos em uma galeria antes.

RR E o que vocês acham que é a melhor arte? O que influenciou a formação do gosto de vocês?

AB Neste momento, gostamos de coisas modernas tardias bem clássicas: pop art, Paolozzi, Indiana pelos logotipos, Duchamp, Manzoni, Beuys, Klein. Scarpitta é um dos meus preferidos.

PN Achamos que a op art é muito subestimada. Bridget Riley. Aquele psicodelismo empresarial, o orgasmo do modernismo.

AB Abrimos a galeria porque queríamos ter voz ativa.

PN E escolhemos o nome Nature Morte por seu apelo de jazz dos anos 1950, pseudocontinental. Ersatz europeia. Chef Boy--ardee franco-americano.

AB Queríamos ser a galeria Leper.

PN Mas depois pensei na galeria Wallet.

Depois de passar três noites auxiliando Ricard onde ele mora, na rua 12, Sischy começa uma série de vigílias semelhante com Thomas McEvilley no apartamento dele, na Clinton Street, perto da Houston. Assisti a uma dessas sessões, que começa no final da tarde e vai até duas ou três da manhã. (Não aguentei até o fim.) McEvilley é um homem magro de barba, de aparência atormentada, mas alegre, que usa calças velhas de veludo durante o dia e, à noite, aparece muitas vezes em um elegante terno branco que comprou em um brechó. Olhando ao redor de seu apartamento, fico impressionada com sua peculiar combinação de pobreza e eletrônica, que fala de nossa futura situação desagradável com uma espécie de autoridade satírica. O apartamento é uma antiga loja de andar térreo e McEvilley pintou a vitrine que se projeta para a rua, tanto para ter privacidade como para ter mais espaço na parede para livros: o ambiente minúsculo é totalmente forrado de livros em estantes comerciais baratas. Tem o aspecto de um covil. Há um tapete felpudo cor de laranja no chão, e os móveis são quatro cadeiras como as que se vê jogadas na rua. Mas sobre uma enorme mesa perto da ex-vitrine há um processador de texto; música clássica toca em um sistema de som avançado e há uma cafeteira elétrica sobre uma mesa lateral frágil, em que a namorada de McEvilley, Maura Sheehan, preparou uma estranha bebida herbácea antes de sair para seu estúdio — um espaço idêntico do outro lado do corredor — onde ela está pintando motivos de vasos gregos clássicos em para-brisas rachados de automóveis.

McEvilley contou-me certa vez que se envolveu aos poucos com a crítica de arte. Ele é classicista por formação (tem ph.D. em grego e latim) e há alguns anos trocou o Departamento de Línguas Clássicas da Universidade St. Thomas pelo de Arte e História da Arte da Universidade Rice, em Houston, para onde ele viaja de Nova York durante uma parte do ano letivo. Antes de sua crítica à exposição do primitivismo, escrevera artigos sobre os artistas conceituais Yves Klein, Marina Abramovic e Ulay e James Lee Byars, bem como um artigo intitulado "Arte no escuro" sobre os tipos extremados de artistas performáticos, entre eles pessoas que se submetem a provações muito desagradáveis, como passar cinco dias e noites em um armário de meio metro por um metro sem comida, ou sentado em uma prateleira de uma galeria por 22 dias. McEvilley disse que já fez uma incursão no gênero, "mas estritamente como provação, não em um contexto artístico". Ele me contou que passou um ano dormindo apenas quatro horas por noite — uma ideia que tirou de monges budistas — e que também experimentou jejum, vegetarianismo e meditação. No entanto, um dia ele se surpreendeu se sentindo superior aos outros por causa dessas atividades e decidiu interrompê-las.

McEvilley começou a escrever para a *Artforum* de Sischy em 1981. "Nos anos 1970, eu não suportava a revista", disse ele. "Ela promovia a arte minimalista em doses avassaladoras e impôs modos de arte reducionistas a todos com sua postura ideológica agressiva. Seu poder era inegável — todos conheciam a expressão 'máfia da *Artforum*' e a usavam." (Um membro descontente da Família — o crítico e editor Max Kozloff, agora fotógrafo — falou-me uma vez em tom semelhante sobre a antiga *Artforum*. "A revista era vista como uma espécie de ressentimento delirante", disse ele. "Consolava os leitores saber que havia no timão pessoas com tanta confiança em si mesmas e dedicação, distribuindo julgamentos rápidos e corretos a torto e a direito. Mas se você fosse um artista em quem eles não estavam interessados — e eles estavam interessados em muito poucos artistas, sobre os quais escreviam repetidamente —, então você achava isso um fenômeno repelente. Você era desanimado por essa camarilha de poderosos influentes e intimidadores, de ambos os sexos, que escreviam numa linguagem hermética que estavam parcialmente inventando e que se levavam extremamente a sério. Eles costumavam dizer que a *Artforum* era como Listerine: tinha um gosto terrível, mas era boa para você.")

McEvilley passou a falar da maleabilidade ideológica de Sischy. "Ela é muito sensível à perspectiva da Escola de Frankfurt sobre a função social da arte e quer manter essa perspectiva na revista. Mas ela foi muito além do que vejo como hostilidade ingênua do antigo regime ao mercado da arte — uma hostilidade da qual eu mesmo costumava compartilhar, devo acrescentar. Eu cheguei à revista com a oposição ao processo do mercado de um poeta, ou erudito, ou filósofo. Mas Ingrid me mostrou de forma muito inteligente que, nos últimos quinze anos, enquanto os principais museus de Nova York se retiravam do que está acontecendo na arte, marchands sérios se tornaram muitíssimo importantes. Eles são aqueles que alimentam a arte contemporânea e a trazem para nós."

Agora estou sentada num canto da sala de McEvilley, anotando diligentemente trechos do diálogo inescrutável que se desenrola entre ele e Sischy junto à mesa, pontuado por longos silêncios enquanto McEvilley trabalha no processador de texto.

"A ideia é que a mesmidade é a única realidade? Eu não penso assim."

"Posso cortar?"

"Vamos ver. Mais adiante, fica claro que [...] Certo, vamos tirar essa frase."

"Tudo bem."

"Preventivamente. O que você quer dizer com 'preventiva-mente'?"

McEvilley vai para o processador de texto e destrincha uma frase. Sischy dá uma olhada. "Agora parece que Beuys está bravo porque Duchamp chegou lá primeiro."

O telefone toca. McEvilley atende e entrega o aparelho a Sischy. É Ricard. Sischy fala com ele em tom maternal. Ela explica, como se falasse com uma criança, que está ocupada no momento. "Rene, você *sabia* que eu estaria trabalhando com Tom." Ela escuta-o falar por muito tempo, interpondo às vezes um "ótimo!", ou um "beleza!". Assim que consegue, encerra a conversa e retorna ao texto.

"Rene está bem?", pergunta McEvilley.

"Está."

"Achei que ele estava um pouco pirado no outro dia."

"Talvez não tivesse dormido o suficiente", diz Sischy, com a secura que passei a reconhecer como sua reação característica a um convite para ser indiscreta.

Poucos dias depois, deparo com o próprio Ricard na disco-teca Palladium recentemente inaugurada. O lugar é uma criação dos antigos proprietários do Studio 54, Steve Rubell e Ian Schrager, que, depois de cumprir sentenças de prisão por sonegação de impostos, contrataram o eminente arquiteto japonês Arata Isozaki para transformar a antiga Academia de Música, na rua 14, em uma discoteca de última geração, e o resultado está sendo saudado como um triunfo improvável de arquitetura, arte e elegância pelos críticos de arquitetura, críticos de arte e árbitros de elegância da cidade. Os jovens artistas que fizeram as pinturas das paredes e do teto de várias salas e corredores do Palladium — Francesco Clemente, Keith Haring, Kenny Scharf e Jean-Michel Basquiat — estão recebendo nova e maravilhada atenção de astros novos-ricos da mídia, de uma imprensa aparentemente ainda assombrada pela ideia de uma vanguarda revolucionária e marginal; e a própria Palladium está sendo vista como uma espécie de metáfora para o estado atual da arte — a implosão da alta e da baixa cultura em formas comercializáveis cada vez mais sujas, populares e polidas. Nesta noite, a Palladium foi fechada para uma festa em homenagem a Keith Haring e está cheia de gente linda e/ ou vestida de uma forma esquisita, do mundo da arte e sua periferia. Encontro Ricard numa sala separada da própria discoteca, chamada Mike Todd Room, que tem um grande bar, pequenas mesas com tampo de mármore e cadeiras com encosto de arame, e é onde as celebridades do mundo da arte gostam de se reunir. Ricard, resplandecente em um terno branco de tecido "pele de tubarão", está sentado a uma das mesas em um estado de alta excitação, quase incandescente. Ao vislumbrá-lo, lembro-me de um trecho de um artigo recente da historiadora da arte Linda Nochlin sobre Watteau, publicado em *Art in America*, a respeito da pintura do palhaço Gilles do Louvre:

> Podemos ver *Gilles* como um pequeno e vago brilho branco ao longe. À medida que nos aproximamos, o brilho assume uma forma, um significado e, finalmente, uma enorme autoridade. Grandioso em escala, aparecendo em sua pose frontal, meio sagrado em sua brancura sedosa, ele se torna o famoso *Gilles*, como Cristo em sua exposição inocente às zombarias da multidão, o próprio protótipo do palhaço trágico, o palhaço com o coração partido, avatar de Pierrot Lunaire, do protagonista de *Lágrimas de palhaço*, e do príncipe Míchkin — toda aquela galáxia de tolos mais ou menos sagrados cuja existência marcou a arte, a literatura e o cinema do período moderno.

Ricard acena para mim, para que me sente com ele, pede bebidas a um garçom e aponta celebridades à medida que passam. "Ela não é *linda*", diz ele de Marisol. De outro artista bem conhecido, diz: "Ele é uma bicha enrustida", acrescentando "*eu não sou bicha enrustida*". O poeta Allen Ginsberg faz uma pausa à mesa para bater um papo com Ricard e, depois que ele sai, Ricard resmunga sobre o que imaginou ser um possível *schnorring** de Ginsberg quando ele olhou ansiosamente para nossas bebidas. Várias vezes me levanto para ir embora, e a cada vez Ricard me pega pelo braço. "Então, o que eu estava prestes a dizer", ele começa, e eu sou obrigada a ficar. Pergunto se tem escrito poesia, e ele responde: "O manuscrito dos meus novos poemas está no cofre de Julian Schnabel. Se você quiser lê-los, vá à casa de Julian, pegue o manuscrito, amarre-o à sua pessoa e faça um xerox". Enquanto fala, ele continua examinando a multidão para descobrir as pessoas que conhece. Eu proponho, em contrapartida, que o próprio Ricard vá à casa de Schnabel e pegue os poemas no cofre. "Ou você está ocupado demais?" "Tenho muita coisa a fazer, e não tenho nada a fazer", ele responde. Eu dou uma risada e mais uma vez me levanto para ir embora, e mais uma vez sou impedida pelo agarrão desesperado de Ricard. Não sei por que ele quer que eu fique — e não sei por que fico. Só sei que sou atraída por este Míchkin produzido na Factory de Warhol; ele é uma figura estranhamente familiar, possivelmente anacrônica. Em seu artigo "Não é sobre Julian Schnabel", Ricard escreveu sobre uma espécie de linha que "se esgota depois de um tempo", acrescentando: "As belas manchas de carvão e o estilo que podemos acompanhar a partir de Matisse, através de Kooning até Rivers, Serra, e, em sua decadência final, Susan Rothenberg, são ilustrações perfeitas". E continua: "Judy Rifka me contou que quando estava na escola de arte todos os seus professores desenhavam daquele modo. Essa era a maneira

---

* Expressão em iídiche que significa conseguir algo de graça. (N. T.)

como se era ensinado, e por pior que fosse o desenho sempre parecia bastante bom, como 'arte'". A boêmia convencional que Ricard encarna pode estar indo pelo caminho da linha da arte que ele descreve de forma tão reveladora.

Tenho uma percepção aguda da boêmia mais recente nas duas visitas que fiz à artista Sherrie Levine, primeiro em seu estúdio, em Little Italy, depois em seu apartamento, a poucas quadras de distância. O estúdio, no segundo andar de um pequeno prédio comercial degradado, é um cômodo de 3,5 por dois metros que não tem nada, exceto uma mesa, quatro cadeiras e um ventilador. Para quem conhece o trabalho de Levine, o estúdio não é uma surpresa, mas uma espécie de inevitabilidade. Ela é uma artista conceitual, e a concepção pela qual se tornou conhecida, no início dos anos 1980, é uma série de 21 fotografias intituladas À Maneira de Walker Evans. As fotografias apresentam uma semelhança estranha com as famosas fotografias para a Farm Security Administration que Evans tirou de famílias de agricultores arrendatários no condado de Hale, no Alabama; com efeito, são exatamente *aquelas* fotografias. Levine pediu cópias das fotos de Evans à Biblioteca do Congresso, que possui os negativos, mandou copiá-las em um laboratório comercial e depois — seguindo o exemplo de Duchamp — apropriou-se delas simplesmente assinando-as. Duchamp assinou mictórios, pás de neve e rodas de bicicleta, redefinindo arte como tudo o que alguém designa como arte; Levine ampliou absurdamente o mundo dos objetos que são ready-mades potenciais para incluir obras de arte já assim designadas. Depois de À Maneira de Walker Evans, veio uma série À Maneira de J. M. W. Turner, que foi exibida em Londres, em 1984. Ela consistia em vinte reproduções coloridas de pinturas de Turner que Levine recortou de um livro de arte, assinou e mandou dar acabamento fosco e emoldurar. Quando visito Levine em seu estúdio, ela está envolvida em uma terceira técnica de apropriação: ela decalca reproduções de desenhos e pinturas de Matisse, Schiele, Léger e Morandi e acrescenta camadas de aquarela.

Levine é uma mulher agradável de trinta e tantos anos, sem afetação, de cabelo escuro e ondulado, camisa de brim e saia franzida, que oferece explicações difíceis de sua obra com um ar de franqueza e naturalidade que quase nos faz achar que aquilo que ela está dizendo é evidente por si mesmo. Ao distinguir entre as obras refotografadas e as obras recortadas, ela diz: "Eu costumava pensar que as coisas recortadas eram as mais radicais, mas agora acho que as coisas refotografadas são mais transgressivas. Elas são mais minhas. Em última análise, no entanto, toda a minha obra é uma afirmação feminista. Ela trata da dificuldade de ser uma mulher que está tentando criar imagens que não são um produto das expectativas do desejo masculino, em uma cultura que é principalmente uma celebração do desejo masculino. O que eu faço é chegar ao problema pela porta de trás, aproprio-me de imagens do desejo masculino como uma forma de não ser cooptada por esse desejo. Aproprio-me somente dos grandes mestres modernos masculinos, e escolho apenas obras que amo e valorizo".

Conversamos no apartamento de Levine, no quinto andar de um edifício malcuidado — um único cômodo longo de simplicidade franciscana, onde ela mora sozinha com seu gato. Há uma banheira na área da cozinha, e a pouca mobília tem um caráter deprimente, de segunda mão. Sentamo-nos na extremidade da sala, perto das janelas, em uma área de decoração convencional incompatível: sobre uma mesa de madeira clara há um vaso de flores, pão, queijo e maçãs Granny Smith. As paredes do cômodo estão pintadas de dourado fosco. "Quando me mudei para cá, pintei as paredes desse jeito, com a ideia equivocada de que tornaria o lugar menos deprimente", diz Levine. "Parece mais deprimente."

"Seu trabalho já foi descrito como melancolia, como uma espécie de expressão deprimida do sentimento de que não há mais nada a fazer", eu digo.

"Eu não negaria que há uma tristeza no trabalho", diz Levine, "embora não ache que seja só isso."

"Você acha que em outro momento poderia fazer um trabalho próprio, em vez de se apropriar do trabalho dos outros?"

"Ou simplesmente não trabalhar. Eu poderia estar criando filhos. Eu não tenho nenhum sentimento de destino em relação a fazer isso, mas é uma escolha que fiz. Sou artista desde criança muito pequena. Minha mãe me dava giz de cera para me manter quieta. Foi uma atividade que sempre me sustentou emocionalmente. Eu gostava da solidão daquilo. Houve um período em que pensei em ser cineasta. Eu estava muito tentada porque, de certa forma, o cinema é meu primeiro amor, mas então percebi que a atividade comunitária de filmar era muito diferente da atividade solitária de pintar."

"Com o decalque e a pintura que está fazendo agora, você parece estar voltando a fazer arte convencional."

"Bem, nunca pensei que o que eu fazia era diferente disso. Essa é a ironia. Sempre considerei minha obra objetos de arte convencionais. Eles são sempre apresentados deste modo: foscos e emoldurados. Nunca me considerei outra coisa, senão uma artista de galeria. Há vários anos, alguns amigos meus estavam na Holanda e ficaram realmente animados porque viram uma exposição e acharam que era minha, depois perceberam que era de Walker Evans. Ou, às vezes, estou olhando uma revista e penso, que ótimo, eles reproduziram uma imagem minha, mas depois vejo que é um verdadeiro Matisse, não uma de minhas apropriações. Quando comecei a fazer o trabalho de apropriação, muitas das críticas a ele — grande parte em *October* — baseavam-se nas ideias da Escola de Frankfurt, mas de algum modo eu achava que aquelas explicações sociológicas que vinham de Marx eram insuficientes. Tive a intuição de que, se começasse a ler teoria psicanalítica, poderia encontrar explicações mais satisfatórias. Apropriar-se da arte não é muito diferente de querer se apropriar da esposa de seu pai ou do marido de sua mãe. É o mesmo mecanismo psicológico: a ideia freudiana de que o desejo é triangular — você deseja o que o outro deseja."

"Você consegue se sustentar com seu trabalho?"

"Nos últimos anos, sim. Mas demorou um bom tempo. Estou com 39 anos. Antes, fui garçonete, fiz arte comercial, dei um pouco de aula. Naquela época, os meus sistemas de sustento eram críticos, em vez de financeiros. *October* foi o primeiro desses sistemas." Levine vai até um armário de metal caindo aos pedaços e traz algumas cópias de textos sobre o trabalho dela, publicados em *October* e outros lugares, junto com algumas declarações que ela mesma escreveu para acompanhar exposições de seu trabalho. As declarações são fortes e portentosas. Quando, mais adiante, Levine observa que ela é atraída pelos pintores do sublime, mas não consegue se conceber fazendo esse tipo de obra, porque "eu simplesmente não consigo me levar tão a sério", eu lhe falo da minha impressão de discrepância entre ela e a autora ameaçadora das declarações, que parece capaz de se levar *muito* a sério.

Levine diz: "Eu sei. Muitas pessoas disseram que ficaram surpresas quando me conheceram pessoalmente — como eu era diferente da autora daquelas declarações. O tom daquelas coisas não está certo. Acho que fico intimidada quando tenho de encarar a escrita".

Uma das primeiras declarações de Levine, citada parcialmente por Douglas Crimp em um artigo de 1980 publicado em *October*, tem um caráter notavelmente diferente:

Uma vez que a porta não estava fechada por completo, tive uma visão confusa de minha mãe e meu pai na cama, um em cima do outro. Mortificada, ferida, horrorizada, tive a sensação odiosa de ter me colocado cega e completamente em mãos indignas. Instintivamente e sem esforço, me dividi, por assim dizer, em duas pessoas, das quais uma, a verdadeira, a genuína, continuou por conta própria, enquanto a outra, uma imitação bem-sucedida da primeira, foi delegada a ter relações com o mundo. Meu primeiro eu permanece à distância, impassível, irônico e observando.

À surpresa desse trecho segue-se uma revelação ainda mais espantosa de Crimp: "Não só reconhecemos isso como uma descrição de algo que já conhecemos — a cena primal — como nosso reconhecimento pode se estender ainda mais, para o romance de Moravia do qual foi roubada, pois a declaração autobiográfica de Levine é somente uma sequência de citações surrupiadas de outras pessoas".

Os pequenos conceitos sombrios de Sherrie Levine despertaram a imaginação de alguns dos mais avançados pensadores do mundo da arte. Rosalind Krauss, no final do extraordinário ensaio que dá título ao seu livro *The Originality of the Avant--Garde and Other Modernist Myths* [A originalidade da vanguarda e outros mitos modernistas], no qual ela abre caminho de forma magistral (com a ajuda de alguns franceses) através do emaranhado do discurso sobre originalidade, deflagrado pelo ensaio de Walter Benjamin "A obra de arte na era de sua reprodutibilidade técnica", afirma que as fotografias roubadas de Levine são uma espécie de tropo mestre do pós-modernismo. Outro teórico — o crítico Benjamin H. D. Buchloh — em um artigo publicado na *Artforum* intitulado "Procedimentos alegóricos: apropriação e montagem na arte contemporânea" elogia Levine por ser "a negação mais forte no âmbito das galerias do domínio reemergente da arte como mercadoria", e acrescenta: "Seu trabalho, melancólico e complacente na derrota, ameaça em sua própria estrutura, modo de funcionamento e status a reafirmação atual da criatividade expressiva individual e sua reafirmação implícita da propriedade e do empreendimento privados". E Buchloh prossegue:

> Baudelaire estava errado quando disse que o poético era necessariamente estranho à natureza feminina, uma vez que a melancolia estava fora da experiência emocional feminina. Entra em cena o dândi feminino, cujo desdém foi aguçado pela experiência da opressão falocrática, e cujo senso de resistência à dominação é, portanto, mais agudo do que o de seus colegas homens, se é que eles ainda existem.

Acredita-se que Julian Schnabel seja o artista mais rico que trabalha em Nova York atualmente (existem listas de espera para suas pinturas), por isso não me surpreendo ao saber, quando Sischy me leva a visitar seu estúdio na White Street, que este é apenas um estúdio auxiliar para o principal, na rua 20. (Há um terceiro estúdio na sua casa de campo, em Long Island.) Schnabel é um homem de 35 anos, grande, de ombros largos, com um rosto jovem, claro e corado, um olhar direto e comportamento simples, natural e amigável, que tende à brincadeira bem-humorada. Uma assistente loira e bonita nos recebe à porta e nos introduz num vasto loft de dois andares, onde Schnabel, que está de calças largas escuras e um suéter de gola alta escuro, nos aguarda. Ele nos conduz até uma das duas pinturas enormes que estão penduradas em vigas e explica que ela foi feita sobre uma lona de caminhão que ele viu em uma viagem ao México no ano anterior; o caminhão havia quebrado na estrada e Schnabel comprou a lona do motorista por setenta dólares. "Era todo o dinheiro que eu carregava comigo — teria dado mais se tivesse. Quero que você veja esses vincos e dobras e aqueles remendos." Schnabel ajusta luzes para realçar as texturas da lona marrom desgastada pelo tempo na qual ele pintou, em largas pinceladas de tinta branca, uma espécie monstruosa de homem-fera primitivo, com uma expressão lasciva, uma caixa torácica exposta e um par de extremidades em forma de garras; no canto superior esquerdo, as letras AZ foram pintadas duas vezes em vermelho. No final da década de 1970, Schnabel começou a atrair a atenção com suas pinturas de "pratos" — ele afixava uma grossa camada de pratos de cerâmica quebrados na tela antes de começar a pintar — e a lona vincada e remendada é, evidentemente, uma outra expressão de sua aversão a começar com uma tela em branco (ou, em termos de Lawson, ser original). Um exemplo ainda mais marcante dessa recusa, que Schnabel nos mostra mais tarde no estúdio principal, é uma série de pinturas feitas sobre os cenários de um drama kabuki que um amigo lhe enviou do Japão. São seis painéis com cenas estilizadas, delicadamente coloridas, de árvores e flores, sobre as quais, como um vândalo, Schnabel fez desenhos expressionistas toscos com pinceladas escuras e grossas. Se os pequenos furtos reverentes de Sherrie Levine são "transgressivos", do que devemos chamar as rudes violações de Schnabel? Enquanto orienta um assistente jovem e forte a girar os pesados cenários kabuki para lá ou para cá, ele mantém uma conversa fiada anedótica, fácil e agradável sobre seu trabalho. O que diz não faz muito sentido, mas não é "duro", é apenas conversa — é preciso dizer alguma coisa para quem vem ao estúdio. Schnabel nos mostra uma enorme quantidade de obras — sua produção do ano — com o ar modestamente satisfeito de um empresário bem-sucedido. Sua energia e sua iniciativa parecem não ter limites; ele experimenta todos os tipos de coisas em todos os tipos de estilos figurativos e abstratos, e tudo tem uma aparência de grandeza, ousadia e confiança. Uma obra tem uma aparência discrepante de insignificância: é um tapete felpudo branco em que uma cruz preta e marrom foi pintada. Pergunto-lhe sobre aquilo, e ele diz algo alegremente vago sobre como o tapete estava em uma casa de veraneio que ele alugou e ficou manchado, então ele o comprou do proprietário.

Lembro-me da primeira vez que encontrei Schnabel, na abertura da exposição de pintura contemporânea internacional no Museu de Arte Moderna, à qual eu fui com Sischy: ela e eu estávamos diante de uma abstração de Schnabel feita sobre couro, com um par de chifres protuberantes, quando o próprio Schnabel apareceu. Postando-se atrás de Sischy, com as mãos sobre os ombros dela, ele olhou com carinho para sua obra e disse: "Aposto que você é a única pessoa nesta inauguração que está tendo suas costas massageadas pelo artista diante de cujo quadro está de pé". Agora, no estúdio, ele fala sobre a "objetualidade" de seu trabalho. Pergunto se ele está usando a palavra no sentido em que Michael Fried usou em seu famoso ensaio "Art and Objecthood" [Arte e objetualidade], publicado na *Artforum* em 1967. A difícil e profunda meditação de Fried sobre a ameaça à arte representada pelo que ele chamou de literalismo (mais comumente chamado de minimalismo) é uma espécie de ária culminante, cantada do chão com a faca no peito, do projeto conhecido como crítica de arte formalista. É uma performance extraordinária, escrita na linguagem mais seca, mais densa, mais desdenhosa e, contudo, permeada por uma emocionalidade quase histérica. À medida que a argumentação de Fried se desenvolve, ela se torna uma espécie de alegoria do bem e do mal, boa sendo a pintura e escultura modernista, que busca transcender ou "derrotar" sua "objetualidade" (a tela e a tinta, ou a pedra, metal ou madeira de que é feita) e, assim, alcançar a "atualidade" da verdadeira arte, e má sendo a pintura e escultura literalista, que abraça sua objetualidade e, desse modo, degenera na condição inartística de teatro. Schnabel diz que não conhece o ensaio de Fried e me pergunta do que trata. Depois que lhe explico, ele sacode a cabeça e diz com indiferença devastadora: "Tudo isso é linguagem de outra geração. Nós não usamos uma linguagem como essa hoje em dia. Somos uma geração diferente. Estamos interessados em coisas diferentes".

Edit DeAk mora na Wooster Street, em um loft (claramente não projetado por um arquiteto) de aparência pobre, funcional e apenas um pouco — e um tanto casualmente — descolada. Ela é uma mulher bonita de 38 anos, com cabelos ruivos claros na altura dos ombros e franja, e se veste com roupas interessantes e coloridas que parecem ser citação de alguma coisa. Ela fala com sotaque do Leste Europeu, em voz baixa e melodiosa, e enquanto fala move a mão direita endurecida para cima e para baixo, num tenro gesto de cortar. Ela gosta de fazer jogos nabokovianos com a linguagem (sua fala e sua escrita estão cheias de termos como "ego beaver"* e "tour de *farsa*"), embora, quando fazia resenhas de galerias para a *Artforum* na década de 1970, ela restringisse seus jogos de palavras e se limitasse ao puro e opaco *Artspeak*. Mas agora, sob o reinado permissivo de Sischy, ela abre mão de pouco e escreve artigos inteiramente compostos de parágrafos epigramáticos, quase compreensíveis, como o seguinte, que apareceu em um artigo intitulado "O crítico vê através da Cabbage Patch":**

---

* Ego beaver: trocadilho com *eager beaver*, que significa pessoa excessivamente diligente. (N. T.)
** Cabbage Patch: linha de bonecas criadas pelo estudante de arte Xavier Roberts em 1978 e uma das mais populares nos Estados Unidos na década de 1980. No Brasil, era chamada Repolinho. (N. T.)

Em contraste de escala, pequenas imagens em grandes ambientes se tornam todo-poderosas quando estão acontecendo e rapidamente atravessáveis quando não. Figuras do tamanho de glandes minúsculas, capazes de serem acariciadas, enfatizam o seu encanto pornô secreto como emblemas minúsculos de desejos ocultos. Tal como fabricantes de pornografia asiática, o italiano telescopia, fascina e afunila, com uma sensação de segurança em códigos que dão conforto como as convenções confiáveis da gueixa. O alemão fecha; jogada em seu rosto há uma erupção violenta que reflete nossa culpa corporal judaico-cristã. Eles simplesmente não podem se misturar. Sandro Chia espalhou sua obra grosso demais. Disque *C* e *A* para Citação e Apropriação. Disque *T* para Terminologia Terminal. Mais uma vez, os termos engendram uma limitação para pensar sobre as questões. "Citação" está ancorada como um band-aid e Apropriação, como mera bizarrice. Esses termos não são abrangentes o suficiente para lidar com o campo envolvido: fazem tudo parecer um bate-papo de plágios burgueses. Deveríamos estar competindo com gestalt falsificada (*Gesamtkunstpatch*, em termos de cabbagepatch). Pergunta-se, onde desapareceu o original do mundo inteiro? Rammellzee o levou para o Cinturão de Van Allen?

Na década de 1970, DeAk e o artista Walter Robinson editaram juntos uma revista chamada *Art-Rite*, uma espécie de revista de comunicação interna, bagunçada e impudente, da vanguarda nova-iorquina. Impressa em papel de jornal, publicada de forma irregular e dirigida com uma espécie de amadorismo irônico ("Manuscritos não solicitados são bem-vindos, e você nem precisa incluir um envelope selado com seu endereço para recebê-los de volta", dizia um aviso editorial), ela observava os grandes e pequenos movimentos da cena artística proeminente dos anos 1970 de um ponto de vista muito próximo, meio embaçado. Embora a

Artforum de Sischy seja mais formal, mais profissional, mais parecida como uma revista de verdade do que a *Art-Rite* jamais chegou perto de ser, ela nunca renunciou inteiramente ao aspecto de *samizdat* de *Art-Rite* e das outras pequenas revistas libertinas do período, como *Heresies* e *Just Another Asshole*, cujo espírito Sischy reconheceu imediatamente como o seu. Ao tentar caracterizar esse espírito, sem se sair muito mal, Rene Ricard comentou certa vez: "Ingrid introduz o café-pequeno na *Artforum*". Meu próprio ponto de referência para a tendência popular especial da revista de Sischy é a capa da edição de verão de 1981, que ela mesma concebeu. Outras capas de Sischy causaram uma agitação maior — por exemplo, uma capa famosa que trazia uma modelo emburrada com um vestido longo preto notável (do estilista japonês Issey Miyake), cujo corpete era uma espécie de gaiola de vime — mas essa a que me refiro mostra Sischy expondo o café-pequeno na *Artforum* de forma particularmente habilidosa. À primeira vista, parece uma obra de um conceitualista pós-moderno; na verdade, trata-se de um arranjo de doze embalagens de café para viagem em papel azul e branco. Onze delas mostram um arremessador de disco pesadão ao lado de uma coluna dórica que sustenta uma bacia contendo a chama olímpica; a outra embalagem, posta no centro, está virada para mostrar o outro lado, que traz a mensagem É NOSSO PRAZER ATENDÊ-LO. O artigo de Ricard "Não é sobre Julian Schnabel" saiu nesse número, e quando Sischy estava selecionando as ilustrações para ele, ficou subitamente espantada com a semelhança absurda entre uma pintura de Schnabel chamada *Nu azul com espada* e a imagem que havia na embalagem do café que ela estava bebendo; a capa foi o resultado disso.

Quando visito DeAk em seu loft, ela pega uma garrafa de vinho e duas taças e diz: "Eu sempre pensei que fiz *Art-Rite* para contestar a ideia de revistas de arte. Passei os melhores anos de minha vida fazendo isso, de graça. Em minha cabeça, era um projeto para minar a arte. Tenho um sentimento negativo, anarquista. Não acredito em nada até que seja provado — e não gosto de provar. *Artforum* é uma revista publicada mensalmente. Minha mentalidade não está acostumada a isso. Passei toda a minha vida sem ser ninguém, desafiando horários, sem ter um emprego. No momento em que você é o trabalho que faz, as pessoas me perguntam constantemente: 'Quem é você?'. É uma pergunta que não posso responder".

Outra das atividades não remuneradas de DeAk era participar do conselho da Printed Matter, onde ela conheceu Sischy. "Ingrid meio que estabilizou tudo na Printed Matter. Ela a tirou do caos, das entranhas do conselho. Não existe 'não' para ela. Quando ela estava na Printed Matter, nós duas costumávamos ir atrás de apoio empresarial para determinados projetos. Nunca vou me esquecer do dia em que fomos à Xerox Corporation, em Rochester. Levantei-me de manhã para me vestir e estava morrendo de medo. Eu não sei como se faz para visitar uma grande empresa, por isso pus o melhor vestido que achei que tinha — todo babados e brilhos — e fiquei com a aparência de alguém empetecado que não voltou para casa na noite anterior. Quanto a Ingrid, ela estava com um terno azul masculino de três peças mal cortado. Estávamos na casa dos pais de Ingrid e de manhã, quando a mãe dela nos viu descendo as escadas, prontas para sair em nossa viagem executiva, ela se matou de rir.

"O pai de Ingrid é um dos três médicos que vejo como um ser humano. Ele considera a totalidade de uma pessoa. A mãe é brilhante, meio filigranada, e de raciocínio rápido mas com arestas suaves, sem estocadas. Eles são pensadores radicais. A ideologia deles é realmente complexa. Eles sabem muito. A maneira de pensar deles é tão mais contemporânea do que a minha que eu esperaria que fossem esquisitos, mas não são. São pessoas completamente comuns, se encaixam completamente na sociedade. São civilizados com requinte.

"Eu havia escrito para a *Artforum* durante quatro ou cinco anos antes de Ingrid chegar, então conhecia os outros regimes, e eram muito diferentes. Ingrid centrou toda a operação em si mesma. O editor anterior não fazia isso. Era uma pessoa muito tranquila que ficava sentado à sua mesa, o escritório era muito quieto e os textos chegavam. Ele considerava o trabalho como, tipo, 'Ok, aqui está minha mesa, e aí vem um texto, vou cuidar dele'. Quando Ingrid entrou no escritório, ela revirava todas as mesas. Ela conferia tudo. O menor bilhete não saía daquele escritório sem que ela checasse. Era amiga até da servente noturna. Mas quando digo que ela centrou toda a operação em si mesma não significa que estivesse se promovendo. Se você olhar para os empregos que Ingrid teve, estavam sempre voltados para os projetos dos outros. Ela é exatamente o oposto de uma aproveitadora. Ela não vai segurar um cartão de ponto teatral na sua frente e dizer: 'Isto é o que eu sou'. Ela não vai te trazer a ela. Ela vai te mostrar as áreas irrigadas do Nilo. Seu trabalho é como o do Nilo — a fertilização de uma determinada área da cultura."

Uma semana depois que a edição de verão foi para a gráfica, Sischy leva-me no quinto andar de um prédio comercial sem elevador na Canal Street, onde fica o estúdio de dois artistas judeus russos emigrados chamados Alexander Melamid e Vitaly Komar, que trabalham juntos em pinturas satíricas feitas no estilo e com a iconografia do realismo socialista. Melamid é um homem baixo, magro, moreno, vivaz, de cerca de quarenta anos, que usa óculos de tartaruga, calça jeans e tênis e se parece com qualquer judeu ou italiano de aspecto juvenil de Nova York. Komar é gordo, parece muito mais velho do que Melamid (mas não é), tem uma barba preta, olhos verdes pequenos e astutos e lábios vermelhos — um personagem secundário de Gógol, provavelmente um comerciante de cavalos.

O estúdio é claro, barulhento por causa do tráfego na Canal Street e nu. Várias telas grandes estão encostadas numa parede, com o lado das pinturas escondido. (Um ano depois, em uma grande galeria do SoHo, eu as vejo desveladas: pastiches brilhantemente perspicazes de pinturas antigas, modernistas e pós-modernistas da semana passada, com um Stálin ou Hitler ocasional incluído como uma espécie de assinatura.) Komar e Melamid nos conduzem para algumas cadeiras de madeira perto da janela que dá para a Canal Street e trazem uma garrafa de água com gás e copos de plástico branco e uma cesta de maçãs vermelhas que evocam imediatamente a Mãe Rússia. Depois de um mínimo de conversa casual, os dois homens mergulham abruptamente numa discussão filosófica sobre a natureza do tempo. Vivemos em um espaço entre o passado e o futuro ou estamos perpetuamente no passado? Melamid argumenta que o presente existe. Não, diz Komar, o presente não existe: existem apenas o passado e o futuro. Eles argumentam para a frente e para trás, falando rapidamente com sotaque e gesticulando com veemência. Então, como dois gatos domésticos que se afastam sem rumo de uma briga, eles simplesmente param de discutir. Melamid encolhe os ombros e diz: "Nós sempre discutimos assim". Komar dá um sorriso benigno. Seu inglês é pior que o de Melamid, que muitas vezes corrige sua pronúncia de um modo fraternal.

Melamid nos fala sobre a grande descoberta que ele e Komar fizeram na Rússia antes de emigrar para cá, em 1978. Enquanto outros artistas russos faziam publicamente realismo socialista e trabalhavam secretamente em estilos modernistas avançados, "começamos a perceber que o próprio realismo socialista poderia ser um veículo para a arte de vanguarda". Komar conta a história de um amigo americano na Rússia que levou para eles uma lata de sopa Campbell como obra de arte conceitual. "Um dia, não havia nada no estúdio para comer, então tomamos a sopa. Não foi uma refeição ruim." "Foi ruim", contesta Melamid. "Não foi ruim", diz Komar. Eles começam outro debate animado, que logo entra na teoria da arte, na condição da arte hoje, na situação da arte em Nova York. Como essa discussão também começa a esgotar-se, Melamid suspira e diz: "Nós nos sentamos aqui e conversamos, e eu penso, onde está a *vida* em tudo isso? Vida! Vida! Nós atacamos as coisas obliquamente, de viés", fazendo um gesto de ineficácia com a mão, "em vez de direto, assim", e bate o punho na palma da mão. Ele continua em tom emocional: "No ano passado, acordei em um quarto de hotel de Amsterdam. Havia uma mulher na minha cama. Olhei no espelho e vi que minhas sobrancelhas estavam grisalhas. Vi que estava com quarenta".

Você pegou essa de Tchékhov, penso. Não estou mais encantada pelo par. Acho a performance deles cansativa, calculada. Olho para Sischy, que está se divertindo, que acha que eles são "ótimos", e penso de novo sobre a questão da autenticidade que reverbera pelo mundo da arte dos anos 1980. O sentimento de desconfiança que Komar e Melamid agora despertam em mim é aquele que tem sido repetidamente expressado, dentro e fora do mundo da arte, sobre a obra de Julian Schnabel, David Salle, Francesco Clemente, Jean-Michel Basquiat, Keith Haring, Robert Longo, Cindy Sherman e as outras novas estrelas que ganharam destaque nos últimos cinco anos. Em um longo poema, publicado na *New York Review of Books* em março de 1984, que tem por modelo *Dunciad*, de Pope, e se intitula "The Sohoiad: or, The Masque of Art, A Satire in Heroic Couplets Drawn from Life" [A Sohoíade: ou A máscara da arte, uma sátira em dísticos heroicos tirada da vida], Robert Hughes, o crítico de arte da revista *Time*, levou esse sentimento a um brilhante apogeu mal-

-humorado. Numa invectiva contra artistas, marchands, críticos, curadores e colecionadores, ele traça uma visão do mundo da arte contemporânea como um inferno boschiano de ganância, fraude, propaganda exagerada e vacuidade. Depois de despachar "Julian Snorkel", "Jean-Michel Basketcase", "David Silly" e "Keith Boring", entre outros (e tratar Snorkel — "centro de atração do pobre SoHo, sonho do marchand/ Muito vento, leve talento e vasta autoestima" — com especial selvageria), Hughes faz a pergunta mordaz:

> *Who are the patrons whose indulgent glance*
> *The painter craves, for whom the dealers dance?*
> *Expunge, young Tyro, the excessive hope*
> *Of gathering crumbs from* Humanist *or* Pope:
> *No* condottiere *holds his exigent sway*
> *Like MONTEFELTRO upon West Broadway...*
> *Instead, mild stockbrokers with blow-dried hair*
> *Stroll through the* soukh, *and passive snuff the air.*
> *Who are the men for whom this culture burgeons?*
> *Tanned regiments of well-shrunk* Dental
> *Surgeons**

Quando mostrei o poema para Sischy, ela não achou graça. "Perdoe minha falta de senso de humor", disse ela, "mas o que vejo nesse poema é apenas mais um reforço de estereótipos sobre

---

* Em tradução livre: "Quem são os clientes cujo olhar indulgente/ O pintor almeja, para quem os marchands dançam?/ Expunge, jovem Tyro, a esperança excessiva/ De recolher migalhas de *Humanista* ou *Pope*:/ Nenhum *condottiere* mantém seu domínio exigente/ Como MONTEFELTRO sobre a West Broadway... / Em vez disso, corretores suaves com cabelos escovados/ Passeiam pelo *soukh*, e passivos inalam o ar./ Quem são os homens para os quais esta cultura floresce?/ Regimentos bronzeados de bem analisados cirurgiões/ *Dentais*". (N. T.)

o mundo da arte. É como uma peça de Tom Stoppard, em que você tem todo um público da Broadway rindo de coisas que não entenderam. Isso faz quem está de fora se sentir inteligente a respeito de coisas sobre as quais não sabe nada. A *New York Review* é uma revista que eu respeito — respeito seus editores e respeito seu público —, mas esse poema reflete o abismo que existe entre o público sério de literatura e o público sério de arte. A mensagem avassaladora de Hughes é que toda a arte de hoje não vale nada, que o mundo artístico inteiro é um monte de fraudes e grotescos. Eu concordaria com ele que cerca de metade do que está sendo produzido hoje não vale nada, mas fico preocupada quando tudo e todos são enfiados no mesmo saco e ridicularizados. Isso é fácil demais."

A fascinação de Sischy pelo que é difícil a conduz às vezes para a incoerência e opacidade, como numa recente edição especial de *Artforum* chamada "A questão da luz". Ela foi concebida (de acordo com um editorial de Sischy e Edit DeAk) como uma resposta ao

> fracasso da recente onda de grandes exposições internacionais em atender de forma inteligente ao desenvolvimento da arte contemporânea e [...] sua tendência oposta de misturar descuidadamente todos "os nomes" em um espetáculo caro, mas barato do assim chamado pluralismo internacional.

A alternativa que *Artforum* oferecia aos seus leitores era uma pesquisa da arte internacional (a revista não trazia artigos e era composta inteiramente de reproduções de pinturas e fotografias, algumas delas criadas especialmente para o número especial) baseada no denominador comum da luz. A revista deixou seus leitores completamente aturdidos. Uma vez que a luz é forçosamente o denominador comum de *toda* a arte visual, alguma coisa diferente da mera declaração desse truísmo deveria estar em sua intenção — algo menos óbvio e mais peculiar à arte contemporânea —, mas até hoje ninguém sabe o que era. Do número sobre luz faziam parte, entre outros trabalhos, fotografias de Joel Meyerowitz de água iluminada pela lua; desenhos a tinta e aquarela de Agnes Martin de faixas e linhas horizontais; uma pintura neoexpressionista de Enzo Cucchi de um piano tocando sozinho numa vasta planície branca; uma obra enigmática de cinco painéis figurativos de Komar e Melamid; um desdobrável de quatro páginas de Francesco Clemente que mostrava duas criaturas monstruosas emitindo uma espécie de gás branco do traseiro; uma fotografia de Weegee de um raio em Manhattan; fotografias de um set do filme *Mishima*, de Paul Schrader; uma fotografia de uma criança africana faminta vomitando. Depois dessas imagens, a revista trazia uma página de "legendas fantasmas", cujos textos explicativos só aprofundavam o enigma sobre o que todas essas obras estavam fazendo juntas e o que elas estavam dizendo sobre a luz. A legenda para a colaboração de Clemente dizia, por exemplo:

> Você se dá conta do raio cor-de-rosa de luz quando a fita da embalagem desenrola as histórias da luz sobre nunca ser capaz de ver toda a luz ao mesmo tempo. Você só pode ver o verso e reverso disso se refizer a embalagem para cobrir o corpo adjacente do enigma obtendo uma elipse dos sentidos; você precisa ter cegueira para ter insight.

O número sobre luz tornou-se um fracasso famoso e interessante de Sischy — o pessoal da comunidade artística fala sobre ele com indulgência, como se falasse das fraquezas adoráveis de um filho amado e brilhante. A própria Sischy não tem arrependimentos em relação a isso, e de todos os números da revista que ela produziu esse talvez seja aquele que elucida de forma mais reveladora o caráter de sua editoria. Sua misteriosa amorfia é semelhante à sua energia inquieta e ilimitada. Ela é o Ariel do mundo da arte: corre de lá para cá, parece pousar em todos os lugares ao mesmo tempo, faz com que coisas peculiares aconteçam, vê conexões que os outros não veem e trabalha como se estivesse sob as ordens de um Próspero do pós-modernismo, para cuja colcha de retalhos da *Gesamtwerk* da consciência finissecular ela está diligentemente recolhendo material de todos os cantos do globo, bem como de todas as frestas do East Village. Sischy não só viaja para as grandes exposições internacionais de arte, como a Bienal de Veneza e a Documenta de Kassel, como é capaz de tomar um avião para conferir uma exposição em Londres ou Paris que ela acha que a revista pode querer resenhar. Passa uma semana na Espanha ou na Itália recrutando críticos e articulistas; sai da cidade de avião para dar uma palestra em um museu ou uma universidade; vai ao Japão em missão exploratória para uma possível futura edição especial inescrutável. Em Nova York, ela tenta ver o maior número possível das cinquenta ou sessenta mostras em galerias e museus que abrem todos os meses, comparecer ao maior número possível de coquetéis de abertura e pós-abertura e fazer a maior quantidade de visitas a estúdios que puder.

Nessa atividade incessante, Sischy permanece sem pressa, relaxada e estranhamente distante. "Em um mundo onde todos os tipos de pessoas — de editores a curadores, de colecionadores a marchands — querem controle, onde o controle está na essência, ela não parece querer isso", observa o crítico Donald Kuspit enquanto bebemos em um bar perto do Gramercy Park. Kuspit, 51 anos, é professor de história da arte na Universidade de Nova York em Stony Brook, e tem escrito críticas de arte de uma densa prolixidade para *Art in America*, *Arts* e *Art Criticism*, além de para a *Artforum*, nos últimos doze anos. Ele continua: "Ela não pretende ser o Arquimedes do mundo artístico, com uma alavanca que possa movê-lo. Acho que uma das coisas que ela percebe é que toda essa maneira de pensar é obsoleta. Ela é inteligente. Ela tem uma espécie de astúcia, o que Hegel chama de 'astúcia da razão' — na medida em que *há* razão no mundo da arte. Francamente, acho que o mundo artístico seria um lugar terrível sem ela. Seria um lugar macabro. Mesmo assim, é um lugar terrível. A megalomania, que é galopante entre os artistas, é inacreditável, assim como a importância que cada um se atribui. Entre os banqueiros deve ser a mesma coisa, mas o grito de pedido de atenção dos artistas — a impiedade do sentimento do que lhes é devido — é extraordinário. Quando passei a fazer crítica de arte, que era uma extensão natural do meu trabalho com Adorno na filosofia crítica, eu tinha uma grande necessidade de concretizar a importância da arte. Agora, passo por crises de me perguntar se a arte não é apenas uma questão de moda e glamour. Os artistas estão ficando mais jovens a cada minuto, e, cada vez mais, qualquer coisa com um pouco de irreverência ganha visibilidade. Antes, quando se fazia arte, as pessoas se sentiam inseguras quanto ao seu valor, até que, lentamente, através de todos os tipos de discurso crítico e debate, a arte adquiria significado cultural. E *somente então* as pessoas chegavam com o dinheiro e diziam: 'Eu quero isso'. Agora — e acho que isso começou com a pop art — há dinheiro esperando como um grande mata-borrão para secar a arte, de tal modo que a menor mancha de tinta é limpa. É muito difícil manter uma certa distância disso. Ingrid se desvia disso. Ela não deixa que sua revista sirva de pequeno mata-borrão subserviente para qualquer poder que possa haver. Ela é destemida. Ninguém é dono dela, mas ela não ofende ninguém por causa disso. Não estou dizendo que os editores das outras revistas de arte têm dono, mas de algum modo essa liberdade de espírito parece ser uma parte mais vívida de Ingrid: é quase como se ela não quisesse ser possuída nem mesmo por ela mesma".

*   *   *

Ao longo do ano em que Sischy e eu nos encontramos para entrevistas, ela foi impiedosamente franca sobre si mesma. Ela me confessou seus sentimentos de insegurança e inadequação, me contou histórias de rejeição e humilhação, julgou a si mesma sempre com severidade. Ao mesmo tempo, não deixou de me criticar. Não estive à altura de suas expectativas como interlocutora. Ela receia que eu não a entenda. Ao pensar sobre essa tensão entre nós, uma história que ela me contou no início de nossa relação volta à minha memória com um peso especial. Trata-se do relato de uma pequena humilhação — uma dessas desconsiderações sociais de que poucos de nós deixaram de ser alvo em algum momento — que ela havia sofrido no dia anterior em um almoço público que homenageava um escultor que fizera uma obra para a cidade. Sischy sentara ao lado de um estranho, um homem bastante jovem e elegante que, assim que eles se apresentaram, deu as costas para ela e começou a conversar com a pessoa do outro lado. Os convidados eram tanto do mundo da arte como do governo municipal, e esse homem era um político da cidade. "Ele estava claramente desapontado que alguém como eu estivesse sentada ao lado dele", disse-me Sischy. "Eu podia vê-lo pensando: Que desperdício de almoço! Pensei em me levantar e sentar com algumas pessoas que eu conhecia em outra mesa, mas depois pensei: Não, eu vou ficar aqui. Um pouco mais tarde, uma mulher que se sentou do meu outro lado perguntou meu nome e, ao ouvi-lo, ela soube quem eu era e ficou muito interessada. E então, duas pessoas que estavam na minha frente descobriram quem eu era e começaram a falar comigo. Por fim, o sujeito, tendo captado tudo isso, disse: 'Sinto muito, não entendi o seu nome'. Então eu repeti, e a mulher ao meu lado contou para ele o que eu fazia, e toda a postura dele mudou. De repente, ficou muito interessado. Mas, àquela altura, ele já tinha me perdido." Sischy me contou essa história sem nenhuma ênfase especial — deu-me como um exemplo do machismo que as mulheres ainda costumam encontrar —, mas senti obscuramente que ela tinha outra dimensão além da evidente. Agora, um ano depois, o significado latente da história fica claro para mim: trata-se de um comentário velado sobre mim e Sischy. Eu tive a ideia de escrever sobre ela depois de ver a mudança da *Artforum* de uma revista de opacidade sem vida para uma revista de tanta contemporaneidade assertiva e impetuosa que só podia imaginar que sua editora seria uma espécie de tipo muito moderno, uma nova sensibilidade feminina espantosa solta no mundo. E na minha casa havia entrado uma mulher jovem, agradável, inteligente, despretensiosa, responsável, ética, que não tinha nenhum traço das qualidades teatrais que eu esperava e de quem, como o político no almoço, eu havia evidentemente me afastado, decepcionada.

Em um ensaio encantador e engenhoso de 1908 intitulado "Um pedaço de giz", G. K. Chesterton escreve sobre o belo dia de verão em que levou um pouco de papel pardo e gizes coloridos para as colinas de Sussex, com o objetivo de fazer desenhos chestertonianos de "demônios e serafins, deuses antigos cegos que os homens adoravam antes do amanhecer da razão, santos em vestes de vermelho raivoso, mares de estranho verde, todos os símbolos sagrados ou monstruosos que ficam tão bem em cores brilhantes sobre papel pardo". Mas quando começa a desenhar, Chesterton se dá conta de que esqueceu o giz "mais requintado e essencial": seu giz branco. Ele continua:

> Uma das verdades sábias e terríveis que esta arte em papel pardo revela é que [...] o branco é uma cor. Não é uma mera ausência de cor; é uma coisa brilhante e afirmativa, tão feroz quanto o vermelho, tão definida quanto o preto... A virtude não é a ausência de vícios ou a prevenção de perigos morais; a virtude é uma coisa viva e se-

parada, como a dor ou um determinado cheiro. Misericórdia não significa não ser cruel ou poupar pessoas da vingança ou da punição; significa uma coisa simples e positiva como o sol, que se viu ou não viu. Castidade não significa abstenção de erro sexual; significa uma coisa flamejante, como Joana d'Arc. Em uma palavra, Deus pinta com várias cores, mas Ele nunca pinta de forma tão maravilhosa, eu quase disse berrante, como quando pinta de branco.

Desde que Chesterton escreveu essas palavras otimistas, o mundo assistiu a duas guerras mundiais e um holocausto, e Deus parece ter mudado para o cinza como a cor da virtude — ou decência, como agora nos contentamos em chamá-la. Os heróis e heroínas de nosso tempo são as pessoas tranquilas, sérias, trabalhadoras obsessivas, cuja abstenção complicada de malfeitos e evitação sóbria de exibição pessoal têm um decoro semelhante ao uso de cores apagadas em um funeral. Em "Por que escrevo", George Orwell disse: "Em uma época pacífica, eu poderia ter escrito livros ornamentados ou meramente descritivos, e poderia ter permanecido quase inconsciente das minhas lealdades políticas. Do modo como as coisas são, fui forçado a me tornar uma espécie de panfletário". A respeito de Sischy, sentimos que em outro momento ela também poderia ser menos grave, menos moralmente sobrecarregada e mais vívida. Ela me contou que na infância havia sido extremamente malcriada e impetuosa. O que resta dessa malcriação e impetuosidade encontra expressão nas capas surpreendentes, no aspecto gráfico assertivo e nas edições especiais provocantes de *Artforum*. Assim como a postura pessoal controlada de Sischy é subproduto de um sentimento orwelliano de crise cultural, sua visão da arte contemporânea é moldada principalmente por preocupações sociais e só em segundo lugar por preocupações estéticas. Seu interesse pela pintura neoexpressionista produzida na Alemanha hoje, por exemplo, está ligado menos a reivindicações estéticas da pintura do que ao seu reflexo da tentativa angustiada de jovens artistas e intelectuais alemães de acertar as contas com o passado nazista. Sischy me disse uma vez: "Meu amor maior é pela arte conceitual. Eu talvez me interesse mais pelo pensamento do que pela arte". E acrescentou: "Rene e eu costumávamos ter uma discussão. Ele dizia alguma coisa como: 'Aquele trabalho é muito bonito', e eu dizia: 'E daí?'. E ele dizia: 'Bem, você odeia a arte se responde isso a respeito de alguma coisa ser bonita', e eu dizia — e vim a perceber que é mais complicado do que isso —: 'Bem, talvez eu simplesmente odeie a arte quando a única coisa a seu favor é que é bonita'".

Nível avançado
2008

Quando Lolita e Humbert passam de carro por um acidente horrível, que deixou um sapato jogado na vala ao lado de um carro manchado de sangue, a ninfeta observa que "aquele era exatamente o tipo de mocassim que eu estava tentando descrever para aquele idiota na loja". Esse é exatamente o tipo de comédia de humor negro em que se destaca Cecily von Ziegesar, a autora da bem-sucedida série de romances Gossip Girl para meninas adolescentes. Von Ziegesar escreve na linguagem da juventude contemporânea: as coisas são legais ou demais, ou são um saco. Mas a linguagem é uma isca. A crueldade da juventude é um tema de dois gumes de Von Ziegesar: é objeto de escárnio — e simpatia. Ela compreende que as crianças são uma espécie em busca do prazer e que a adolescência é um delicioso último suspiro (a luz é mais dourada pouco antes de as sombras caírem) do egoísmo e da ignorância legítimos. Ela também sabe, como os autores dos melhores livros infantis sempre souberam, que as crianças gostam de ler o que não entendem completamente. Von Ziegesar consegue o tour de force de satirizar perversamente os jovens ao mesmo tempo que os diverte. Sua leitora-alvo é adolescente, mas o leitor que parece ter em mente quando escreve é um adulto letrado, até mesmo com cultura literária.

No início do primeiro livro, Blair Waldorf — que tem quase dezessete anos e mora numa cobertura, na esquina da Quinta Avenida com a rua 72, com sua mãe divorciada, Eleanor, seu irmão mais novo, Tyler, e seu gato, Kitty Minky — está amuada em seu quarto. Blair, na descrição de uma colega de turma, é "a garota mais piranha e mais fútil de toda a turma do terceiro ano, ou talvez de todo o mundo" e uma anti-heroína de primeira ordem: mal-humorada, mesquinha, bulímica, consumista, sempre tramando alguma e, é claro, de cabelos escuros. A heroína loira, Serena van der Woodsen (que mora num endereço ainda melhor da Quinta Avenida, em frente ao Metropolitan Museum), é linda de morrer, excepcionalmente bondosa e, no fim das contas, é preciso admitir, um pouco chata. A série pertence à terrível Blair, que inspira os mais altos voos de fantasia cômica de Von Ziegesar.

Blair está amuada porque o novo namorado de sua mãe, um construtor judeu chamado Cyrus Rose, "irritante, gordo e um mané total", e sua mãe estão na cozinha tomando café da manhã com robes de seda vermelhos combinando. Quando vestido, Rose

> parecia alguém que podia ajudar você a comprar sapatos na Saks — careca, com um bigodinho cerrado, a barriga gorda meio aparecendo no terno azul brilhante trespassado. Ele tinia as moedas no bolso sem parar. […] Ele ria alto.

O quê? Estamos apenas na página 6 e já temos um judeu gordo e vulgar! Von Ziegesar não sabe que os estereótipos antissemitas não são mais tolerados na literatura infantil? Claro que ela sabe. Cyrus Rose é apenas um entre muitos sinais de sua alegre incorreção política. Uma oradora idosa na formatura de ensino médio de Blair é outra:

"Tia Lynn", uma senhora idosa que basicamente fundou as bandeirantes ou coisa assim, devia falar. Tia Lynn já estava curvada em seu andador na fila da frente, vestida numa calça de moletom marrom-cocô e com aparelhos auditivos nos dois ouvidos, parecendo sonolenta e entediada. Depois que ela falasse — ou emborcasse e morresse, o que viesse primeiro —, a sra. McLean entregaria os diplomas.

Só alguém com coração de pedra não riria disso. A maneira como Von Ziegesar nos envolve em seu exame empático da insensibilidade da juventude é a realização waughiana desses livros complicados e estranhos. E em Blair, encontrou um eixo forte para sua façanha.

Ela proveu essa garota de um excesso dos impulsos mais repulsivos, mas talvez mais necessários também da natureza humana — os impulsos que nos estimulam. Ao contrário de suas antecessoras Becky Sharp e Lizzie Eustace, que abriam caminho a cotoveladas para entrar na sociedade aristocrática britânica rica, Blair já tem todo o dinheiro e toda a posição que alguém poderia desejar. Ela é puro e simples empenho, procurando incansavelmente um objeto, qualquer objeto, sem saber nunca quando é o bastante. No entanto — e de novo, ao contrário de seus protótipos —, Blair nunca prejudica ninguém, exceto a si mesma. Ela tem pensamentos malévolos sobre todo mundo, mas não ataca ninguém. É no próprio pé que invariavelmente atira. Seus objetivos do momento — perder a virgindade com seu namorado, Nate Archibald, e entrar na Universidade Yale — lhe escapam. Alguma coisa sempre se atravessa no caminho de sua transa com Nate, e a entrevista para entrar em Yale é uma catástrofe inimaginável.

Nate é uma espécie de Vronsky frustrado, com uma mãe grande dama, como a de Vronsky, e um pai capitão da Marinha que é "um velejador máster e extremamente bonito, mas meio fraquinho no quesito abraços". (Pena que Tolstói não pensou num pai assim para Vronsky.) Nate "podia parecer meio galinha, mas na verdade era um banana". Isso porque está chapado na maior parte do tempo. Ele mora numa casa geminada na zona chique a leste do Central Park e está no último ano da St. Jude, uma escola particular que parece ter por modelo a Collegiate School, enquanto Constance Billard, a escola de Blair e Serena, é inspirada na antiga escola de Von Ziegesar, Nightingale-Bamford.

Mas, ao contrário das escolas particulares reais de Nova York, que concedem um bom número de bolsas de estudo para estudantes de minorias de baixa renda, as de Von Ziegesar são quase 100% sem minorias. (Digo quase por causa de Carmen Fortier, uma garota do Bronx com bolsa de estudo que aparece mascando chiclete na página 86 do primeiro livro da série e nunca mais é vista.) Naturalmente, essa ausência gritante é necessária para o programa de provocações de Von Ziegesar. Ela não o expõe a perigos. Não há couves-de-bruxelas escondidas em seus pratos de marshmallow com Rice Krispie. Ela está escrevendo um conto de fadas transgressivo, não um livro para entrar na lista de leitura escolar. "Bem-vindos ao Upper East Side de Nova York, onde meus amigos e eu moramos, estudamos, namoramos e dormimos — às vezes uns com os outros", esta é a saraivada inicial de Von Ziegesar, feita pela voz de uma figura anônima chamada Gossip Girl [garota fofoqueira], que continua:

> Todos nós moramos em apartamentos enormes, temos nosso próprio quarto, nosso próprio banheiro e nosso próprio telefone. Temos acesso ilimitado a dinheiro, bebida e qualquer coisa que a gente quiser, e nossos pais raramente estão em casa, então temos toneladas de privacidade. Somos inteligentes, herdamos uma beleza clássica, usamos roupas incríveis e sabemos como nos divertir.

Von Ziegesar entende que os príncipes e princesas de contos de fadas exigem um contraponto de mendigos e plebeus, e assim, de seus seis personagens principais, apenas três — Blair, Serena e Nate — pertencem ao mundo dos repugnantemente ricos. Dos outros, dois moram no lado errado do Central Park e um em Williamsburg. Dan e Jenny Humphrey compartilham um apartamento decadente na West End Avenue com o pai Rufus, "o infame editor aposentado de poetas beat pouco conhecidos", seja lá o que isso signifique, que fica em casa de cueca, barba grisalha de três dias e faz cozidos marroquinos intragáveis a partir de receitas de Paul Bowles. Mas não é nada fraquinho no quesito abraços e, com efeito, acaba por ser o único pai atento na série. (Também é pai solteiro: sua mulher fugiu para a República Tcheca "com um conde careca e cheio de fogo" alguns anos antes.) Ele "odiava o Upper East Side e todas as suas presunções", mas manda Jenny para a Constance Billard e Dan para uma escola particular chamada Riverside Prep porque "pelo modo como ele falou, tinha-se duas opções nesta cidade":

> Ou gastava o que não tinha para mandar os filhos para uma escola particular, onde eles aprenderiam a comprar roupas insanamente caras e a ser esnobes com o pai, mas também conversariam em latim, decorariam Keats e fariam algoritmos de cabeça; ou os mandava a uma escola pública, onde talvez aprendessem a ler, talvez não se formassem e se arriscariam a levar um tiro.

A questão de onde Rufus tira o dinheiro para pagar as escolas particulares — e para as roupas de grife que Dan e Jenny compram com seu cartão de crédito quando suas vidas se cruzam com a turma do East Side — fica sem resposta. Von Ziegesar tem preocupações diferentes da de escrever livros que façam muito sentido. Além das carolices do politicamente correto, ela enfrenta as indecências da cultura do consumo. Roupas estupidamente caras são o motor de sua ridicularização de nossa época de compras incessantes. É difícil encontrar uma página na qual o nome de um designer de moda não apareça. A garotada não usa vestidos, casacos, calças e sapatos: usa vestidos Diane von Furstenberg, sapatos Stephane Kélian, casacos Hugo Boss, camisas Marc Jacobs. Se o livro tem algum valor social redentor, é como aula de reconhecimento de etiquetas. Depois de ler os livros da Gossip Girl, nunca mais entramos numa loja de departamentos sem sentir uma ponta de orgulho ao reconhecer Christian Louboutin, John Fluevog e Michael Kors — que são para o mundo deles o que Marcel Proust, Henry James e Theodore Dreiser são para o público livresco ao qual Von Ziegesar se dirige sob o disfarce de escrever para a juventude pré-universitária. Os livros estão cheios de alusões literárias: há citações de Wilde, Hemingway, Shakespeare, referências a Goethe e Tolstói e capítulos intitulados "O vermelho ou o negro" e "Do que estamos falando quando falamos de amor".

Dan Humphrey é uma caricatura do nerd angustiado que escreve poesia. Sua amiga Vanessa Abrams fica tão encantada com um poema seu intitulado "Vagabundas" que, sem que ele saiba, o envia para a *New Yorker*, onde é imediatamente aceito pela reverenciada editora (embora imaginária) de manuscritos da revista, Jani Price. Depois que o poema é publicado, Dan, que antes passava o tempo fora da escola em seu quarto "lendo poesia existencialista mórbida sobre o destino amargo do ser humano", torna-se uma estrela. Ele é cortejado por um agente. Uma banda de rock o contrata para escrever letras. Ele começa a fazer compras na Agnès B.

Sua irmã Jenny é uma aluna tímida da nona série que "preferiria ser invisível" e poderia ter tido êxito "se seus peitos não fossem tão grandes". Ela é uma espécie de representante das alunas da oitava e da nona séries que leram os livros da Gossip Girl e que vão se identificar com seu culto inocente das garotas legais do último ano. Mas, exceto pelos peitos, ela não é muito interessante.

Vanessa é "uma anomalia na Constance, a única menina da escola que tinha cabeça quase raspada, usava suéter preto de gola alta todo dia, lia *Guerra e paz* de Tolstói repetidamente como se fosse Bíblia [...] [e] não tinha amigas na Constance". Seus pais hippies, Arlo e Gabriela, que vivem em Vermont, numa casa feita de pneus de carros reciclados, permitiram que Vanessa morasse em Williamsburg com sua irmã mais velha, Ruby, que toca baixo em uma banda de rock, com a condição de que ela obtenha "uma boa e segura educação no secundário". Ao descrever uma visita dos pais hippies a Nova York, Von Ziegesar cumpre seu pacto com a juventude de não perder nenhuma oportunidade para expressar o asco que sente pelos velhos, feios e que se afastam da norma. Ela veste o "macilento e alarmado" Arlo com um poncho peruano e uma saia de cânhamo até o tornozelo ("Sim, isso mesmo, uma saia"), enfia em Gabriela, que usa os cabelos grisalhos presos numa trança, um trapo africano espalhafatoso, e os envia para um evento beneficente exclusivo. Quando Vanessa pergunta onde é o evento, Gabriela responde: "Um lugar chamado Frick. Acho que fica na rua 5. [...] Tenho o endereço escrito em algum lugar por aqui".* Pequenas piadas leves como essa estão espalhadas por todos os livros, como o açúcar de confeiteiro opcional no bolo do chá. Von Ziegesar nunca dá descanso.

Evidentemente, o bolo em si é de uma imaterialidade de suspiro — os livros da série Gossip Girl são do tipo mais leve da leitura leve. Eles giram em torno dos dois desejos simultâneos das personagens de Von Ziegesar: divertir-se e entrar na universida-

---

* A conhecida Coleção Frick fica numa imponente mansão na esquina da Quinta Avenida com a rua 70, região nobre da cidade. A rua 5 fica no East Village, bairro boêmio de Manhattan. (N. T.)

de. O conflito que possa existir entre esses desejos no mundo real não existe no mundo das Gossip Girls. Ninguém jamais abre um livro (estão ocupadas demais comprando nas três B — Bendel, Bergdorf e Barneys — ou trabalhando em cozinhas para indigentes, para que possam dizer que fizeram isso em suas candidaturas a universidades), e (com uma exceção, um menino mau chamado Chuck Bass, que "mal conseguia falar, nunca leu um livro na vida e achava que Beowulf era um tipo de pele usada para revestir casacos") todos entram no ensino superior. Em termos de enredo, isso não é grande coisa, com certeza, mas a insolência de Von Ziegesar investe as atividades estúpidas de seus personagens de um interesse que nos impede de largar o livro.

Ela utiliza a técnica de narração através da voz interior com todos os seus personagens principais, mas quando entra na mente moldada pelo id de Blair Waldorf, ela ultrapassa uma espécie de limite. Blair é ao mesmo tempo uma caricatura mais ampla e uma pessoa mais real do que as outras. Seu egoísmo excessivo e sua odiosidade têm um toque de verdade do tipo "atrás de nossas máscaras somos todos assim". E entre seus murmúrios interiores malévolos se escondem algumas das frases mais engraçadas da série. Quando sua mãe se casa com Cyrus Rose, por exemplo, e propõe que Blair reconsidere sua recusa em adotar o nome dele, a voz interior de Blair rosna: "Blair Rose? Não, obrigada. Parecia o nome de um perfume feito especialmente para a Kmart". Sua recusa é um raro gesto de desafio. Em quase todos os outros aspectos ela é uma filha obediente, até mesmo dócil. Ela fica furiosa e constrangida com o casamento de sua mãe com o gordurento Cyrus (e com a gravidez dela aos 47 anos), mas limita sua fúria aos seus pensamentos. É sempre perfeitamente civilizada com Cyrus, que é um bobão perfeitamente afável. Tampouco chuta e grita quando seu lindo quarto é requisitado para o bebê e ela tem de se mudar para o quarto feio, ecologicamente correto de seu meio-irmão Aaron (ele tem uma cômoda de mogno cortado sem crueldade), que tem um cheiro tão forte do cachorro dele, chamado Mooky, que Kitty Minky urina em toda a cama em protesto. Ela simplesmente faz uma mala e se muda para uma suíte do Plaza. Alguma vez a impotência dos filhos e o poder do dinheiro foram tão bem fundidos? O gesto também dá origem a uma das melhores sequências da série.

Abrigada no Plaza, Blair telefona para Nate e lhe diz "tira sua bunda daí e vem pra cá agora". Nate concorda, mas, uma vez que está puxando fumo com amigos, logo se esquece do telefonema. Blair espera e espera. Telefona para Nate e não obtém resposta. (Ele foi ao Battery a fim de pegar o barco de seu pai e ir para Bermuda e se esqueceu de levar o celular.) Blair está usando lingerie de seda preta La Perla e encomendou champanhe e caviar em torradas pontudas. Ela come uma torrada, depois outra, e telefona para seu pai, Harold Waldorf, no sul da França, "onde ele morava desde que ele e Eleanor se separaram devido à gayzisse dele dois anos antes". É tarde da noite na França, e "Blair podia imaginá-lo perfeitamente nu, a não ser por um samba-canção azul-real de seda, o amante dormindo — François ou Eduard ou sei lá que nome — ressonando suavemente ao lado dele".

"'Ursinha? Está tudo bem? Já teve alguma resposta daqueles otários de Yale? Você entrou?', o pai quis saber assim que ouviu a voz dela."

Blair reflete que "falar com o pai era exatamente como falar com uma das amigas". Enquanto ela termina as torradas e começa a beber champanhe, Harold lhe diz em vão: "Você merece ter tudo isso". Ela é levada a dizer: "Se eu mereço tudo, então como é que os idiotas de Yale ainda não me deixaram entrar?".

"'Ah, ursinha', o pai suspirou naquela voz masculina porém maternal que levava homens *e* mulheres a se apaixonarem por ele imediatamente. 'Eles vão, caramba. Eles *vão* deixar você entrar.'"

* * *

Não vou entregar se Blair entra ou não em Yale. Gostaria de continuar contando histórias de Blair até que acabassem, como as torradas com caviar. Mal toquei no prato. Mas acho que dei uma boa ideia do que ela e sua criadora fazem. A série de televisão baseada nos livros da Gossip Girl foi resenhada na *New Yorker* por Nancy Franklin (em 26 de novembro de 2007). Compartilho completamente da crítica da adaptação feita por Nancy (ou devo dizer Nanci?). Sua única relação com o original são os nomes e os contornos dos personagens. "'Não sei o que eu faria sem a Barneys', suspirou Serena, como se a loja tivesse salvado sua vida." Sem os comentários rápidos, escarnecedores de Von Ziegesar para impulsioná-los, os episódios de TV são lentos e grosseiros — uma mudança da Barneys para a Kmart.

Entre os muitos erros que a série de TV comete, o mais gritante talvez seja a promoção dos pais dos livros, de sua condição de emblemas da inadequação dos pais para a de personagens por si mesmos. Na versão da TV, somos convidados a acompanhar as histórias dos pais em conjunto com as histórias de seus filhos: Lillian van der Woodsen e Rufus Humphrey, num exemplo particularmente infeliz, são jogados em um romance banal. O que torna a literatura infantil clássica tão atraente (para todas as idades) é sua lealdade inabalável ao mundo da criança. Nos melhores livros infantis, os pais jamais compartilham os holofotes com seus filhos; se não são eliminados na primeira página, aparecem nos papéis pateticamente menores que os pais reais desempenham na vida imaginária de seus filhos. O fato de os personagens paternos e maternos de Von Ziegesar serem ridículos, bem como insignificantes aos olhos de seus filhos, só contribui para a veracidade de seu conto de fadas cômico.

366

A parte de não ter volta
2007

Maksim Górki disse de Tchékhov que, "na presença de Anton Pavlovitch, todos sentiam um desejo inconsciente de ser mais simples, mais verdadeiros, mais eles mesmos". A persona que emerge de *Wish I Could Be There: Notes from a Phobic Life* [Eu gostaria de poder estar lá: Notas de uma vida fóbica], o livro de Allen Shawn sobre sua vida com fobia, produz um efeito similar. O texto de Shawn gera uma atmosfera de autenticidade quase palpável; lemos o livro em uma espécie de transe de confiança, certos de que o escritor é incapaz de fingimento e falsidade. Ao sabermos que ele cresceu em um lar governado por fingimento e falsidade, chegamos à conclusão inevitável. Sim, é óbvio. Aqueles que foram enganados são particularmente propensos à compulsão de contar a verdade.

Allen Shawn é filho de uma daquelas famílias de classe média alta do pós-guerra onde nada é o que parece. Os pais eram judeus, mas não judeus de fato. A mãe tinha depressão, mas estava sempre alegre. Uma filha (gêmea de Allen) era autista, sem que isso fosse reconhecido, e depois foi mandada embora. O casamento era problemático (o marido tinha uma amante), mas mantinham-se as aparências. O hábito de mentir de família deu a Allen Shawn seu gosto pela verdade, mas teve também consequências menos desejáveis. "O sigilo em si e a atmosfera que criou são certamente relevantes para a evolução das minhas fobias", Shawn escreve em um trecho sobre a vida dupla de seu pai (da qual só ficou sabendo quando estava com quase trinta anos) e suas complexidades às vezes cômicas: "Não era incomum para ele comer ou, pelo menos, *comparecer* a quatro ou mesmo cinco refeições por dia para conciliar todas as pessoas importantes em sua vida".

O pai, como o leitor deve saber, era William Shawn, o falecido e lendário editor da *New Yorker*, cujas próprias fobias fazem parte da lenda. Quando fala do que ele chama de "parceira adicional" de seu pai, Allen Shawn não está revelando nenhum segredo de família. O segredo foi revelado pela própria parceira, Lillian Ross, em 1998, quando publicou o livro de memórias *Here But Not Here* [Aqui, mas não aqui]. O livro provocou um choque em muitas pessoas que conheceram William Shawn. Ele guardava sua vida privada como se fosse seu bem mais precioso, e a crônica descuidada de Ross de seu caso de quarenta anos (com fotografias para reforçar suas palavras, caso alguém duvidasse delas) parecia uma violação especialmente brutal da confiança. Hoje, catorze anos depois da morte de Shawn, faz-se uma leitura diferente do livro. As águas rolaram e Shawn entrou para as fileiras dos mortos ilustres acima de qualquer humilhação. As revelações de Ross sobre a vida íntima de Shawn, que pareciam de mau gosto quando ele tinha acabado de morrer, agora parecem meramente interessantes. Elas serão recolhidas pelos biógrafos de Shawn e incluídas em algum canto da colagem de restos que constituem o retrato biográfico. O mais importante talvez seja o fato de terem liberado Allen Shawn para falar do segredo de família que deu à sua infância o constrangimento propício à fobia. Eis o seu problema:

Eu não gosto de alturas. Não gosto de estar na água. Fico perturbado ao atravessar estacionamentos, parques abertos ou terrenos onde não há construções. Tendo a evitar pontes, a menos que sejam de pequena escala. Reajo mal a trechos de imensidão, mas igualmente mal quando estou fechado, pois sou severamente claustrofóbico. Quando vou a um teatro, sento junto ao corredor. Fico petrificado em túneis, o que torna difícil a maioria das viagens de trem, bem como muitas de carro. Não ando de metrô. Evito elevadores tanto quanto possível. Para mim, espaços envidraçados são como veneno, e acho muito difícil me adaptar a edifícios em que as janelas não abrem. [...] Quando me convidam para ir a uma nova casa ou apartamento ou para um evento de qualquer tipo, minha primeira reação é preocupar-me com sua localização. [...] O grau de minha preocupação comigo mesmo é estarrecedor.

A última frase ressalta a capacidade de Allen Shawn para o distanciamento. Na verdade, todo o seu livro pode ser lido como se tivesse sido escrito por um médico talentoso e humano que estuda um paciente que por acaso é ele mesmo. "Qual é exatamente o problema?", ele pergunta. Shawn sofre de agorafobia, que é uma condição "mais global" do que a fobia simples. (Entre os exemplos que ele usa para ilustrar a fobia simples está o de uma mulher que tinha medo de coxas de frango. "Toda vez que era convidada para uma festa, ela precisava telefonar e perguntar: 'Você não está servindo coxas de frango, não é?'. A única vez que fui a uma festa e havia partes de frango para o jantar, ela reagiu muito mal. Foi preciso levá-la ao pronto-socorro.") A agorafobia é "uma restrição das atividades provocada por um medo de ter sintomas de pânico em situações em que se está longe de ter ajuda ou a fuga é percebida como difícil". A agorafobia de Allen Shawn o impediu de ir a muitos lugares a que queria ir; e em alguns casos ele chegou a partir, mas não conseguiu chegar antes de ser tomado pelo pânico. No entanto, isso não impediu sua carreira de compositor, pianista e professor universitário, e pode até ter sido, como foi para seu pai, uma espécie de presente.

As pessoas que sofrem de fobias parecem ter um distúrbio da imaginação. Elas têm medo quando não há nada a temer. Ou será que há? Como ressalta Allen Shawn, o mundo é um lugar perigoso, o desastre *pode* acontecer a qualquer momento. O fóbico não é louco de pensar que um trecho de estrada solitária o torna vulnerável a ataques. Quando o horror da morte ataca uma pessoa fóbica e a domina, ela está apenas encarando o que o resto de nós irracionalmente nega. A relação quase sobrenatural que William Shawn conseguia estabelecer com os seus escritores derivava de sua agorafobia, assim Allen Shawn acredita: "Se fosse um viajante inveterado, alguém que faz as coisas ou alguém realmente extrovertido, ele teria ficado muito cansado e mundano para manter a impressionante inocência e receptividade quase infinita que o tornou capaz de ouvir, tão extasiado e com tanto cuidado, o que os escritores tinham a dizer".

Em sua perspicácia afetuosa, o retrato que Allen Shawn faz do pai lembra o retrato de Philip Gosse feito por Edmund Gosse em *Father and Son* [Pai e filho]. Ele proporciona um enorme prazer para aqueles que conheciam William Shawn e acharam que as memórias de Ross não fizeram justiça à sua sensibilidade. Ao escrever sobre a vida dupla, Allen faz uma pausa para observar com tranquilidade: "Era dupla somente vista de fora, naturalmente. Para ele, era apenas a sua vida". Essa capacidade de entrar na subjetividade do outro (a palavra "empatia" não transmite a dificuldade e generosidade) separa *Wish I Could Be There* das costumeiras memórias acusatórias de infância conturbada. Allen Shawn escreve sobre seu pai não como o causador insensível de seus sofrimentos, mas como um companheiro sofredor, que não deve ser tratado com menos carinho pelo médico narrador do que ele mesmo. Ele fala do adultério do pai não como uma transgressão, mas como uma tentativa de curar uma solidão tão extrema que nenhuma mulher poderia preencher.

Sabe-se que William Shawn tinha uma relação difícil com o mundo: não suportava a visão de sangue ou ouvir falar de doenças e operações; usava roupas quentes quando a temperatura estava acima de trinta graus; tinha medo de germes ("não era alguém que provaria alguma coisa do prato de outra pessoa"); tinha muitas das fobias que seu filho iria adquirir. Em vez de acrescentar mais detalhes a essa imagem, Allen Shawn a apresenta sem o desprezo sutil habitual.

Shawn escreve sobre sua mãe com carinho e compaixão semelhantes. Cecille Shawn era repórter do *Chicago Daily News*, uma "garota atraente e madura" quando ela e William Shawn se conheceram, na década de 1920. "Eles eram intelectualmente iguais, mas minha mãe era a mais dura, mais prática e mais experiente dos dois", diz ele. Mas depois do casamento Cecille abandonou a carreira e, com o tempo, sucumbiu a uma depressão não reconhecida. A morte de seu primeiro bebê e um aborto posterior, o caso do marido e a deficiência mental da filha contribuíram para um triste encolhimento gradual. Em um trecho sobre o rosto de sua mãe, a metáfora de Allen é quase óbvia demais:

Como muitas mulheres de sua época, suponho, ela considerava que se maquiar antes de encontrar alguém era quase um mandamento religioso. Ela chamava essa máscara colorida de rosto, como em "preciso pôr meu rosto". Quando pequeno, eu era fascinado pelo visual sofisticado e maravilhosamente calejado que suas feições tinham quando sem adornos. Para mim, essa face mais complexa, de aparência mais velha e altamente inteligente era a verdadeira, e eu costumava tentar incentivá-la a deixar de lado a maquiagem de vez em quando. Ela não deixava.

Ela não podia. Os Shawn precisavam negar realidades duras e recobrir as desagradáveis. Não era, evidentemente, agradável ser judeu. "Ser judeu era também uma questão de um mal-estar distante, pelo menos o suficiente para que fosse divertido meu irmão começar uma discussão de mesa de jantar com as palavras 'bem, nós judeus...'." (O irmão travesso é Wallace Shawn, o dramaturgo e ator que é cinco anos mais velho do que Allen e foi uma presença bondosa e protetora durante toda a infância de Allen.) Sobre a questão da fobia de judeus da família, Allen Shawn não resiste a dar uma estocada em seu pai: "Quando um ministro amigo de meu irmão visitou a casa e fez uma oração no jantar de Ação de Graças, ele ficou profundamente comovido, mas é difícil imaginá-lo tão comovido se o amigo fosse um rabino".

O sexo era outro assunto difícil. Shawn é muito engraçado ao narrar a tentativa do pai de proporcionar alguma educação sexual:

Aos treze anos, antes de eu sair para o acampamento de música, meu pai me disse que eu poderia encontrar uma atividade chamada masturbação enquanto estivesse lá, mas com uma cara de quem poderia estar prestes a cometer suicídio depois de nossa conversa. [...] Agora sei que devia estar com medo de lidar com isso de forma errada e me causar sequelas para o resto da vida. Ele foi incapaz de dizer "eu mesmo fiz isso"; tinha de ser "nós", ou "alguém", ou um sujeito indeterminado ("É perfeitamente normal..."). Num esforço para ser discreto, ele conseguiu dar a entender que o conceito de masturbação era certamente novo para mim. Isso reforçou a minha vergonha em relação a prazeres já cometidos.

Wish I Could Be There é um livro estruturado de modo estranho. O texto autobiográfico é intercalado com capítulos — que têm um pouco do sabor de relatórios escolares — sobre as pistas que a biologia evolutiva, a anatomia do cérebro e a psicologia freudiana, entre outras disciplinas, podem oferecer para o enigma da fobia. Mas as pistas permanecem pistas, o enigma continua a ser um enigma, e enquanto lemos percebemos que o livro anda em círculos ao redor de si mesmo, em vez de avançar. Allen Shawn reconhece sua abordagem não linear com o subtítulo *Notas de uma vida fóbica*. Mas o subtítulo pode ser mais do que uma renúncia à responsabilidade: o duplo sentido da palavra "notas" pode (apropriadamente) apontar para um modelo musical da organização do livro. Como as recapitulações de temas na música, os retornos obsessivos de Shawn a temas já abordados têm um aspecto de intencionalidade, até mesmo de inevitabilidade.

O assunto ao qual ele retorna mais vezes e que se chega mais perto do que qualquer outra coisa de responder à pergunta "Qual é exatamente o problema?" é Mary, sua irmã gêmea autista, cuja natureza estranha e comportamento destrutivo se tornaram demasiado dolorosos para os pais, que a puseram numa instituição com a idade de oito anos. "Com frequência me pergunto o que teria acontecido com ela se tivesse nascido no tipo de família, então raro, que poderia tê-la incorporado com mais habilidade à sua rotina", diz Shawn. Mas, indo mais ao ponto do assunto de seu livro, o que teria acontecido com *ele*?

O "exílio" de Mary demonstrou que se pode ser expulso de casa por ser muito difícil de lidar ou compreender, por ser ineficiente demais mentalmente ou por ser demasiado turbulento. Isso acrescentou mais uma camada de desorientação a uma atmosfera já bastante desorientadora.

Para evitar a "punição" de Mary, Allen cultivou o papel do filho fantasticamente "bom", que nunca dava problemas e era sempre razoável e agradável, papel que levou para a vida adulta e para sua persona literária. Mas ele acredita que há "algo falso" nessa persona e que "minha música mais sombria e melhor representa algo mais verdadeiro a meu respeito; ela está muito à frente do resto de mim", diz ele. "Na música eu podia ser turbulento, agressivo, irreverente e imprevisível; na vida, eu evitava comportamentos que me lembrariam do caos da mente de Mary."

É como sua irmã gêmea que Mary lança sua mais profunda sombra sobre a vida de Allen. Ele registra a lembrança de estar em um berço paralelo ao dela, balançando no mesmo ritmo do dela. Ele sabe como é improvável uma lembrança tão precoce como essa, mas não pode diminuir sua força. Ele diz que Mary foi seu primeiro amor e associa a experiência de dormir ao lado dela na infância com a felicidade sexual adulta. Ele escreve sobre a "tristeza, solidão, culpa, confusão, raiva, desilusão, o choque, a sensação de ter sido traído por meus pais, e, talvez, também alívio" que sentiu quando Mary desapareceu. Por fim, num formidável tour de force de interpretação, traça um paralelo entre o autismo dela e sua agorafobia:

> Não posso deixar de notar que ela, como eu, está sujeita a "ataques", vive dentro de uma rotina fixa, resiste a mudanças até mesmo mínimas do que ela espera, é extremamente limitada em sua capacidade de viajar. Ela está internada numa instituição, eu estou aqui, "livre" e "funcionando"; contudo, consegui erguer algumas paredes invisíveis ao meu redor. Permaneci seu "gêmeo", encontrando maneiras de tornar minha vida paralela à dela.

Shawn fala de uma viagem recente que se obrigou a fazer até a instituição de Mary, em Delaware. Partiu uma vez e teve de voltar. Quando tentou de novo, uma semana depois, acordou com tonturas e náuseas, e foi lavar sua roupa. Por fim, pegou a estrada e sentiu várias vezes um impulso, "vindo com a força da carga no porão de um navio que balança para o lado oposto do barco", de voltar atrás. Conseguiu chegar ao motel onde havia reservado um quarto para fazer um intervalo na viagem e onde algo de extraordinário aconteceu com ele:

Tive uma imagem mental inesperada, como um sonho acordado. Vi Mary diante de mim e lhe dei um tapa. "Como você pôde me fazer passar por isso?", gritei. "Como pôde?" Na minha imaginação, ela começou a chorar, perplexa, disse meu nome e falou: "O que você está fazendo, Allen? Isso não é legal, Allen", e eu chorei, e ela chorou.

O autor do sonho acordado foi claramente o eu selvagem agressivo, irreverente, imprevisível de Allen — e esse eu não está ausente do livro que o eu bonzinho está escrevendo. O eu "bom" começou a escrever um livro sobre suas fobias e a fobia em geral, mas o eu "mau" fez com que o livro desafiasse as convenções de seu gênero e se transformasse numa coisa "melhor, mais sombria". Enquanto circunda seu suposto tema misterioso, Allen Shawn é atraído para os mistérios com que topam todos que refletem. Quando escreve sobre a ansiedade da morte que sentia quando criança — apavorado, deitado no escuro com o pensamento de que "não havia nenhuma ajuda, que meus pais não podiam me ajudar, e que não havia como escapar dela, nem mesmo alguma dica especial de uma maneira de escapar que só poderia aplicar-se a mim" —, ele não está descrevendo um pensamento exclusivo dos fóbicos. Muitos, talvez a maioria das crianças e dos adolescentes normais, são aterrorizados, se não traumatizados pela ideia de mortalidade. Shawn volta ao assunto em um trecho poético que, de repente e sem motivo aparente, vem à tona em um capítulo final e ganha o peso de uma mensagem profética:

As incógnitas da vida são muitas vezes cognoscíveis; muitas podem ser ensaiadas ou, pelo menos, imaginadas. Mas a morte é cercada por um nevoeiro infinito em um oceano sem fim. Talvez seja simplista dizer isso, mas só podemos compreender a morte em termos de seu oposto, a vida. Para mim, foi sempre sua parte de não ter volta que me fez começar no escuro, sufocando. No entanto, depois que meu pai, que nunca andou de avião, desapareceu naquela neblina, ela começou a assumir outros significados, e eu comecei a vislumbrar que sua parte sem volta está sempre conosco, dentro de nós, a partir do momento em que aparecemos para os novos estímulos desconcertantes do mundo, até mesmo a partir do momento em que começamos a formar o óvulo fertilizado. Agora que minha mãe se foi, está ainda mais claro. Há apenas um movimento para a frente, e sempre houve apenas um movimento para a frente. Nunca houve qualquer volta.

Quando finalmente encontra sua irmã na instituição, Allen sente "uma emoção indefinível, essencial, mas incolor como a água" e "um sentimento de totalidade, uma espécie de reação de relaxamento". Mary não tem mais "a beleza quase de porcelana e a aparência de normalidade absoluta" que tinha quando criança. Ela é uma mulher de meia-idade que foi medicada por longo tempo e tem um ar de anormalidade. Mas "estar com ela localiza a fonte de um sentimento estranho que carrego comigo para todos os lugares. Eu não seria eu mesmo sem ela". Além disso, "ela exala uma essência de personalidade estranhamente reminiscente da de meu pai e meu irmão". A essência do próprio Allen, quando exalada para fora de seu livro, provoca uma evocação estranha semelhante. O editor, o dramaturgo e o ensaísta estão ligados por um fio de... quê? A palavra é "inocência"? Allen a utiliza para descrever a capacidade de seu pai de ouvir os escritores, em oposição à palavra "cansado". O texto, tanto de Wallace como de Allen

Shawn, tem, como a conversa de William Shawn tinha, uma qualidade rara de limpeza, como se viesse a partir de uma fonte, em vez do lago estagnado das ideias prontas, de onde vem a maior parte das conversas e dos textos. Essa pureza seria reprovadora se não fosse acompanhada de uma graça que tira o ferrão e acrescenta uma espécie de palavra gentil para todos nós.

William Shawn
1992

Todo encontro com William Shawn era uma experiência um tanto desconcertante, de tão intensa. Você ia embora da mesma forma como saía de uma peça ou de um filme que o tirasse de sua vida e o mergulhasse num mundo mais vívido, coerente e interessante do que o mundo real. Ele era um grande professor, e a lição que ensinava — a lição que todo grande professor ensina — era sua própria lição. Shawn era o modelo e emblema do intelectual não corrompido. A famosa descrição que T.S. Eliot fez de Henry James — "Ele tinha uma mente tão fina que nenhuma ideia poderia violá-la" — poderia ser uma descrição de William Shawn. Ele jamais dizia alguma coisa que não fosse profundamente inteligente e totalmente inteligível. Nós, seus discípulos, sem nunca pretender imitá-lo, tentávamos ser como ele no trabalho. Buscávamos eliminar de nosso texto a pretensão, a superficialidade intelectual, a escuridão moral e a fraqueza estética que vêm naturalmente à pena. Ele era o nosso farol em um terreno traiçoeiro. Ao pensarmos que ele leria o que havíamos escrito, diminuíamos o ritmo e ganhávamos coragem para continuar. A desaceleração era o mais importante. Shawn sabia — e nós sabíamos que ele sabia — que a escrita é um processo que não pode ser apressado e que cada artigo tem seu tempo natural, às vezes absurdamente longo. Ele nos ensinou a ser pacientes e confiar em nosso material. Ele tinha a alegria e a graça que têm todas as pessoas profundamente sérias. Era uma pessoa encantadora e um Encantador. Era o nosso Mr. Chips e nosso Prospero. Sentimos saudade dele e sempre sentiremos sua falta.

Joseph Mitchell
1996

Há um trecho marcante em *Huckleberry Finn* sobre um número de circo em que vinte cavaleiros montando em pelo, "com as mãos nas coxas, tranquilos e confortáveis", como relata Huck, entram no picadeiro, depois ficam de pé sobre os cavalos e, enquanto os animais andam cada vez mais rápido ao redor do picadeiro, executam sem esforço uma série de passos de dança. Pensei nessa cena (relato de uma experiência estética verdadeira, ao contrário de uma imitação) ao tentar pensar em alguma maneira de descrever o efeito que os textos de Joe Mitchell causavam em seus discípulos, como a minha geração de escritores de não ficção da *New Yorker* sempre pensou de si mesma. A façanha de Joe — que parecia tão fácil que alguns críticos de seus livros o tratavam com condescendência — estava tão além do que qualquer um poderia fazer que não inspirava inveja: simplesmente inspirava. Assim como é amplamente conhecido que ouvir Mozart é uma cura para a criatividade debilitada, do mesmo modo ler Mitchell era famoso entre os escritores como um remédio para a estagnação. Depois de ler algumas das frases fáceis e confortáveis de Joe (sobre questões de vida e morte), sentíamos vergonha da flacidez e pretensão de nossos esforços; o trabalho de Joe nos forçava a assumir mais riscos e ser mais humildes. O próprio Joe arriscava cada vez mais. À medida que seus textos ficavam mais complexos e profundos, ele demorava mais tempo para escrevê-los. Em 1964, depois de escrever sua obra-prima, *O segredo de Joe Gould*, ele empreendeu um trabalho tão labiríntico e profundo que, ao morrer, ainda não havia terminado. Muito se falou sobre o fato de Joe não ter publicado nada durante trinta anos. Para os seus amigos, isso não era digno de nota: tratava-se simplesmente de mais um sinal da seriedade de Joe em relação ao ato de escrever. Durante o seu período de luta paciente com problemas artísticos inimaginavelmente intimidadores, Joe manteve a alegria, o charme e o encanto de seus dias nas encostas mais baixas da literatura. Se houve alguma vez uma palavra indelicada a respeito de Joe, quem a proferiu devia ser louco ou estava pensando em outra pessoa.

Reflexões sobre autobiografia de uma autobiografia abandonada
2010

Enquanto escrevo esta autobiografia, me dei conta de um sentimento de tédio em relação ao projeto. Meus esforços para tornar interessante o que escrevo parecem lamentáveis. Minhas mãos estão atadas, é o que sinto. Não consigo escrever sobre mim mesma como escrevo a respeito das pessoas sobre as quais escrevi enquanto jornalista. Para essas pessoas, fui uma espécie de amanuense: elas ditaram suas histórias para mim e eu as recontei. Elas posaram para mim e eu desenhei seus retratos. Ninguém está ditando ou posando para mim agora.

A memória não é uma ferramenta de jornalista. A memória tem lampejos e pistas, mas não mostra nada com nitidez ou clareza. A memória não narra ou representa personagens. A memória não tem nenhuma consideração com o leitor. Para que uma autobiografia seja minimamente legível, o autor deve intervir e subjugar o que se poderia chamar de autismo da memória, sua paixão pelo tedioso. Ele não deve ter medo de inventar. Acima de tudo, deve inventar a si mesmo. Tal como Rousseau, que escreveu (no início de suas *Confissões* romanescas) que "não sou da mesma massa daqueles com quem lidei; ouso crer que não sou feito como os outros", ele deve sustentar, apesar de todas as evidências em contrário, a ilusão de ser incrivelmente extraordinário.

Uma vez que um dos riscos profissionais do jornalismo é o atrofiamento (por falta de uso) dos poderes de invenção, o jornalista que se propõe a escrever uma autobiografia encara uma luta mais difícil do que outros praticantes do gênero. Quando quase todo o nosso trabalho é feito — como o meu tem sido por mais de um quarto de século — por uma sequência brilhante de colaboradores que se inventam diante de mim, não é fácil ver-se subitamente sozinha na sala. É particularmente difícil para alguém que, com muita probabilidade, se tornou jornalista porque não queria se ver sozinha na sala.

Outro obstáculo no caminho do jornalista que se torna autobiógrafo é a postura de objetividade que os jornalistas costumam assumir quase mecanicamente quando escrevem. O "eu" do jornalismo é uma espécie de narrador ultraconfiável e uma pessoa incrivelmente racional e desinteressada, cuja relação com o assunto com muita frequência se assemelha à relação de um juiz que pronuncia a sentença de um réu culpado. Este "eu" é inadequado para a autobiografia. A autobiografia é um exercício de perdoar a si mesmo. O "eu" observador da autobiografia não narra a história do "eu" observado, como o jornalista conta a história de seu entrevistado, mas como uma mãe poderia contá-la. O narrador mais velho olha para seu eu mais jovem com ternura e compaixão, sente empatia por suas tristezas e aceita seus pecados. Percebo que meus hábitos de jornalista inibiram meu amor-próprio. Não somente fracassei em tornar meu jovem eu tão interessante quanto os estranhos sobre os quais escrevi, como retirei minha afeição. No que se segue, tentarei me ver com menos frieza, ter menos medo de escrever um texto de autoelogio. Mas pode ser tarde demais para mudar de pele.

ESTA OBRA FOI COMPOSTA EM MINION PELO ACQUA ESTÚDIO E IMPRESSA
PELA GEOGRÁFICA EM OFSETE SOBRE PAPEL PÓLEN SOFT DA SUZANO
PAPEL E CELULOSE PARA A EDITORA SCHWARCZ EM FEVEREIRO DE 2016

A marca FSC® é a garantia de que a madeira utilizada na fabricação do papel deste livro provém de florestas que foram gerenciadas de maneira ambientalmente correta, socialmente justa e economicamente viável, além de outras fontes de origem controlada.